인도는 우리에게
무엇을 가르칠 수 있나?

# 인도는 우리에게
# 무엇을 가르칠 수 있나?

케임브리지대학에서의 강의

## 막스 뮐러

김우룡 옮김

# INDIA
## What Can It Teach Us?

F. Max Müller

눈빛

카르마(Karma, 業)총서는 인간의 근원을 탐구하며
삶을 통해 죽음을 보고 죽음을 통해 삶을 본다.

Friedrich Max Müller
India: what Can it Teach Us?:
A Course of Lectures
Delivered Before the University of Cambridge
Longmans, Green & Co.
1882

인도는 우리에게
무엇을 가르칠 수 있나?
막스 뮐러 / 김우룡 옮김

초판 1쇄 발행일 ─ 2022년 7월 10일 / 발행인 ─ 이규상 / 발행처 ─ 눈빛출판사
서울시 마포구 월드컵북로 361 14층 105호 전화 336-2167 팩스 324-8273 / 등록번호 ─ 제1-839호
등록일 ─ 1988년 11월 16일 / 인쇄 ─ 예림인쇄 / 제책 ─ 일진제책
값 15,000원
Korean Translation Copyright ⓒ 2022, 김우룡
ISBN 978-89-7409-621-2
ISBN 978-89-7409-620-5 (세트)

# 헌사

친애하는 코웰,

자네의 따뜻한 격려가 없었다면 이 강의는 준비될 수도 행해질 수도 없었을 것이었네. 그러니 내가 자네에게 이 강의를 헌정하는 것을 허락해주게. 동양학자로서 자네가 이룬 위대한 성취에 대한 내 진정한 존경의 증표일 뿐 아니라, 많은 역경을 헤쳐나오면서 지난 삼십 년을 이어왔고, 이편 해안에서 저편 해안으로 건너가는 짧은 이번 생의 유산으로 장차 남게 될, 우리의 우정에 대한 기념물로서 이 강의를 헌정하고 싶네.

하지만 이 강의를 자네에게 헌정한다고 해서, 이 강의에 드러난 여하한의 관점들에 대해 자네에게 책임을 미룰 생각은 전혀 없네. 고대 인도의 종교와 문학에 대한 내 견해 중 어떤 것들에 대해서는 자네가 동의하지 않고 있다는 사실을 알고 있다네. 통상적으로 고전 산스크리트문학이라고 불리고 있는 것에 바쳐진 최근의 내 작업에 있어, 나와 견해를 같이하는 이는 거의 없다는 것도 나는 잘 알고 있다네. 오히려, 과학과 문학의

7

뜰에서 어떤 우정의 목소리가 있을 수 있다고 한다면, 내 강의에 대한 기탄없는 비판이야말로 자네의 가장 진실되고 정직한 우정을 증명하는 최고의 증표로 여길 것임을 자네에게 힘주어 말하고 싶네. 학식뿐 아니라 판단력과 성품에 있어 진짜 학자들이 나의 글들을 진지한 비판의 대상으로 여겨주는 것을 일생에 걸쳐 최상의 영광으로 여겨왔다네. 내 견해와 반대되는 것이라 하더라도, 단 하나의 새로운 사실이 드러나는 것을 공허한 찬사나 공허한 독설보다 훨씬 더 소중하게 여기고 있다네. 자신의 연구에 대한 진지한 헌신과 진리에 대한 확고한 사랑이 있는 진정한 학자라면 아부나 욕설 등이 뚫지 못할 갑옷과 어떤 방해의 빛줄기라도 가릴 수 있을 투구로 무장되어 있을 걸세. 더 많은 진실과 사실, 그리고 사실들의 조합이야말로 그가 추구하는 바일 걸세. 그리고 만약 그의 많은 선배들이 그랬던 것처럼 그 추구가 실패로 끝난다 해도, 진실을 찾아가는 데 있어서 실패는 때로 승리의 조건임을, 때로는 세상 사람들이 말하는 피정복자야말로 오히려 진정한 정복자임을 그는 알고 있다네.

자네는 현재의 산스크리트학이 처한 상황을 그 누구보다 더 잘 알고 있을 걸세. 현재와 장래의 상당 기간 동안, 산스크리트학이 발견과 극복의 수준에 머물게 될 것도 의심의 여지가 없을 걸세. 자네의 연구 하나하나는 모두가 진정한 전진이고 새로운 지평을 열어주고 있네. 하지만 저 방대한 산스크리

8

트문학 대륙에 비하면 우리가 탐험한 것은 얼마나 하찮은 좁은 띠에 지나지 않은가 하는 것도, 얼마나 넓은 땅이 여전히 미지의 영역으로 남아 있는가도 알고 있을 테지. 이 탐험 작업이 어려움이 가득하고 때로 실망을 안겨줄 것임은 의심할 바 없지만, 우리가 최근 그의 죽음을 애통해 마지않는, 인도 행정처의 빼어난 구성원이었던 버넬 박사의 다음과 같은 말이 담고 있는 진실을 젊은 학생들이 귀담아 들을 필요가 있다고 생각하네. "타인의 수고를 줄여주는 수고는 헛수고가 아니다." 자신의 수고가 보답도 없이 버려질 위험이 있더라도 열심히 일할 사람들을 우리는 원하는 걸세. 강하고 용감한 사람들, 폭풍과 난파를 두려워하지 않을 사람들을 원하는 걸세. 배를 난파당한 선원들이 최악의 선원들이 아니지. 웅덩이에서 물장난을 치면서 발이 물에 젖는 것을 두려워하는 선원들이야말로 최악이라 할 수 있지.

월리엄 존스 경, 토마스 콜브룩, 호레이스 헤이먼 윌슨 등의 노고를 비판하기는 쉽지. 하지만 많은 사람들이 오늘날까지도 들어가기를 두려워하는 그런 곳에 그들이 뛰어들지 않았다면 산스크리트학은 지금 어떻게 되어 있을까? 또 그들의 탐험과 쟁취가 앞으로도 영원히 우리 지식의 한계로 남는다면 미래의 산스크리트학은 어떻게 될까? 산스크리트문학에서 『날라스Nalas』나 『샤쿤탈라Sakuntalas』에서 보다 발견될 것이 더 많을 것임을 자네가 가장 잘 알고 있을 테지. 매년 인도로 가는 젊은이들

9

에게 기업가 정신이 부족하지 않음은 확실할 테지? 혹은 탐험 정신도 부족하지 않을 것이고. 그렇다면 인도행정관[공무원]이라는 이름으로 전 세계에 그 표본처럼 일컬어져오던 용감한 탐험가 기질이 거의 멸절되어버리고, 고대 언어와 문학, 인도사 연구에 대한 최고의 옹호자요 가장 빛나던 기회 제공자였던 영국이 더 이상 산스크리트학계에 존재치 않는다는 사실이 반드시 지적되어야 하는 것은 왜일까?

내 강의를 듣고 인도행정관에 지원하는 젊은이들 중 소수라도 이런 불명예를 씻어내겠다고 조용히 결심하고, 적어도 그중 몇몇이라도 윌리엄 존스 경의 뒤를 따르겠다고 결심하고, 용기와 끈기, 정치적 천재성 등을 통해 인도를 물질적으로 정복한 영국인이 그 지적$^{知的}$ 정복마저 다른 나라에 미루지 않겠다고 마음먹는다면, 나는 진정으로 기쁠 것이네. 또한 내 새 조국(영국; 역자)이 베풀어준 고마움과, 세상의 다른 어느 곳에서도 얻지 못할 내 필생의 꿈 ─ 지금은 『동방의 성스러운 책들』이라고 번역본이 나온, 아리아문학의 최고$^{最古}$ 서적, 산스크리트문학의 최고서$^{最古書}$인 『리그베다』의 본문과 주석서 발간 ─ 을 이룰 수 있는 기회를 제공해서 이 조국의 몇몇 위대한 정치가들이 내게 베풀어준 그 고마움에, 조금이라도 보답했다고 느낄 것이네.

케임브리지대학에서 강의한 것을 그대로 남기네. 나는 강의 형식이 좋다네. 우리 시대의 교육적 방식이 지녀야 할 가장 자연스런 형태로 여겨진다네. 고대 그리스에서 대화가 당시 사람들의 지적 생활을 가장 잘 반영했고, 중세에 수도원 독방에서의 독백이 문학 공부에 자연스러운 형태로 여겨졌듯이, 우리에게는 작가가 그의 독자들을 자연스럽게 만나 그의 지식을 남들과 나누는 데 익숙하게 된 강의가 자연스런 형식이 되었네. 단점들도 확실히 있겠지. 교육이 주목적인 강의에서는 수강생들에게 강조하기 위해 어떤 내용을 여러 번 반복하여 말하기도 하고, 이와 반대로 불완전하더라도 말하기를 주저해서는 안 되는 내용을 그것이 완전히 습득되고 충분히 숙달되지 않아서 많은 청중들 앞에서 강의될 수 없다고 생각해 빼먹어버리기도 하는 것이네.

하지만 단점보다는 장점이 많다네. 비판적인 청중을 늘 눈앞에 대하고 있는 것이 강의이기 때문에 주제를 응축해야 하고, 중요한 것과 중요치 않은 것을 가려야 하며, 자기로서는 최대의 수고가 들어간 것이라 하더라도 다른 학자들에게 중요치 않다면 그 드러내는 기쁨을 포기할 줄도 알아야 하네. 강의 중에는 학생들이 쉽게 잊어먹을 수 있는 것들을 되풀이 말해야 하고, 지식은 그들 자신들을 위한 것일 뿐만 아니라 다른 사람들을 위한 것이기도 하다는 사실을 강조해야 하며, 잘 알았으면 잘 가르쳐야 한다는 사실을 끊임없이 다시 상기시켜야 하지. 내가 글을 쓸 때는, 내 글을 읽을 사람을 떠올리지 않고는 쓸 수가 없다는 것을 고백하네. 나를 반기던, 자네 학교의 학생들, 많이 공부했고 명민하며 따뜻한 마음을 지닌 그들보다 더 나은 청중은 없을 것이라는 사실 또한 고백하지 않을 수 없네.

내가 하려고 했던 말을 다 할 수 없었다는 사실은 반드시 적어 두고 싶네. 강의의 고급 부분에 이르기까지 내 말을 뒷받침하는 증거에 대해서는 특히 그렇네. 따라서 아직 덜 정리된 자료로서의 노트[註]를 여러 개 첨부했네. 우리 연구가 그 가장 높은 목표—다른 사람들의 마음에 양식을 공급하고 힘을 주며 영감을 불러일으키는—에 이르기 전까지 반드시 필요한 장치이긴 하지만 여전히 그런 장치조차 거북하긴 하다네.

당신의 막스 뮐러,
옥스포드대학
1882년 12월

# 차례

# 제1강

---

# 인도는 우리에게 무엇을 가르칠 수 있나?

케임브리지대학 역사학과로부터의 강의 제의가 있었다. 인도 행정관에 지원하는 학생들을 위해 특별히 개설된 강의라고 했다. 나는 한동안 망설였다. 단지 몇 번의 공개강좌를 통해 학생들의 자격시험 통과에 정말 도움이 될 만한 것을 말해줄 수 있을지 심히 의심스러웠기 때문이었다. 이즈음은 시험 통과가 대학의 유일한 목표라고 말할 수는 없어도 가장 주요한 목표인 듯이 보인다. 인도행정관 지원학생들에게야말로 시험 통과, 그것도 우수한 성적으로 통과하는 것이 다른 누구에게보다 더 중요할 것이라는 생각 또한 들었다.

런던에서 치러지는 그 혹독한 세 번의 시험을 대비한 준비 과정에 있는 학생들에게 내가 하려고 하는 이런 몇 번의 강의가 별 도움이 안 될 거라는 두려움이 있긴 했지만, 다른 한편으로 대학이란 것이 시험에 통과하기 위한 징검다리가 되어서는 결코 안 되며, 대학이 가르칠 수 있고 또 가르쳐야만 하는 어떤 다른 것이 있으리라는―대학은 가르침의 자리를 의미함을 나는 확신한다. ―사실에 완전히 눈감을 수는 없었다. 비록 시험관 앞에서 팔아치울 수 있는 가치는 없더라도 우리의 삶 전체를 위해 영구한 가치를 지닐 수 있을 가르침, 그것이야말로 우리가 하려는 공부의 진정한 관심사요, 나아가 우리 공부에 대한 사랑이요, 또 더 나아가 우리 공부 안에 깃든 진정한 기쁨과 행복인 것이다. 만약 대학이 그런 것을 가르칠 수 있다면, 만약 대학이 인생이라는 싸움을 위해, 아니 그보다 더 지독하다 할 수 있을 일상의 범속한 매일매일의 의무를 위해 스스로를 대비하고 또 공부하기 위해 찾아드는 젊은이들의 마음에 살아 있는 작은 배아胚芽를 이식할 수만 있다면, 대학은 학생들이 가장 어려운 시험을 통과하고 시니어 랭글러Senior Wrangler(케임브리지대학의 수학 최우등생; 역자)나 퍼스트클래스의 가장 높은 자리를 차지하도록 도와주는 것보다 더 큰 기여를 학생들에게 할 수 있을 것이라 확신한다.

갖가지 시험에 통과하기 위해 필요한 공부와, 가장 높은 성취를 위해 통과해야 할 복잡한 경쟁 과정이 불행히도 부정적인 효과를 연출하는 것을 종종 본다. 공부에 대한 흥미를 고취시키는 대신 그 반대의 상황을 불러일으킨다. 지식에 대한 일시적인 역겨움을 넘어, 평생토록 지속될 무관심을 유발하는 것이다.

이런 걱정스런 마음이 일어나는 것은 인도행정관 지원자들에게서보다 더 큰 경우가 없다. 1차 시험을 통과하여, 교양교

육 이수와 사립중등학교나 행정관양성학교에서 배우는 고전
과 역사 또 수학에 대한 일반 지식의 습득을 인정받아, 앞으로
의 인생에서 있게 될 보다 전문적이고 특수한 연구의 가장 확
실하고 높은 질의 기초를 의심 없이 다진 후, 돌연히 옛 공부와
옛 친구들에게서 떨어져나와 새로운 임무를 강요받는 것이다.
혐오스럽다고는 말하기 어렵겠지만 낯설고 이상스런 이국異國
에서의 임무인 것이다. 이상한 글자와 이상한 말, 이상한 이름
과 이상한 문학, 그리고 이상한 법과 마주해야 하는 것이다. 선
택에 의한 것이 아니라 어쩔 수 없는 필요에 의한 '부딪침'인
것이다. 2년간의 전체 수업 과정은 커리큘럼이 이미 정해져 있
고, 교과서 역시 엄격히 규정되어 있으며 다음 시험의 범위 또
한 규제된다. 따라서 이어지는 여러 장애물들을 좋은 성적으로
통과하기 원하는 지원자들이라면 잠시도 한눈을 팔 시간이 없
을 것이다.

　　어쩔 수 없는 일임을 나는 잘 알고 있다. 지성적으로 운영
되기만 한다면 그런 시험제도의 일반론에 대해 반대하는 것은
아니다. 하지만 나 자신 시험관을 맡아보았던 사람으로서, 그
런 시험에 의해 얼마나 많은 기성품 지식이 만들어질까를 생
각하면 황당한 느낌밖에 들지 않는다. 줄줄이 이어지는 연대와
왕족 이름과 전투 이름, 통계수치들이 빽빽이 들어찬 답안지에
는 지원자들이 장차 하지 않으면 안 될 일들에 대한 열정은 도
무지 느껴지지 않는다. 차고 넘치는 풍부한 답안지들이지만 자

17

신들만의 고유하고 독창적인 생각은 찾아볼 수가 없다. 그런 시도를 하려다 저지른 실수 하나조차도 찾아보기가 힘들다. 그렇다. 필요에 의한 일이고, 더 정확히 말하면 의무감에서 할 수밖에 없는 일이다. 거기에는 사랑이라는 동기를 거의 찾아볼 수가 없다.

이제 말해보자. 그리스어와 라틴어 공부는 왜 즐거운 것으로 여겨져야 할까? 그리스와 로마의 시와 철학, 법률과 예술에 대한 수업은 왜 우리를 고양시키는 것으로 받아들여져야 할까? 왜 당연히 열의를 북돋우고 존경을 불러일으키는 것으로 여겨져야 할까? 이와 반면에, 어째서 산스크리트어에 대한 공부와 인도의 고대 시와 철학, 법률과 예술은 기껏해야 호기심을 끄는 기이한 것으로 간주될 뿐, 아둔한 것까지는 아니라 하더라도 하찮고 지겨운 것으로 여겨지는 것일까?

야릇한 것은, 다른 어느 나라에서보다도 영국에서 이런 인식이 더 팽배해 있다는 점이다. 프랑스나 독일, 이탈리아, 심지어 덴마크나 스웨덴, 러시아 등에서도, 인도라는 이름에는 어떤 막연한 매력 같은 것이 섞여 있다. 뤼케르트가 쓴 『브라만의 지혜 Weisheit des Brahmanen』는 독일어로 쓰인 가장 아름다운 시 중의 하나다. 내 생각에는 그 사고의 풍부함이나 형식의 완벽함에서 괴테의 『서동시집 西東詩集, West-östlicher Divan』보다 오히려 낫다. 끝도 모르게 깊은 고대의 지혜에 이끌려 독일에서 산스크리트어를 공부하고 캘커타와 봄베이, 마드라스 등 인도 몇 군데만을 여행하고 온 어느 학자는 마치 마르코 폴로와 같은 대우를 받고 있다. 영국에서는 어떤가? 산스크리트어를 배우는 사람은 시대에 뒤쳐진 고리타분한 인도행정관쯤으로 대접받는 것이 보통이며, 엘레판타(인도 뭄바이만에 있는 섬. 동굴 사원과 조각품으로 유명하며 인기 있는 관광명소; 역자)나 침묵의 탑(인도 마하라슈트라주 뭄바이에 있는 조로아스터교 탑; 역자)의 장려함에 대해 입을 열려면 왕따쯤은 당연히 각오해야 한다.

물론 영국에도 몇몇 동양학자들이 있고 그들의 책이 읽히고는 있다. 진실로 비범한 천재들이기 때문에 그에 상당한 명성을 얻기도 했다. 하지만 인도문학에 에너지를 모두 쏟아부은 그 불행만 아니었다면, 그들은 영국 최고 지식인의 영예에 오를 만한 사람들이었다. 존슨 박사가 '사람의 아들 중 최고로 명민한 사람'이라고 극찬한 윌리엄 존슨 경이 그렇고, 토마스 콜브룩이 또 그렇다. 하지만 발렌타인, 부허넌, 케리, 크로퍼드, 데이비스, 엘리엇, 엘리스, 하우튼, 레이든, 맥킨지, 마스든, 뮈어, 프린셉, 렌넬, 터노어, 우팜, 윌리치, 위렌, 윌킨스, 윌슨 등을 비롯한 여러 사람들은 그들 동양학자들의 작은 서클 외에서는 거의 알려진 바가 없고, 그들의 저작 역시 영국의 학문과 과학에 구색을 맞추는 하찮은 것 정도로 여겨져, 도서관에서 잠자고 있다.

인도행정관에 지원하는 젊은이들에게 무엇보다 우선 산스크리트어 공부를 하라고 권할라치면, '산스크리트어 공부는

어디에 소용이 되나요? 『샤쿤탈라』와 『마누법전』, 『히토파데
사』는 번역본이 이미 나와 있는데 대체 그 책들에서 읽을 만한
것이 뭐 있나요? 『칼리다사』는 꽤 아름답죠, 『마누법전』은 흥
미롭기는 해요, 『히토파데사』의 얘기들은 아주 기발해요. 하지
만 그리스문학과 비교하지는 마세요. 그리고 산스크리트 텍스
트를 읽고 쓰는 데 시간을 낭비하게 하지는 마세요. 도무지 알
수도 없고 배울 만한 것도 없어요.'라는 볼멘소리를 들은 것이
또 얼마나 될까?

　내게는 이런 견해야말로 가장 불행한 오해에서 빚어진 것
이라고 여겨진다. 내 강의의 가장 중요한 목적 또한 이런 생각
을 지워내는 것이 될 것이며, 가능하면 최대한 많이 지워버릴
생각이다. 나는 산스크리트문학이 그리스문학과 비견되는 수
준임을 증명하려고 하지는 않겠다. 도대체 왜 우리는 늘 비교
만 해야 하나? 그리스문학 연구는 그것대로의 목적이 있고 산
스크리트문학의 연구 또한 그 나름의 목적이 있다. 하지만 내
가 확신하고 있는 동시에 사람들에게 확신시키고 싶은 것은,
제대로 된 마음가짐을 갖고 연구한다면 산스크리트문학은 인
간 관심사의 보고寶庫이며, 그리스문학조차 가르쳐주지 못하는
가르침으로 충만해 있어서 인도행정관 지원자들이 어떤 때라
도 충분히 공부하고 읽을 만한 과목이라는 사실이다. 그리하여
자신들의 인생 가운데 5년에서 길게는 20년까지를 보내야 하
는 인도에서의 삶에서, 국외자로서가 아니라 이웃으로서 사는

데에 중요한 무기요 동반자가 될 수 있을 것이다. 제대로 성의를 가지고 찾기만 한다면, 이탈리아나 그리스에서뿐 아니라 이집트의 피라미드나 바빌론의 궁전에서도 찾을 수 없는 유용하고 흥미 있는 일들을 무궁무진하게 찾을 수 있을 것이다.

이제 내가 왜 이 강의의 제목을 '인도는 우리에게 무엇을 가르칠 수 있나?'라고 정했는지 알았을 것이다. 사실 인도가 우리에게서 배워야 할 것은 많다. 하지만 역으로 우리 또한 인도에게서 많은 중요한 것을 배울 수 있다.

자연이 지상의 낙원에 베풀어놓은 부와 힘과 아름다움을 가장 풍부히 갖추고 있는 나라를 하나 들라면 나는 서슴없이 인도를 가리킬 것이다. 인간정신의 가장 값진 재능을 최대로 발전시킨 곳, 인간의 가장 중요한 과제를 가장 깊이 사고한 곳, 플라톤이나 칸트를 공부한 사람들마저도 알려고 애쓰던 답을 발견한 곳이 어느 하늘 아래냐고 물어오면 나는 인도의 하늘을 가리킬 것이다. 그리스와 로마의 사상, 그리고 셈족의 하나인 유대의 사상으로만 성장한 우리가, 우리 내면의 삶을 보다 완전하고 보다 통합적이며 보다 우주적인 것으로, 다시 말해 현세의 삶뿐 아니라 영원한 삶에 있어 보다 진정한 인간적 삶으로 만드는 가장 필요한 문학은 어떤 것일까 하고 나 자신에게 스스로 묻는다면, 나는 인도의 문학을 들지 않을 수 없다.

나의 이런 말을 듣고 많은 이가 놀라움을 감추지 못할 것을 알고 있다. 나아가 캘커타나 봄베이, 마드라스에서 실제 여

러 해를 보낸 사람들에게 나의 이 말 — 그들이 시장이나 법정
에서 만났던 혹은 마을에서 접촉했던 인도 사람들이 우리를 가
르칠 무엇인가를 갖고 있다는 말 — 을 듣고는 아연실색할 것
또한 알고 있다.

그러므로 지체하지 않고 설명하려고 한다. 인도에 여러
해를 머물러온 행정관, 장교, 선교사, 상인 들에게, 아리아바르
티$^{Aryavarta}$(아리아인의 땅. 베다문명 후기의 북인도를 이르는 말; 역자)
의 흙에 발을 들여놓지 않은 사람들보다 그곳에 대해 훨씬 더
많이 알고 있어야 할 것들을, 우리의 여러 친구들에게 설명하
려고 한다. 지금 나는 아주 다른 두 개의 인도에 대해 말하고
있음을…. 내가 생각하고 있는 인도는 천 년, 2천 년, 혹은 3천
년 전의 인도인데 반해, 그들이 생각하는 인도는 현재의 인도
다. 다시 말하자면, 현재의 인도를 생각할 때 떠올리는 것은 캘
커타나 봄베이, 마드라스 등 도시의 인도다. 내가 말하는 것은
시골 인도이고, 시골 인도야말로 인도인들의 진정한 인도다.

나는 여러분들, 좀더 좁혀 말하면 인도행정관 지원자 여
러분들에게, 천 년, 2천 년, 혹은 3천 년 전의 인도는 물론이고,
어디를 볼 것인지 정확히만 안다면 오늘날의 인도 역시 모두가
그 해답을 바라마지 않는 거의 모든 질문을 그 속에 담고 있다
는 사실을 말하고 싶다. 그 모두에는 19세기를 살고 있는 우리
유럽인들도 포함된다.

만일 영국에서 어떤 특이한 취향을 갖게 된 사람이 있다

면, 인도는 그 취향을 만족시킬 수 있는 다양한 자료를 제공할
것이고, 영국 최고의 사상가나 학자들이 지닌 문제에 흥미를
갖게 된 사람은 인도를 지적 망명지로 택하는 데 주저할 필요
가 없을 것이다.

지질학에 관심이 있다면 인도는 히말라야로부터 실론(지
금의 스리랑카; 역자)까지 방대한 공부거리를 제공한다.

식물학에 관심이 있는가? 식물학자 후커[Hooker]가 떼로 몰려
가도 될 만한 풍부한 식물군이 있다.

동물학자는 또 어떤가? 바로 지금 이 순간 인도의 숲과 바
다를 종횡무진하고 있는 헤켈[Haeckel]을 생각해보라. 그는 자기
인생 최고의 꿈을 인도에서 실현하고 있다.

민족학에 관심이 있다면, 인도는 살아 있는 인종박물관이
다.

만약 고고학에 관심이 있어서, 영국 국내에서 고분 발굴
에 참가하여 종아리뼈 조각이나 칼 나부랭이나 석기 등을 쓰레
기 더미에서 찾아내고는 기쁨에 겨워했거나, 또 '커닝엄 장군'
의 인도 고고학 탐사기를 접할 기회가 있었던 사람이라면, 인
도 불교왕조가 남긴 고대 비하라[Viharas](불교 출가자들의 수도원; 역
자)나 고대 불교대학의 유적 발굴은 너무도 귀한 기회가 될 것
이다.

동전 수집에 취미가 있는가? 인도의 흙에는 페르시아, 카리
아, 트라키아, 파르티아, 그리스, 마케도니아, 스키티아, 로마[1], 모

하메드 등등의 동전이 지천으로 묻혀 있다. 워렌 헤이스팅스
총독 당시, 베나레스 지방의 강둑에서 토기 한 점이 발견되었
는데, 그 안에는 172개의 금화 데릭[2](고대 페르시아의 금화 화폐
단위; 역자)이 들어 있었다. 워렌 헤이스팅스는 자신의 큰 배포
를 과시하기 위해 이 고대의 금화들을 동인도회사의 이사회에
선물했다. 이사회는 이 금화들을 용광로에 넣어 녹여버렸으니,
어떻든 워렌 헤이스팅스가 영국으로 귀환했을 때는 이 금화들
은 사라지고 없었다. 이런 문화재 파괴 행위가 재발되지 않게
하는 것 역시 여러분의 손에 달렸다고 할 수 있다.

『벵골 아시아저널』 최근호에는 슬리면 박사가 미케네에
서 발굴한 무덤에서 나온 것과 비견될 수 있을 만한 금은 보물
을 발견한 기사가 실려 있다. 물론 영국에서는 알기가 어렵긴
하지만 어떤 것들은 미케네의 것들과 연관성이 있다는 사실을
덧붙이고 싶다.[3]

신화학 연구의 경우에는, 고대 인도 베다신화에 의해 전
혀 새로운 양상을 띤다. 신화학의 과학적 기초가 확립되어 오
고는 있지만, 그 세부사항은 이제부터 밝혀져야 할 것이고, 인
도야말로 그런 연구와 규명의 최적지라 할 수 있다.

---

1. Pliny 문서 제4권 26장에 의하면, 플리니 당시, 5억 5천만 세스테르세스에 해당
하는 막대한 양의 금괴가 인도에서 생산되는 값나가는 상품들과의 거래대금으로
인도로 유입되었다. E. Thomas의 The Indian Balhara, p.13 참조.
2. Cunningham, the Journal of the Asiatic Society of Bengal, 1881, p. 184.
3. Note A 참조.

전래동화 연구 역시 인도에서 그 새생명을 다시 찾고 있다. 동방으로부터 서방으로 다양한 시기에 다양한 경로를 통해 전해진 전래동화 추적 작업이 진행되고 있다.[4] 서양 전설과 우화의 기본이 불교에서 유래했다는 사실이 요즈음 알려지고 있다. 하지만 이 부문에서도 많은 것들이 더 확실한 규명을 기다리고 있다. 예를 들어 플라톤의 『클라틸루스』에 나오는 사자 가죽을 쓴 당나귀 우화에서 상정되는 간접적 전거典據[5]를 생각해보자. 이 우화는 동방에서 차용한 것일까? 아니면 아프로디테에 의해 족제비로부터 여자로 변신하여 쥐만 보면 달려드는 우화로부터 온 것일까? 이 우화 역시 산스크리트 우화 중의 하나와 아주 흡사한데, 그렇다면 어떻게 기원전 400년이라는 이른 시기에 그리스로 전해져서 스트라티스의 희극에 나타나게 되었을까?[6] 이 역시 많은 연구를 기다리고 있다.

더 오래전의 고대로 거슬러올라가면, 동방에서 서방으로

---

4. Selected Essays, vol. i. p. 500, 'The Migration of Fables.'
5. Cratylus, 411 A. '아직까지는, 사자 가죽을 덮어쓰고 있으니 절대 방심하면 안 된다.' 하지만 이 우화는 허큘리스Hercules를 말하고 있는 것으로 보이며 사자나 호랑이의 가죽을 쓰고 있는 당나귀 우화는 아니다. 히토파데사에서는 거의 아사 지경에 빠진 당나귀 한 마리를 주인이 옥수수밭으로 데려가 배를 채우게 한다. 그 모습을 가리게 하려고 호랑이 가죽을 덮어씌운다. 파수꾼 하나가 회색빛 외투에 자신을 가리고 그 호랑이를 향해 화살을 날릴 때까지는 모든 것이 순조로웠다. 당나귀는 그 파수꾼을 회색빛 암탕나귀로 생각했다. 히힝 하고 소리 높여 울었다. 그리고는 죽었다. 유사한 이솝 우화는 Benfey, Pantschatantra, vol. i. p. 463; M. M., Selected Essays, vol. i. p. 513.
6. Fragmenta Comic. (Didot) p. 302; Benfey, l. c. vol. i. p. 374.

갔는지, 서방에서 동방으로 갔는지는 아직 알 수 없지만, 인도의 전설과 서방의 전설 사이에는 묘한 일치점들이 발견된다. 솔로몬왕 시절에는 인도와 시리아 팔레스타인 간의 교역로가 열려 있었음이 틀림없다. 내가 믿기로, 성서에서 만날 수 있는 여러 산스크리트어 단어들 — 상아, 원숭이, 공작, 샌들우드향 등 오빌[Ophir]로부터의 몇몇 수입품목의 이름인데 — 을 볼 때, 이 모든 것을 수입할 수 있는 곳은 인도 외에 다른 나라를 생각할 수가 없다.[7] 또한 인도와 페르시아만, 홍해, 그리고 지중해까지의 교역로가 완전히 차단되었던 때가 있었으리란 상상은 하기 어렵다. 구약성서 열왕기 시절까지 포함하더라도 그렇다.

유대인들 사이에 위대한 법률적 지혜의 모범으로 기려지는 솔로몬의 판단을 떠올려보자.[8] 법률적 사고를 하지 못하는 나로서는 이 솔로몬의 다음과 같은 판결을 읽을 때마다 으스스한 느낌을 갖지 않을 수 없다. '저 살아 있는 아이를 둘로 나눠 그 반은 이 사람에게 다른 반은 저 사람에게 주라.'

불교에도 이와 똑같은 얘기들이 있다. 불경에는 이런 전설과 우화가 수도 없이 나온다. 불교 대장경의 티벳 번역본인 『칸주르[Kanjur]』에는 한 아이를 두고 자신이 어머니라고 주장하는 두 여인이 나온다. 서로 다투고 있는 여인들의 말을 다 들어봐

---

7. Science of Language, vol. i, p. 186.

8. I Kings iii, 25.

도 비사카왕은 누가 진짜 엄마인지를 알 수가 없었다. 왕은 한 걸음 나서면서 다음과 같이 말했다. '자꾸 더 따져봐야 무슨 소용이 있겠느냐? 아이를 데려와 저 두 여자의 중간에 두어라.' '그러자 두 여인은 아이를 잡고 서로 제 편으로 끌어당겼고, 중간에 선 아이는 둘로 찢어질 지경이 되었다. 놀라고 겁먹은 아이는 울기 시작했다. 한 여인이 손을 놓았다. 아이가 상하는 것을 차마 볼 수 없었기 때문이었다.'

해답이 나왔다. 왕은 진짜 엄마에게 아이를 인도했고 또 다른 여자에게는 벌을 내렸다.

내게는 이 얘기가 인간성에 대한 보다 깊은 이해를 보여주는 동시에 더욱 인간적으로 보인다. 솔로몬의 지혜보다 더 윗길로 보인다.[9]

여러분들 중에는 말뿐 아니라 언어학을 공부하는 사람도 있을 것이다. 언어학의 가장 주요한 내용들 중, 방언의 성장과 쇠퇴나 여러 언어들의 섞임 현상만을 두고 보더라도, —단어뿐 아니라 문법을 포함하여—인도 거주민들인 아리아족, 드라비다족, 문다족의 언어보다 더 풍부한 연구 소재가 될 만한 나라가 또 어디 있는가? 그리스와 유에-치[Yue-tchi, 월지족], 아랍과 페르시아, 몽골 등 침략자나 정복자의 언어와 상호 교류했고, 최근

---

9. Rhys Davids의 Buddhist Birth Stories, vol. i. pp. xiii and xliv. 고매한 학자는 14세기서부터 내려온 실론 판본의 자타카경 역본을 소개한다. 그는 또 파우스뵐 박사가 팔리어 원본을 발행할 것이라 기대하고 있다.

에는 영국과 그런 관계에 있다.

만일 법률학을 전공하는 학생이라면, 인도는 그리스나 로마 혹은 독일의 법률과는 판이한 법률 역사를 지니고 있다는데 주목할 필요가 있다. 상호 간의 차이점과 유사점을 공부하면 비교법률학이 탄생할 수도 있을 것이다. 매년 새로운 자료들이 발굴되고 있다. 예를 들면, 유명한 『마누법전』과 같은 후대의 운문체 법의 모태가 되는 것으로서의 소위 「다르마」나 『사마야카리사 수트라』가 그렇다. 한때 기원전 1,200년 혹은 아무리 늦어도 기원전 500년에 만들어진 것으로 믿어졌던 『마누법전』은 지금은 기원후 4세기경의 것으로 추정되고 있고, 지금은 『마누법전』이란 이름은커녕 그냥 법이란 말도 붙이기를 꺼리게 되었다.

제반 법률의 시초에 대한, 다시 말해 원시 정치공동체의 기초와 성장에 대한 최근 연구―이런 연구에 여기 케임브리지 대학보다 더 좋은 곳은 없다.―의 가치에 대해 아는 사람이라면, 인도의 시골 마을들은 자세히 관찰해보면 반드시 그 노력에 걸맞은 보답을 하는 살아 있는 관찰자료가 될 것이다.

우리가 그것을 인정하든 않든 간에, 다른 어떤 것보다도 이 생<sup>生</sup>에서 우리가 좋아하는 것을 취하라. 그것들은 종종 인정하는 사람보다 부인하는 사람이 더욱 좋아한다. 우리의 모든 행동과 사상과 희망을 받쳐주고 널리 퍼뜨리며 또 방향을 지시해주는 그런 것들을 취하라. 그것이 없다면 시골 마을도 제국도 없고 관습도 법도 없으며 옳음과 그름도 없다. 언어 다음으로 인간과 짐승을 굳건하게 구분해주는 그런 것을 취하라. 그 것만이 삶을 살아갈 만한 것으로, 참을 만한 것으로 만들며, 개인의 삶에서의 깊고 감추어진 샘인 것과 마찬가지로 모든 국가적 삶의 기초가 된다. 모든 역사의 역사이면서 모든 신비의 신비다. 종교를 취하라. 종교의 진정한 근원과 자연스런 성장, 그리고 피할 수 없는 소멸을 인도에서보다 더 잘 공부할 수 있는 곳이 어디 있는가? 인도는 브라만교의 고향이요, 불교의 발생지이며 조로아스터교의 피난처이다. 오늘날 역시 여러 신흥 종교들의 어머니이다. 미래라고 다르겠는가? 이 19세기의 먼지들로부터 정화되어 순수한 믿음의 어린아이로 다시 태어날 것이다.

인도에서는, 구대륙에서는 도저히 찾을 수 없는 기회가 광대한 과거와 무한한 미래 사이 어디에서든 있음을 알게 된다. 이를테면 오늘날 우리에게 제기되고 있는 중요 문제들을 한번 생각해보자. 대중교육과 고등교육, 의회 안건들, 법률 제정, 재정, 이민, 빈민구제법 등 이런 모든 문제들에 대해, 인도는 세계 어느 곳에서도 찾아볼 수 없는 실습장이 되어줄 것이다. 산스크리트어만을 두고 보자. 그걸 공부하는 것이 처음에는 아주 지겹고 아무 소용없는 것으로 여겨질 것이다. 하지만 지금 여기 케임브리지대학에서의 여러분들처럼 계속 공부해 나간다면, 이전까지는 거의 알려지지도 않았던 문학의 광대한 층위들이 눈앞에 펼쳐질 것이며, 이전까지는 전혀 생각하지도 못했던 깊이 있는 사고로 여러분을 안내할 것이다. 그런 사고들은 인간정신의 가장 깊은 공감을 이끌어내는 교훈들을 풍부히 담고 있을 것이다.

하지만 여가 시간을 즐기기만을 원하는 사람이라면, 인도는 풍부한 즐길 거리 역시 가지고 있다.

인도는 보통 상상하는 것처럼, 저 멀리 있는 이상한 나라, 혹은 좋게 말해 호기심을 유발하는 그런 나라가 아니다. 인도는 장래로 보면 유럽에 속한다. 인도는 그동안도 인도유럽계에 속해왔다. 유럽 역사 안에서 그 지위를 유지해왔고, 역사 그 자체의 생명력 속에, 인간정신의 역사 속에 위치해왔다.

우리 시대는 외적인 세계, 즉 물질세계의 발전에 관한 탐구에 주력해왔다. 다시 말해 지구의 변천이나 살아 있는 세포의 첫 출현, 그 세포들의 분화나 결합에 의한 생물의 탄생, 그리고 하등 생물에서 고등 생물에로까지의 진화 등을 탐구해왔다. 그렇다면, 우리의 탐구 대상이 될 수 있는 내적이며 지적인 세계의 역사는 과연 없는 것일까? 단정적이고 감정적인 단계에서 시작하여, 결합 혹은 분화를 통한 꾸준한 진보를 거쳐 이성적 사고에 이르고, 가장 저급한 것으로부터 고급의 단계에 이르는 그런 세계 말이다. 그런 인간정신의 역사, 우리 자신의 역사, 진정한 우리 자신의 역사 연구의 장이라는 점에서 인도는 다른 어떤 나라에도 뒤지지 않는다. 인간정신의 어떤 분야를 선택하든, 그것이 언어, 종교, 신화, 철학, 법, 관습, 원시 예술, 원시과학 등 그 어떤 것이든, 또 인도를 좋아하든 좋아하지 않든 간에, 반드시 인도로 가야 한다. 왜냐하면 인류 역사의 가장 소중하고 가장 교훈적인 자료들은 인도에 보장(保藏)되어 있기 때문이며, 인도는 그런 면에서 유일한 곳이기 때문이다.

나는 그 놀라운 나라 인도가 전체 역사 중에서 차지하고 있는 위치에 대해, 또한 마땅히 차지해야 할 위치에 대해, 가까운 장래에 인도에 자신의 운명을 맡길 청년들에게 설명하려 한다. 나는 또한, 역사에 대한 우리의 지식을 팔레스타인이나 이집트, 바빌로니아의 희미한 배경을 곁들여 그리스나 로마, 색슨족이나 켈트족의 역사만으로 그 시야를 좁힌다면, 인도 아리아족이라는 우리의 가장 가까운 지적(知的) 이웃, 산스크리트어라는 가장 뛰어난 언어의 창조자, 우리가 지니고 있는 개념적 토대 형성의 동료, 가장 자연적인 종교를 만들어낸 사람들, 가장 섬세한 철학의 발명자, 가장 정교한 법률의 제공자를 시야에서 치워버린다면, 그렇게 해서 남은 지식은 얼마나 불완전하며 인간 지성의 발전에 대한 우리의 통찰은 또 얼마나 미숙한 것으로 남을 수밖에 없을 것인지에 관해, 이 대학의 동료들에게 공감을 요청할 수도 있을 것으로 생각하고 있다.

교양교육에서 가르쳐야 할 필수과목은 여러 가지가 있다. 제대로 이해되고 자유롭게 해석되기만 한다면, 인도사는 우리 역사 전체와 단 한순간이라도 비교될 수 없을 만큼 뛰어나다.

오늘날은 역사 연구에서 희망을 거의 발견할 수 없을 정도의 위험에 처해 있다. 예를 들어, 역사가들은 사료에서 방대한 세부사항만을 수집하여 전문서 형식으로 우리 앞에 펼쳐놓는다. 내가 보기에 그 이전의 어느 시대보다 오늘날에는, 역사적 사안들의 진정한 비중을 가려내고 장인적 안목에 따라 그 사료들을 배치하며, 이 시대를 살아가는 우리에게 그리 중요하지 않은 것들은 구태여 들추어내지 않는, 진정한 역사가의 임무가 더욱 더 필요한 것으로 생각된다. 무엇이든 눈에 띄는 것, 특히 자신이 발견한 것은 모두 다 중요하다고 여기는 범용한 연대기 작가와 진정한 역사가를 구별케 하는 것은, 바로 무엇이 정말 중요한지를 가려내는 힘에 있다. 자기가 통치하던 시대에 진정한 역사가가 없음을 탄식하던 프리드리히 대제는, 당시의 역사가들이 프러시아의 역사를 쓰면서 자신의 제복에 달린 단추에 대해 잊지 않고 언급한 것에 불같이 화를 냈다고 한다. 그런 류의 모든 역사서들을 죄다 읽은 후, 그 어떤 것도 심지어 책의 저자나 제목조차도 후세에 알려줄 것이 없다고 토머스 칼라일이 말한 경우가 바로 이런 경우에 해당할 것이다. 그 칼라일이 쓴 역사서에조차도 없어도 좋을 만한 기술들이 즐비한 데야 말해 무엇하랴?

우리는 왜 역사를 공부하는가? 역사가 교양교과에 포함되어 있는 것은 무슨 까닭인가? 간단히 말해, 우리 모두가 지금의 우리가 되어온 과정에 대해 앎으로써, 각 세대가 동일한 지점에서 시작하기를 반복하거나 동일한 어려움을 다시 겪을 필요 없이, 이전 세대가 겪은 경험을 발판으로 삼아, 보다 높고 보다 고귀한 차원으로 진전해 가고자 하는 데 있다. 자라나는 아이 가, 살고 있는 집을 짓고 식량이 수확되는 들판을 일군 아버지 와 할아버지에게 그것들에 대해 물어보듯, 우리는 역사가들에 게 우리가 어디서 왔고, 우리가 지금 소유하고 있는 것은 어떻 게 이루어졌는지에 대해 묻는 것이다. 역사에는 아이의 엄마나 할머니가 들려주는 재미있는 얘깃거리와 같은 갖가지 유용한 내용도 포함되지만, 역사가 무엇보다 먼저 반드시 가르쳐야 할 것은 우리 자신이 지내온 이력과 우리 자신의 조상과 우리의 혈통 같은 것들이다.

우리의 주요 지적 조상이 유대인, 그리스인, 로마인, 색슨 인 들임은 의심의 여지가 없다. 또한 유럽에 사는 우리로서 팔 레스타인과 그리스, 로마와 독일의 지적 조상들에게 진 빚에 무지한 사람을 교양인으로 부를 수는 없다. 과거의 역사에 완 전히 무지한 사람은 자기 이전의 사람들이 자기를 위해 무엇을 해놓았는지를 모르기 때문에, 자기 이후에 올 사람들에 대해서 어떤 고려도 하지 않을 것이다. 그런 사람에게 삶은, 먼 미래의 희망과 저 먼 고대의 기억들에 의해 심장이 떨리고 약동하는 전기電氣의 사슬이 아니라 모래로 만들어진 사슬이 된다.

우리 종교부터 한번 생각해보자. 유대민족에 대한 지식이 없으면, 우리 종교인 기독교의 역사적 잠재력조차도 알 수가 없다. 그리고 그런 지식은 주로 구약성서를 통해 얻을 수 있다. 유대인과 고대의 타 인종들과의 관계나 유대인 고유의 사상을 알기 위해서는, 또 여타 다른 셈족들과의 그 사상의 차이점이나 고대의 다른 민족들과의 역사적 접촉으로 얻은 도덕적 종교적 영향들을 알기 위해서는, 바빌로니아나 니네베, 페니키아와 페르시아의 역사에 주의를 기울이는 것이 절대적으로 필요하다. 하지만 우리에게 잊힌 먼 옛적의 나라나 민족들로 여겨지기 쉽기 때문에 많은 사람들이 이렇게 말할 것이다. '이미 죽은지 오래인 자들은 그냥 그대로 두자. 그 미라들이 우리에게 무슨 의미가 있는가?' 하지만 역사의 연속성은 놀라운 것이다. 여기 이 자리에 모인 우리들마저 많은 부문에서 바빌로니아나 니네베, 이집트나 페니키아, 페르시아에 빚지고 있음을, 나는 아주 쉽게 보여줄 수 있다.

시계를 차고 있는 모든 이들은 시간을 60분으로 나눈 바빌로니아 사람들에게 빚지고 있다. 아주 불편한 분할 방법일지모르나, 그것은 바빌로니아로부터 그리스와 로마를 거쳐 우리에게 내려왔다. 60진법은 바빌로니아에 독특한 진법이었다. 기원전 150년경의 히파르코스가 바빌로니아로부터 이것을 채용했고, 기원후 150년경의 프톨레마이오스는 이 방식을 널리 보급했다. 예로부터 전래되어 오던 모든 것들을 깡그리 무시했던 프랑스인들마저 시계의 자판만은 존중했고, 그리하여 바빌로니아의 60분은 살아남았다.

모든 사람들이 편지에서 쓰고 있는 알파벳 문자는 로마와 그리스인에게 빚지고 있고, 그리스인은 그들의 문자를 페니키아인에게, 페니키아인은 다시 이집트인에게 빚지고 있다. 음성학 학생들은 그 고대 알파벳들이 아주 불완전한 것이라고 말할지 모른다. 그러나 아무리 불완전한 것이라 하더라도 우리는 고대 페니키아와 이집트인들에게 오늘의 우리 알파벳을 빚지고 있으며, 우리가 쓰는 한자 한자 모두에는 고대 이집트 상형문자의 미라가 뿌리박혀 있다.

페르시아에는 또 어떤가? 다른 민족만큼은 창의적이지 못했고, 바빌로니아나 아시리아 등 주변 국가들로부터 주로 배우는 입장이었기 때문에 우리가 빚질 것은 그리 많지 않아 보인다. 하지만 이 나라도 예외는 아니다. 다른 무엇보다 그들이 그리스군에 패했던 사실에 우리는 감사해야 한다. 마라톤전투에서 페르시아가 그리스를 이겨서 고대 그리스의 천재들을 노예화시켰다면, 달리 말해 그들을 완전히 절멸시켰다면, 과연 세계 역사는 어떻게 진행되었을까? 이것은 인류의 진보에 기여한 다소 피동적이고 퇴행적인 한 예라고 할 수 있다. 아주 지엽적인 일처럼 보이는 이런 예를 왜 드는가 하면, 그리스나 로마뿐 아니라 색슨족이나 앵글로색슨족 역시 배화교도인 파르시가 될 뻔했기 때문이다.

하지만 페르시아가 우리에게 능동적으로 선사한 것을 적어도 하나는 들 수 있다. 그것은 우리의 화폐제도인데 금과 은으로 구성된 복본위제複本位制가 바로 그것이다. 이 제도는 말할 것도 없이 바빌로니아에서 처음 시작되었다. 그러나 실용적이고 역사적으로 중요하게 채용된 것은 페르시아에서였고, 거기로부터 그리스의 여러 아시아 지역 식민지들로 퍼져나갔다. 그리고 또 거기서 유럽으로 퍼졌다. 그런 후, 약간의 변형을 거쳐 오늘날에 이르고 있다.

1달란트[10]는 60미나이고 1미나는 60세켈이다. 여기서도 바빌로니아의 60진법이 쓰이고 있다. 내 생각에는 이 진법이 쓰이게 된 기원과 인기의 바탕에는 60이라는 숫자가 나눗수[제수]를 가장 많이 가지고 있는 숫자라는 믿음이 자리하고 있는 것 같다. 세켈은 그리스어로 번역하면 동전이란 뜻이다. 그리고 크라수스, 다리우스, 알렉산더 시대까지 내려오는 아테네의 금화는 페르시아의 것과 마찬가지로, 우리의 1파운드 금화와 거의 동일한 미나 금화의 60분의 1이었다. 은과 금의 비율은 13대 1 혹은 13과 1/3대 1로 정해져 있었다. 세켈 은화가 13대 10의 비율로 만들어지는 경우가 있었는데, 그런 동전은 우리의 프롤린과 아주 흡사하다.[11] 세켈 은화의 2분의 1이 드라크마였고, 따라서 이것은 우리 실링의 조상에 딱 들어맞는다.

물론 금과 은의 상대적 가치를 인위적으로 고정하려는 시도는, 언제나 그래왔던 것처럼 아주 큰 실수라고 말할지 모른

---

10. Cunningham, the Journal of the Asiatic Society of Bengal, 1881, pp. 162-168.
11. 은의 페르시아 단어인 sim에는 13분의 1이라는 뜻이 있다; 커닝엄, l.c.p. 165.

다. 하지만 여기서도 역시, 세계가 서로 가깝게 되고 우리가 좋든 나쁘든 현재의 우리가 된 것은, 우리 자신의 힘에 의해서라기보다 우리 앞에 왔다간 사람들, 우리의 진정한 지적 조상들의 힘든 노력에 의해서였음을 보여준다. 그들의 혈관을 흐르는 피의 성분이 무엇이든 간에 또 그들의 머리를 구성하는 뼈의 모습이 어떻든 간에 말이다.

　　종교에 있어, 그것의 근원과 성장에 관해 모르고서는, 다시 말해 메소포타미아의 쐐기꼴 글자나 이집트의 상형문자나 신관문서, 그리고 페니키아나 페르시아의 역사적 유물들만이 전할 수 있는 내용들을 모르고서는, 그 종교를 이해하거나 그것의 의도하는 바를 완전히 알 수 없는 것이 사실이다. 이것은 비단 종교만이 아니라 우리의 전체적 지적 삶을 구성하는 제반 요소들에 관해서도 마찬가지로 적용된다. 우리의 경우, 종교에 있어서 유대교적이며 철학에 있어서는 그리스적이고, 정치는 로마적이며 도덕률은 색슨적인 것이라면, 그리스나 로마 그리고 색슨족의 역사에 관한 지식이나 그리스로부터 이탈리아에로의 문명 흐름과 독일로부터 영국 쪽으로의 문명 흐름에 관한 지식이 교양교육, 다시 말해 역사적이고 이성적인 교육의 기본 요소가 되어야 함은 자연스러운 일이다.

　　이제 여기까지로 충분하다고 말할 수도 있으리라. 세계의 위대한 역사적 왕국들의 진정한 정신적 조상들에 대해 알아야 할 만한 가치가 있는 지식을 어떻게 하든 습득하도록 하자. 이집트와 바빌로니아, 페니키아와 유대, 그리스와 로마와 색슨으로부터 물려받은 모든 것들에 대해 감사하자. 그런데 여기서 인도는 왜 하필 끌어들이는가? 이미 많은 짐을 지고 있는 사람들에게, 그들을 진정으로 균형 잡힌 교양인으로 불러주기 위해, 또 다른 짐을 더해야 하는 이유는 뭔가? 이미 포화된 우리 기억의 창고에 그들 왕조의 이름과 연대와 그들이 행한 일들을 다시 더해야 할 만큼 의미 있는 어떤 것들을, 저 인더스와 갠지스 강변에 살았던 피부 검은 주민들로부터 우리가 물려받았다는 것인가?

이런 불만에는 상당한 일리가 있다. 고대 인도 주민들은 유대나 그리스, 로마나 색슨과 같이 우리의 직접적인 지적 조상은 아닐지 모른다. 그럼에도 불구하고, 그들은 언어적으로 다시 말해 사상적으로, 우리가 속해 있는 것과 동일한 어족의 한 갈래를 대표하고 있고, 그들의 역사 기록은 어떤 면에서 보면 다른 어떤 기록들보다 더 오래되었으며, 너무도 완벽하고 명료한 문서들로 우리에게까지 보존되어 오고 있어서 다른 어디서도 얻을 수 없을 교훈들을 우리에게 제공한다. 또한 그 기록들은 원숭이와 인간을 연결하는 고리(훨씬 여유 있게 빠뜨려도 될)보다 훨씬 중요한, 우리의 지적 조상과의 연결고리를 제공해준다.

내가 말하고 있는 것은 오늘날의 인도문학이 아니라, 오래된 고대 인도 언어인 산스크리트어의 문학이다. 산스크리트

어가 그리스어나 라틴어, 색슨어와 공통 어원을 지니고 있다고
생각하는 이는 거의 없다. 이제까지 이런 사고가 일반적인 경
향이었다. 하지만, 산스크리트어는 그리스어나 라틴어, 앵글로
색슨어와 같은 뿌리를 지니고 있다. 이들 언어와만이 아니라
튜턴어, 켈트어, 슬라브어 모두와 그러하고, 페르시아어나 아
르메니아어와는 말할 것도 없다.

　　이쯤에서 물어보자. 산스크리트어가 우리의 관심을 끄는
이유는 정작 무엇이며, 역사가의 입장에서 본 그 언어의 중요
성은 무엇인가?

　　가장 먼저 꼽을 것은 그 언어의 고대성이다. 그리스어보
다 더 오래되었다. 하지만 단순한 숫자적 연대보다 더 중요한
것이 있다. 그 언어가 고대의 모습을 그대로 유지하면서 오늘
날 우리에게까지 전해졌다는 사실이 그것이다. 그리스어와 라
틴어는 여러 세기를 내려왔고, 그들 두 언어 사이에는 의심할
바 없는 유사성이 존재한다. 하지만 그 유사성이란 어떤 식으
로 설명될까? 때로 라틴어에서 유래하는 그리스어 단어를 찾
을 수도 있고, 또 때로는 그 라틴어의 원래 원칙에서 벗어나는
그리스어 단어 역시 발견할 수도 있을 것이다. 후대로 내려와,
고딕어나 앵글로색슨어 같은 고대 튜턴어나 고대 켈트어나 슬
라브어를 연구해보면, 그들 모두 사이에 어떤 유사성이 있음
을 인정치 않을 수 없다. 하지만 이 언어들 사이에 유사성이 생
겨난 경위와, 또 더욱 설명하기 어려운 것으로, 그들 사이의 이

질성이 생겨난 경위에 대한 의문은 신비로 남게 되었다. 그리하여 근거 없고 불필요한 이론들이 난무하게 되었고, 알다시피 그것들 대부분은 과학적 근거를 결여하고 있다. 이런 혼란한 와중에 산스크리트어가 등장했고 그 등장과 함께 빛이 비치기 시작했다. 온기가 돌고 서로를 상호 확인할 수 있게 되었다. 각각의 언어들은 이방인이기를 그치고 제자리를 찾아들었다. 산스크리트어는 이 모든 언어의 가장 오래된 자매 언어여서 다른 언어들이 까맣게 잊고 있던 여러 사실들을 말해줄 수 있었다. 다른 언어들 역시 스스로의 얘기들이 있었지만, 유대어와 그리스어 라틴어와 색슨어 모두보다 우리에게 어느 면에서는 더 중요한 한 언어의 등장은 그들 언어가 해주는 얘기들을 모두 모은 것보다 훨씬 중요한 얘기를 들려주었다.

　　그런 고대 역사의 장<sup>場</sup>을 회복하는 과정은 아주 간단하다. 아리아어군의 일곱 갈래 모두에서 동일한 형태와 동일한 뜻을 지닌 단어들을 찾아보면, 그 안에서 우리는 힌두나 페르시아, 그리스나 로마, 켈트나 튜턴 혹은 슬라브인 이전의 원래 조상들의 생각을 읽을 수 있는 가장 순수하고 믿을 만한 흔적을 접할 수 있다. 물론 이런 고대의 단어들은 아리아어군 일곱 언어들 중의 하나 혹은 그 이상의 언어들에서 망실되었을 수도 있다. 하지만 그런 경우에라도 나머지 여섯 언어, 혹은 다섯 언어, 네 언어, 세 언어, 그것도 아니라면 두 언어들 중에서라도 공통으로 발견되면서 그들 언어가 나중에 서로 교류했던 역사적 증거가 없다면, 이 단어들은 아리아족의 대분열 이전에 이미 있었다는 것을 알 수 있다. 예를 들어 불이라는 뜻의 단어로 산스크리트어에 아그니와 라틴어에 이그니스가 있다면, 다른 여러 언어들에서는 그런 단어를 찾아볼 수 없더라도, 분열되기 이전의 아리아어에 불이라는 단어가 있었다는 결론을 안전하게 내릴 수 있다. 왜 그런가? 일단 이 두 언어가 갈라진 다음, 라틴어가 다른 여러 언어들보다 산스크리트어와 더 오래 교류했다는 흔적이 없기 때문이다. 다시 말해 라틴어가 산스크리트어로부터 그 단어를 차용했을 가능성이 없기 때문이다. 리투아니아어에도 우그니스가 있고 스코틀랜드어에도 잉글이 있었긴 하다. 이것은 슬라브어와 튜턴어 역시 불을 가리키는 같은 단어를 알고 있었다는 말이 되는데, 시간이 흐르면서 다른 단어들로 대체되었다. 다른 모든 것과 마찬가지로 언어 역시 생멸한다. 어떤 토양에서는 살아남고, 또 다른 곳에서는 왜 시들고 마침내 사라져갈까? 그 이유를 밝히기가 늘 쉽지는 않다. 예를 들어, 로마어군의 여러 언어들에서 이그니스라는 단어는 어떤 운명을 겪었을까? 이그니스는 사어死語가 되었다. 아마도 억양이 없는 끝음절을 잃고난 뒤, 발음하기가 자연스럽지 못했던 것이 그 원인으로 생각된다. 반면, 라틴어에서 불 피우는 곳, 벽난로, 제단 등의 뜻을 지녔던 포커스focus란 단어는 지금까지 살아남아 제자리를 지키고 있다.

분화되기 이전의 고대 아리아어에 쥐란 단어가 있었는지

알아보려고 하면 아리아어 사전을 펼치기만 하면 된다. 거기에서 우리는 산스크리트어로 무쉬, 그리스어로 무스, 라틴어 무스, 고대 슬라브어 미스, 고대 독일어 무스 등을 발견하게 되고, 우리 자신의 연대기보다 인도 연대기로 재는 것이 더 나을 듯이 먼 옛날에 쥐란 생물을 알고 있었고, 그것에 이름이 붙여졌으며, 여느 다른 해로운 동물들과 완전히 구별된 종으로 식별되었음을 알 수 있다.

같은 시기에 쥐의 적인 고양이는 알려져 있었을까? 이 물음에 대한 우리의 대답은 분명히 부정적이다. 고양이는 산스크리트어로 마르가라 혹은 비달라다. 그리스와 라틴어로는 고양이의 이름으로 갈레아$^{galeê}$와 아일로로스$^{ailouros}$, 무스텔라$^{mustella}$와 펠리스$^{fellis}$ 등으로 불린다. 하지만 원래 이 단어들은 집고양이가 아니라 족제비나 담비를 뜻했다. 그리스어로 진짜 고양이를 이르는 단어는 카타$^{kátta}$, 라틴어로는 카투스$^{catus}$이고, 이것은 튜턴어나 슬라브어, 켈트어의 고양이라는 단어의 어원이다. 현재 우리가 아는 바로는 고양이라는 동물은 여러 세기 동안 숭배의 대상이 되고 길들여지기도 한 이집트로부터 유럽으로 왔고, 이 시기가 기원후 4세기경이기 때문에, 아리아족들이 분열되던 고대에는 이 동물에 대한 공통된 이름이 없었다는 것을 잘 알 수가 있다.[12]

---

12. Note B 참조

이런 방식으로, 마치 고대의 깨진 비석 조각들을 다시 맞추듯이 아리아족의 대분열 이전의 문명에 대한 다소간의 전체적 모습이 복원될 수 있었고 또 실제로 복원되어왔다. 나는, 인간정신의 역사를 추적하는 데 있어서 아리아어에 대한 조망을 통해 밝혀진 것보다 더 심층적인 차원이 발견되리라고는 생각지 않는다.

왜냐하면, 인도와 그리스 이탈리아와 독일에 산재해 있던 폐허로부터 재조합된 그 아리아 원어는 아주 오래고 오랜 인간 사고의 결과물이기 때문이다. 고대 인류의 삶에 대해 연구해보면, 그 연대기적 제한성 때문에 주눅이 들기도 한다. 하지만 기원전 1,500년의 산스크리트어가, 그리스어나 라틴어와는 전혀 다른, 하나의 완벽한 문어체 언어라면, 산스크리트어와 그리스어, 라틴어 개개의 흐름의 원류가 자리한 지점, 그들 공통의 어원이 있는 곳은 어디엔가에 있을 것이다. 그리고 그 강력한 민족적 흐름들의 근원을 찾아가 만나게 되는 공통의 언어는, 여러 세기를 거친 사고의 조류에 쓸리고 닳은 바위의 모습을 하고 있다. 우리는 그 언어에서 아스미$^{asmi}$와 같은 복합어를 만난다. '나는 무엇이다$^{I\ am}$.'의 뜻으로 그리스어에서는 에스미$^{esmi}$다. '나는 이다$^{I\ am}$.' 같은 이런 순전한 개념에 해당하는 말이 다른 언어들에도 있을까? 나는 서 있다, 나는 산다, 나는 자란다 같은 말은 여러 언어에 많이 있지만, '나는 이다'라는 말을 할 수 있는 언어는 극히 소수에 불과하다. 조동사 '나는 이다'보다 우리에게 더 자연스런 단어는 없을 것이다. 하지만 이 작은 한 단어에는 세상의 어떤 예술작품에 투입된 노력보다 더 많은 노력이 들어가 있다. 아리아어 원어에는 그런 모든 노력들이 잠재되어 있다. 아스미라는 단어, 나는 이다라는 그 개념에 닿기 위해 각기 다른 숱한 방법들이 시도되었다. 하지만 그 많은 시도들 중에 단 하나만이 살아남아, 아리아어군의 여러 언어와 방언들에서 길이 보존되었다. 아스-미$^{as-mi}$라는 복합어에는 나라는 미$^{mi}$가 술어 이다의 어원에 의해 서술되고 있다. 하지만 어떤 언어도 이다라는 뜻의 아주 단일한 뜻의 (빈) 술어, 다시 말해 아주 일반적 뜻을 지닌 단어를 단번에 만들어내지는 못한다. As[13]는 원래 숨쉬다를 의미했다. 거기서 호흡, 정신, 생명이라는 뜻의 asu라는 어근과, 라틴어에서의 os 혹은 oris인 입을 뜻하는 as라는 어근이 생겨났다. 숨쉰다는 뜻의 이 근원어 as는 끊임없이 절차탁마되는데 우선 원래 지니고 있던 물질적 성격의 모든 신호를 솎아내야 했다. 그런 후 비로소 아무런 부가 의미가 없이 사고의 고등 기능을 나타내는, 순수하게 추상적 의미의 존재라는 뜻을 전달할 수 있게 된다. 이것은 인도의 또 다른 천재적 발명품인 영*이 수학에 기여한 것과 동일한 기여를 했다. 숨쉬다의 as를 존재하다의 as로 바꾼 그 마찰과 부대낌이 얼마나 오랫동안 계속되었는지는 아무도 모른다. 숨쉬다는 뜻

---

13. Hibbert Lectures 참조, On the Origin of Religion, p. 197.

의 as 역시 셈어나 우랄알타이어가 아닌 아리아어에서 비롯되었다. 단어는 역사적 개별성을 지니고 있다. 그 단어야말로 우리 조상들의 작업의 산물이고, 우리의 사고와 단어를 통해, 우리를 위해 처음 사고를 시작했던 그들, 우리를 위해 처음 말을 시작했던 그들, 우리가 지금 생각하고 말하고 있는 것들을 이미 말과 생각으로 드러냈던 그들과 우리를 연결해주는 끈이다. 비록 수천 년, 아니 수십만 년을 서로 떨어져 있지만 말이다.

나는 진정한 뜻에서 이런 것을 역사라고 생각한다. 법정에서의 스캔들, 대학살같이 우리 역사교재의 많은 부분을 채우고 있는 것들보다 정말 알아야 할 가치가 훨씬 더 있는, 그 무엇이라고 생각한다. 이런 것을 밝히는 작업은 이제 시작 단계여서, 이 가장 오래된 고대 역사 자료 속에서 일하고 싶어하는 사람은 적지 않은 성과를 이뤄낼 수 있을 것이다. 사실이 이러한데도 사람들은 묻는다. 산스크리트어를 배워서 어디에 쓸 거냐고.

우리는 우리 조상들을 대경실색케 하고 그들이 쌓아놓은 모든 것을 뿌리째 흔들던, 지진을 포함한 여러 현상들에 대해 익숙해졌다. 더 이상 놀라지도 않는다. 이제 아이들은 학교에서 영어는 아리아어, 다시 말해 인도유럽어라고 배운다. 그리고 영어는 튜턴어의 한 갈래이며, 이 튜턴어는 이탈리아, 그리스, 켈트, 슬라브, 이란, 인도어[Indic] 갈래와 마찬가지로 모두가 하나의 뿌리에서 나왔고, 서로 모여 대*아리아어군, 인도유럽

45

어족을 이룬다고 배운다.

지금은 초등학교에서도 가르치고 있는 이 내용은 실상 50년 전에는 지성계의 새로운 지평을 여는 입구와도 같았다. 이가르침이야말로, 이전에는 이방인의 느낌으로 대했던 곳들을 아주 가깝게 여기고 이른바 야만인이라고 생각했던 수많은 사람들을 일가친척처럼 여기게 된, 아주 강렬한 형제애의 발아와도 같았다. 같은 언어를 말한다는 것은 같은 우유를 마시는 것보다 더 친밀한 연대감을 형성한다. 그리고 인도의 고대 언어인 산스크리트어는 근본적으로 그리스와 라틴, 앵글로색슨어와 동일한 언어다. 이런 사실은 인도어와 인도문학 연구가 아니었으면 도저히 알려질 수가 없었다. 이것 외에 우리가 인도에서 배울 것이 아무것도 없다 하더라도, 이 교훈 하나만으로도 다른 모든 언어에서 배울 수 있는 것보다 더 많은 것을 우리는 인도에서 배웠다.

이와 같은 새로운 빛이 세계를 비추기 시작하던 여명기에 쓰여진 학자와 철학자의 글을 읽으면, 배울 점이 많은 것은 물론이고 아주 재미가 있다. 아테네와 로마 사람들과 인도의 이른바 깜둥이들 사이에 근원적인 공통점이 있다는 사실을 그들은 믿으려 하지 않았다. 전통을 존중하는 학자들은 단연코 그런 견해에 반대했다. 라이프치히의 학생 시절, 내가 산스크리트어를 처음 배우기 시작했을 때, 고트프리트 헤르만, 하우프트, 베스테르만, 슈탈바움 같은 교수들이 산스크리트어나 비교문법에 관한 얘기가 나오기만 하면 드러내던 경멸적 태도가 지금도 기억난다. 보프 교수가 산스크리트어, 젠드어^Zend, 그리스어, 라틴어, 고딕어에 대한 비교문법서를 처음 발간했을 때 들었던 비웃음이 얼마나 컸던지, 다른 말들은 모두 묻혀버릴 정도였다. 모두가 반대 의사를 표명했다. 그가 그리스어와 라틴어를 산스크리트어와 고딕어, 켈트어, 슬라브어, 페르시아어 등과 비교하면서 어쩌다가 억양 하나를 잘못 발음하면, 그리스어와 라틴어밖에 모르던 그 사람들이, 그것도 사전을 펴놓고 억양을 확인해가면서, 득달같이 고함들을 질러대는 것이었다. 듀골드 스튜어트^Dugald Stewart 같은 이는 힌디어와 스코틀랜드어의 연관성을 받아들이는 것은 고사하고, 그 양^量에서 그리스나 로마의 고대 문학보다 더 많고, 시간에서 3천 년 이상 지속되어온 산스크리트어 전체와 산스크리트문학 전체가 교활한 브라만 사제들이 위조해낸 것이라고 믿었다. 라이프치히대학(놉베, 포르비거, 푼케넬, 팔름 등의 대가가 있었던 좋은 학교였다. 라이프니츠도 다녔던 학교였다.)의 학생 시절, 대가 중의 한 분 선생[클리 박사]이 어느 날 오후에 우리에게 한 말이 기억난다. 날씨가 너무 더워 제대로 된 강의가 이루어질 형편이 아니었는데, 선생이 말씀하길, 인도라는 나라에 그리스어나 라틴어와 아주 닮은, 아니 그보다 독일어나 러시아어와 오히려 더 닮은 언어가 있다는 것이었다. 처음에 우리는 농담하는 줄 알았다. 하지만 칠판에 산스크리트어와 그리스어, 라틴어로 상호 병치되게 쓰여진 숫자와 대명사, 동사 들의 배열표를 보고는, 그게 사실인 것을 알게 되었고 또 그것을 인정치 않을 수 없었다. 내 속에서는 아담과 이브, 낙원과 바벨탑, 셈과 함, 그리고 야벳 등이 호머와 아에네아스, 버질과 함께 빙글빙글 한없이 맴을 돌았고, 마침내 나는 맴돌다 남은 그 부스러기 조각들을 모아 하나의 새로운 세계를 만들려는, 새로운 역사의식으로 살아가려는 시도를 하게 되었다.

이제 여러분은 내가 왜 인도에 관한 지식이 역사교육과 교양교육에 필수적인 것이라고 생각하는지 알게 되었을 것이다. 유럽인들의 관점과 개념은 인도를 알고난 뒤부터 변화되었고, 아주 넓게 확장되었다. 그리고 지금의 우리는 과거에 생각했던 우리와는 다르다. 우리는 그것을 알고 있다. 예를 들어, 상상하지 못할 커다란 천재지변을 겪어 자신들의 기원이 영국이라는 사실을 잊어버리게 된 미국인들을 생각해보자. 2-3천 년이 지나, 자신들이 지닌 사고와 언어의 역사가 과거의 어느 시점까지만 추적되었다고 하자. 그 기원과 발전에 대한 아무런 설명도 없이, 자신들의 언어와 사고가 마치 하늘에서 떨어진 것처럼 여기고 있었다. 그러다가 갑자기 17세기에 존재했던 영국문학이나 영어가, 그때까지의 거의 모든 질문들에 대답하면서 또 거의 기적적인 것으로 여겨지던 것들을 죄다 설명해주면서 그들 앞에 다시 펼쳐졌을 때, 그들은 과연 무어라 말할 것인가? 그렇다. 산스크리트어의 발견이 우리에게 행한 일이 마치 이와 같다! 그것은 우리의 역사의식에 새로운 한 장을 보탰다. 그리고 마치 영원히 사라져 없어진 듯하던 우리 유년기의 기억을 되살렸다.

우리가 어떤 식으로 변천해왔든 간에, 수천 년 전에는 영국인, 색슨인, 그리스인, 인도인으로 되기 전의 어떤 인간이었다는 사실과, 또한 당시의 그 인간 안에 이 모든 나라 사람들의 성격의 씨앗을 간직하고 있었다는 사실은 너무도 분명하다. 여러분은 이 인간을 낯설고 이상한 존재라고 말하리라. 하지만 노르만, 색슨, 켈트족 등 우리와 시대적으로 가까운 여러 조상들보다 훨씬 더 자랑스러워해야 할 아주 실제적인 존재인 그 조상에게 그런 말은 합당치 않다.

산스크리트어를 포함한 아리아어의 연구가 우리에게 가져다준 성과는 이것뿐이 아니다. 인류에 대한 우리의 관점을 넓혀주면서 무수한 이방인과 야만인들을 한 가족 구성원으로 포용하게 했을 뿐 아니라, 전체 인류 고대사로 하여금 그 이전에는 결코 가져볼 수 없었던 리얼리티를 획득케 하였다.

고대 유물에 대한 언급과 글은 헤아릴 수 없이 많다. 또 그리스의 조각상이나 이집트의 스핑크스, 바빌로니아의 황소상 등이 발견되면, 우리는 기뻐서 어쩔 줄 몰라 하면서 그 역사적 보물들을 수납할 박물관을 여느 궁전들보다 더 장대하게 짓는다. 당연한 일이다. 하지만 우리 모두가, 그 어떤 조각상이나 스핑크스나 황소상보다 더 오래되고 풍부하고 놀라운 고대 유물의 박물관을 저마다 가지고 있다는 사실은 알고 있을까? 하지만 과연 그런 게 있기는 할까? 있다면 그게 뭘까? 그것은 다름 아닌 우리 자신의 언어다. 우리는 아버지 어머니라는 말, 심장과 눈물이라는 말, 하나 둘 셋이라는 말, 여기저기라는 말을 쓴다. 이런 언어 행위는 저 그리스 조각상이나 바빌로니아의 황소상이나 이집트의 스핑크스가 있기 이전에 이미 통용되던 동전을 손에 쥐고 만지는 행위와 같다. 그렇다. 우리 모두는 가장 풍성하고 가장 뛰어난 박물관을 지니고 다닌다. 그리하여, 우리가 그 보물들을 취급하는 법, 닦고 광을 내서 다시 투명하게 만드는 법, 정리하고 배열하여 그것들을 읽어내는 법을 알기만 하면, 상형문자와 설형문자로 된 모든 문서를 다 합친 것보다 더 진기한 얘기를 들을 수 있다. 그 얘기들은 이제 고대의 얘기가 되기 시작한다. 많은 사람들이 이미 그 얘기들을 들어왔다. 매일매일 일어난다는 이유로 많은 일들의 진기함이 빛을 잃는다. 하지만 그 얘기들만은 그리 되지 않도록 하자. 그리고 내가 할 일은 아무것도 남아 있지 않다는 생각은 하지 말자. 이미 우리에게 알려진 어떤 경이들보다 더 많은 경이가 언어에는 숨겨져 있다. 그렇다. 수천 년 전, 가장 기예한 장인이라 할 수 있을 인간 마음에 의해, 교묘하게 짜맞추어진 작품인 그 단어를 원래의 여러 조각으로 분해하는 방법을 우리가 알기만 한다면, 아무리 흔하게 쓰이는 단어라도, 어떤 아라비안나이트 얘기보다 훨씬 흥미롭고 경이로울 것이다.

우리의 원래 주제에서 벗어나지 않도록 하자. 이 소개의 장을 통해 여러분에게 말하고자 하는 것은, 언어과학의 결과물들은 산스크리트어의 도움 없이는 결코 얻어질 수 없는데 그 언어과학의 결과물들이 역사교육, 이른바 교양교육의 필수 요소라는 사실이다. 그 교육이란 프랑스 사람들이 '자신의 진짜 동쪽을 발견하는' 따라서 '자신의 진짜 위치를 아는'의 뜻으로 s'orienter(쏘히연티, 동방)라 부르는 것을 수행할 능력을 길러 주는 교육, 다시 말해 자신이 어느 항구에서 출발하여 어떤 코스를 따라 어떤 항구를 향해 방향을 잡고 있는지를 아는 교육을 말한다.

우리 모두는 동방으로부터 왔다. 우리가 가장 가치 있게 여겼던 것들 모두가 동방으로부터 왔다. 동방으로 향해 가는 이 여정에서, 동방교육을 특별히 받은 사람뿐 아니라 일반 교양교육과 역사교육을 받은 모든 사람들은, 마땅히 과거의 기억들로 충만한 자신의 옛 고향으로 돌아가고 있다고 여겨야 한다. 그 기억들을 해독할 수만 있다면 말이다. 여러분들이 내년 인도의 해안에 닿을 때 낙담하는 대신, 지금으로부터 꼭 백 년 전 영국으로부터의 긴 항해 끝에 수평선 위로 떠오르는 인도를 보면서 윌리엄 존스 경이 느꼈던 대로 느낄 수 있기를 바란다. 그 당시 환상의 나라 인도를 향해 가던 젊은이들은 꿈꾸는 것을 부끄러워하지 않았다. 환상을 보는 것을 부끄러워하지 않았다. 다음은 윌리엄 존스 경의 꿈과 환상이다.

'지난 8월(1783년), 오랫동안 열렬히 오고 싶었던 이 나라[인도]를 향해 바다 위를 항해하던 중, 어느 저녁, 그날의 위도와 경도를 측정해보니 인도가 바로 앞에 있었다. 페르시아는 우리 배의 왼쪽이었으니, 아라비아로부터 불어오는 바람이 배의 고물에 와닿는 셈이었다. 그것 자체로 너무도 즐겁고 새로운 상황이어서, 이 동방세계의 파란만장한 역사로, 또 듣기만 해도 기분 좋은 얘기들로 늘 가득 차 있던 지난 생각이 주마등처럼 꼬리에 꼬리를 물고 일어났다. 광대한 아시아를 그 주위에 두르고 있는, 그토록 고귀한 원형극장 한가운데 내 자신이 있다는 사실에 형언할 수 없는 기쁨을 느꼈다. 과학의 보모인 땅, 기쁨을 주는 동시에 유용하기도 한 기술의 창조자인 곳, 영광스런 행위들이 펼쳐지며, 인간의 천재성이 만들어낸 풍성한 산물이 있는 곳, 그리고 끝없이 다양한 형태의 종교와 정부가 있는 곳, 다양한 인종과 함께 법과 예절과 관습과 언어 역시 다양하기 짝이 없는 그런 땅이 아시아다. 얼마나 중요하고 얼마나 광활한 땅이 아직 탐험되지 못한 채 있는지, 얼마나 많은 장점들이 계발되지 않은 채 방치되어 있는지 지적하지 않을 수 없다.'

인도는 당시 37세였던 윌리엄 존스 경과 같은 몽상가들을 더 많이 원하고 있다. 배의 갑판에 홀로 서서, 바다로 떨어지는 해를 바라보는, 두고 온 영국의 기억과 다가오는 인도에의 희망에 젖은 채, 페르시아의 존재를 그 지나간 왕조들과 함께 느끼며 아라비아로부터 불어오는 바람을 그 시와 함께 호흡하는, 그런 몽상가들 말이다. 그런 몽상가들은 꿈을 실현하고 환상을 현실로 바꾸는 법을 알고 있다.

백 년 전과 마찬가지로 오늘날도 그렇다. 아니 그렇기를 바라고 싶다. 인도를 향한 빛나는 꿈들이 많다. 또한 인도에서 행해지는 빛나는 일들도 많다. 단지 여러분은 하기만 하면 된다. 동방의 역사와 문학에서 알 수 있듯이, 동방을 향한 장대하고 호기로운 정복들이 줄기차게 있어 왔다. 하지만 윌리엄 존스 경이 캘커타에 발을 디딘 그날부터는, 이 땅의 젊은 알렉산더들이 인더스강과 갠지스강 강변에 더 이상 정복할 왕국이 남아 있지 않다는 사실 때문에 실망할 필요는 없게 되었다.

## 제2강

---

# 인도인의 참모습

나는 지난 첫 강의에서 인도에 있는 것들은 모두가 다 기이하다는 편견과, 거기서의 삶은 영국에서의 지성적 삶과 아주 동떨어진 것이라는 편견을 제거하기 위해 애썼다. 그런 편견을 가지면, 행정관으로 동방에서 보내야 하는 20년에서 25년간의 기간은 억지로 참아내야만 하는 세월이 될 뿐만 아니라, 삶을 즐겁고 안락하게 하는 격조 있는 지향과는 단절된 일종의 추방 기간으로 여겨질 것이다.

오늘 나는 훨씬 더 골치 아픈 또 다른 편견과 씨름하지 않으면 안 될 것 같다. 왜냐하면 이 편견이야말로 인도인과 그들의 통치자 사이에 일종의 얼음 장벽을 구축하고 그들 사이의 진정한 동료 의식은 도무지 가능치 않을 것으로 여겨지게끔 하는 것이기 때문이다.

이 편견은 인도에서의 우리의 체류를 도덕적 추방쯤으로 여기는 데서 비롯한다. 또한 인도인을 도덕적 성품에서 우리와 완전히 다른 하등 인종으로 여기는 데서 기인한다. 보다 꼬집

54

어 말하면 영국인의 성품의 기초라 할 수 있을, 거짓에 대한 극
단적인 경멸에서 기인한다.

고지식한 젊은이에게, 자신의 인생을 전혀 존경하지도 사
랑하지도 않는 인간들, 보다 거친 이름들도 있겠지만 통상 원
주민들이라 불리는 그 인간들 사이에서 보내지 않으면 안 된다
는 생각보다 더 의기소침하게 하는 것은 없으리라. 인도인들은
자존심이나 정직 등, 인간으로서 지켜야 할 기본적 원리와는
동떨어져 있어서, 공통적인 관심사를 나누거나 행동을 함께 할
수가 없고, 나아가 진실한 우정이란 생각할 수도 없다고 그들
은 배워왔다.

인도인들은 부정직에 대해 너무도 자주 비난받아왔고, 그
들의 부정직은 이제 너무도 당연한 것으로 받아들여지고 있기
때문에, 그런 견해와 싸우는 사람은 돈키호테 취급을 당한다.

인도라는 나라 전체에 대한 비난과 마찬가지로 인도인들
에 대한 이런 비난이 아주 저열하고 속보이는 귀납법을 바탕에
깔고 있으며, 그런 비난이야말로 영국의 인도 지배를 반대하는
가장 극렬한 적들이 고안해낼 수 있는 것보다 더 큰 분란을 이
제까지 일으켜왔고, 지금도 그러고 있으며 앞으로도 그러리라
는 확신이 없었다면, 나 역시도 거의 희망이 없는 이 싸움을 시
작할 엄두도 내지 못했을 것이다. 행정관으로 혹은 장교로 인
도로 가는 젊은이가, 그가 만나게 될 사람들이 한결같이 태어
나면서부터의 거짓말쟁이이고 민족성 자체가 거짓말쟁이이며

진실에 대한 어떠한 고려도 없고, 그들의 말은 결코 믿을 수 없다고 굳게 믿고 그 땅에 간다면, 그 사람이 인도인을 생각할 때의 역겨운 감정과, 인도인들을 대할 때의 불신감과, 공사를 막론한 업무에서 드러내는 그들에 대한 경멸적 태도가 뭐 그리 놀랄 일일까? 그런 독초의 씨앗이 적에 의해 한 번 뿌려지면 주워 담기가 힘들어질 것이다. 모든 인도인이 거짓말쟁이라는 것은 모든 인도행정관들에게 거의 신앙처럼 되어버렸다. 그렇다. 그 신앙에 대해 의심을 품는다면, 그런 이야말로 이단설을 퍼뜨리는 자로 낙인 찍혀 결코 용서받지 못할 것임을 알고 있다.

이제 인도로부터 멀리 떨어진 이곳에서 나는, 한 나라의 다른 나라에 대한 이런 악평들은 어느 것 하나 가릴 것 없이 마땅히 근절되어야 한다는 것을 사무치게 느끼고 있다. 그런 악평을 만들어내고 강화시키며 확신에까지 이르게 하는, 자만심 가득하고 잔인한 그 마음 상태 때문만이 아니라, 순전히 논리적 차원 때문에도, 다시 말해 그런 결론을 만들어내는 귀납법적 책략이 지닌 무모함과 부주의함 때문에도 그렇다. 어떤 사람이 그리스를 여행하다가 통역자로부터 속임을 당하고 무뢰배에게 약탈을 당했다고 해서 고대와 현대의 모든 그리스 사람들이 다 거짓말쟁이이고 도둑인가? 그리고 그 나라 사람들 모두가 거짓말과 도둑질을 좋아하는가? 캘커타나 봄베이, 마드라스 등에서, 판사 앞에 불려나온 인도인들이나 법정이나 시장 주위에서 배회하는 인도인들이 무조건적으로 또 흔들림 없이 진실을 사랑해야 한다는 기준을 만족시키지 못한다고 해서 모든 인도인들이 다 거짓말쟁이라고 한다면, 거기에는 어떤 나쁜 귀납법이 자리하고 있는 것은 아닐까? 이 개명된 세상에서, 더구나 최근의 인구통계에 의하면 2억 5천3백만 명이나 사는 이 큰 땅에서 말이다. 수백 명의 인도인, 아니 수천 명의 인도인이라도 그렇지만, 절도나 살인 혐의자로 법정에 불려와 진실을 말하지 않는다고 해서, 오직 진실만을 말하지 않는다고 해서, 2억 5천3백만 전체 인도인이 거짓말쟁이로 매도되어야 하는가? 가령 영국인 선원이 이상한 억양으로 영어를 말하는 유색인 판사 앞에 불려왔다면, 과연 그는 그 판사에게 머리 숙여 절하고 자신이 저지른 불법 행위를 그 즉석에서 고백할까? 또 그의 동료들은 자기 친구에게 불리한 사실을 저마다 앞 다투어 법정에서 증언할까?

귀납법$^{rule\ of\ induction}$은 널리 인정되고 있다. 하지만 대상을 봐가면서 적용해야 한다. 인도 속담에 있듯이, 한두 톨의 낱알만 맛보아도 전체 논의 벼 맛을 알 수 있을지 모른다. 하지만 이런 법칙을 인간에게 적용하면서 주의하지 않으면, 다음 예와 같은 사태가 초래된다. 영국인 목사 한 사람이 영국 배 위에서 프랑스 아기에게 세례를 주었는데, 아기의 코가 아주 컸다. 그 목사는 프랑스 아기들은 모두가 코가 무척 크다는 믿음을 죽을 때까지 가지고 있었다 한다.

인도인 모두를 무리 없이 지칭할 수 있는 말이 어디 있을까? 나는 '인도 민중'으로 시작되는 문장이나, 심지어 '모든 브라만들'이나 '모든 불교도들'로 시작되는 문장을 볼 때마다 섬뜩함을 느낀다는 사실을 고백하지 않을 수 없다. 이 말들 다음에 붙는 문장들은 예외 없이 거의 모두가 틀린 말들이기 때문이다. 아프간족, 라지푸트족, 벵골족, 드라비다족들 사이의 차이는 영국인, 프랑스인, 독일인, 러시아인들 간의 차이보다 훨씬 더 크다. 하지만 그들은 모두가 인도인으로 분류되고 도매금으로 비난받는다.

우리는 아무런 구별 없이 인도인이라고 부르고 인도인이라고 비난한다. 하지만, 눈 있는 사람은 누구라도 알아차릴 수 있을 인도 여러 종족들 간의 다양성에 관한 존 말콤 경의 언급이 있다. 그는 벵골 사람들이 몸은 약하고 마음은 소심하며, 그중에서도 캘커타보다 아래쪽에 사는 사람들이 인도인들 중 가장 하급 족속이라고 기술한다. 그러나 그는 다음과 같이 이어가고 있다. '하지만 비하르 지방으로 들어가는 순간, 그곳 인도인들은 건장하고 강건한 신체와 체구는 말할 것도 없고 심성에 있어 최고의 인종으로 바뀐다. 용감하고, 관대하며, 인간답다. 빼어나게 용감할 뿐 아니라 참으로 진실하다.'

나는 히말라야로부터 실론까지의 인도인을 무차별적으로 폄훼한 것에 대해 항의해야 한다는 의무감을 느끼고 있을 뿐이다. 그러므로 인도의 어두운 구석을 다 지우고 밝은 면만 부각

시켜 이상적 인도상을 그려내는 것이 나의 희망이나 의도라고
생각하지는 말기 바란다. 인도에 가본 일이 없는 나로서는, 역
사가의 일반적 권리와 의무만을 스스로에게 요구할 수 있을 뿐
이다. 이를테면 취할 수 있을 만큼 많은 정보를 취할 권리와 역
사비평의 공인된 법칙에 따라 그 자료들을 면밀히 검토해야 하
는 의무를 말한다. 고대 인도인의 민족적 성격에 관한 나의 주
자료는 그리스 저자들의 저술과 고대 인도인 자신들의 저술이
될 것이다. 후대에 내려와서는, 정복하는 것보다 다스리는 것
이 더 어려운 것을 아마도 알게 되었을, 그리하여 늘 부드럽기
만 한 것은 아니었던 여러 인도 정복자들의 말을 참고해야만
할 것이다. 지난 세기부터 지금까지는, 한편으로는 인도에서
인도인들과 함께 실제로 살았고 저술을 통해 자신들의 경험을
우리에게 나누어준 분들의 권위에 의존하지 않을 수 없고, 또
한편으로는 내 자신 영국과 프랑스, 독일에서 만났던 수많은
뛰어난 인도행정관들과 또 인도인 신사들의 증언에 힘입지 않
을 수 없다.

　　기왕, 장차 인도를 다스리면서 행정을 담당할 사람들에게
내 의사를 말해야 할 바에는, 오늘 토의하고 있는 주제인 인도
인의 정직성과 또 그에 대한 요구라는 면에 관해, 이미 인도행
정관을 지낸 선배들 중에서 가장 뛰어나고 가장 사려 깊다고
알려진 사람들에 의해 형성되어왔고 또 그들 스스로 그렇게 말
했던 의견들로부터 실마리를 풀어나가고자 한다.

이 19세기가 시작될 무렵, 옛 동인도회사의 후원 아래 인도에 갔던 행정관들이 남긴 말에서부터 시작해보자. 내가 영국에 처음 왔을 당시, 그들을 만나 친교를 맺을 수 있었음은 큰 영광이었고 기쁨이었다. 그들은 5년에서 20년 기간 동안의 단기간의 인도 과거사를 확인하는데 급급한 최근의 행정관들보다, 인도인들의 원래 삶과 원래 습속과 원래 성품들을 훨씬 더 많이 접했던 사람들이었다. 그들은 오랜 경력을 마감하고 영국으로 귀국했다. 인도는 이제 더 이상, 로빈슨 크루소들이 저마다 스스로 개척해서 삶을 영위해야 했던, 지난날의 외딴 섬이 아니다. 영국과 인도 간의 왕복 배편이 더 잦아지고 빨라졌으며, 우편이 더욱 빈번해졌고, 전신도 개통되고 영인<sup>英印</sup> 공용신문도 발간되어, 공적인 인도 체류는 이제 일시적인 해외 망명 정도로 여겨져서 영국 여성들마저 50년 전에 비하면 보다 기꺼이 받아들일 수 있게 되었다. 피할 수 없지만, 반드시 만나야 하는 어려움이라면, 그들에게 새롭고 보다 차원 높은 관심사를 제시함으로써 그 어려움을 보다 쉽게 헤쳐나갈 수 있게 할 것이다.

옥스퍼드대학에서 산스크리트어를 가르치던 고<sup>故</sup> 윌슨 교수와 여러 해 동안 가깝게 지냈는데, 나는 그의 인도 회고담을 깊은 흥미를 가지고 듣곤 했다.

윌슨 교수가 그의 인도 친구와 동료와 하인들에 관해서 하던 말을 들려주고 싶다.[1]

'나는 나 자신의 필요와 희망에 의해서, 인도인들 사이에서 줄곧 살았다. 따라서 유럽인들이 통상적으로 관찰할 수 있는 것보다 훨씬 다양한 상황들을 접할 기회가 많았다. 예를 들어 캘커타 조폐창에서 나는 수많은 기능공, 기계공, 노동자 들과 매일 몸을 맞대고 지냈다. 그들은 언제나 쾌활했고 지칠 줄 모를 정도로 근면했으며, 상급자의 뜻을 유머로써 잘 따라주었고, 무엇을 요구하든 기꺼이 들어주었다. 늘 그랬다. 술 취한 사람, 무례한 사람, 반항적인 사람은 찾아볼 수 없었다. 부정직이 없었다고는 말할 수 없지만, 비교적 적었고 아주 사소한 것들이었다. 직원들을 대상으로 한 보안대책 역시, 다른 나라들의 조폐창에서 필요했던 것보다 훨씬 미미했다. 기술은 뛰어났고 성격은 유순했다. 비굴함이나 굴종과는 전혀 무관한 극도의 솔직함이 있었다. 그들에게는 두려움 없는 확신이 있었기 때문에, 솔직함이야말로 인도인의 일반적 특성 중의 하나였다. 자신이 모시는 상관이 좋은 기질과 성품을 지닌 사람이라는 확신이 일단 생기게 되면, 그들은 숨기거나 겁내거나 하지 않는다. 상관에 대한 존경심을 전혀 흐트리지 않으면서도….'

아주 잘못 알려진 인도 현자들에 대해서도 얘기하고 있다. '여가 시간에 틈틈이 공부하면서 나는 학식이 있는 사람들과 교유했는데, 그들에게서도 역시, 그들에게서만 발견할 수

---

1. James Mill(존 스튜어트 밀의 아버지), History of British India, ed. Wilson, vol. i, p. 375.

있는 다른 덕목들과 함께 근면과 지성, 쾌활함과 솔직함 등을 발견할 수 있었다. 이런 현자들은 공통된 특징을 가지고 있었는데, 특히 인도 현자들은 어린아이같이 단순하고 일상생활의 거래관계나 관습에 대해서 전혀 무지하다는 특징이 있었다. 이런 특징이 바래진 경우는 유럽인들과 오랫동안 사귀어온 사람들뿐이었다. 현자들이나 학식 있는 인도인들은 유럽적 특성에 대해 전혀 알지 못했고, 또 그것들에 대해 두려움을 가지고 있었다. 어떤 계층을 막론하고 유럽인들과 인도 학자들 사이에는 교류가 없었기 때문에, 서로를 이해하지 못하는 것은 그리 놀랄 일도 아니다.'

마지막으로 캘커타를 비롯한 여러 곳의 상류계층에 대해, 윌슨 교수는 '세계 어디에 내놓아도 신사로서 공인될 수 있을 세련된 매너, 명석하고 종합적인 이해력, 감정에 있어서의 자유로움과 원칙에 있어서의 독립성' 등을 그들에게서 찾아볼 수 있었다고 말하고 있다. '이 사람들 몇몇과는 일생을 통해 우정을 지속하고 있다.'고도 말했다.

나는 윌슨 교수가 이런 어조로, 어떤 때는 좀더 열정적인 어조로, 그의 옛 친구들에 대해 얘기하는 것을 들어왔다. 또 편협하지 않으면서도 가장 정통적인 인도인인 케슙 천더 센의 할아버지 램 코물 센과 나눈 편지에 대해서도 들었다. 그 편지들은 최근에 서간집으로 출판되었는데, 거기서 우리는 영국 편에서 조금만 노력하면 인도와 영국 사이에는 아주 친밀한 관계가 이루어질 수 있음을 보게 된다.

이런 주제에 대해서는 나보다 훨씬 권위 있게 얘기할 수 있는 분으로, 여러분의 대학 케임브리지가 자랑할 만한 또 한 사람의 산스크리트어 교수가 있다. 내 생각에 그분 역시 그리 말해왔을 것이 틀림없고 또 앞으로도 그럴 것으로 믿지만, 우리 편에서 인도인 친구를 찾고자 하는 마음만 있으면 언제든지 찾게 되고 또 그들을 신뢰하게 될 것이다.

나는 옥스퍼드대학에서 가끔 인도행정관 지원자들을 만난다. 그들에게 읽으라고 추천해온 책 한 권과 해롭다고 경고해온 책 한 권이 있다. 나는 그런 추천과 경고가 이제까지 아주 좋은 결실을 맺어왔다고 믿고 있다. 인도에서 일어난 가장 나쁜 일들 중의 상당 부분 책임이 있는 것으로 생각되는 가장 해로운 책은, 책에 딸려 있는 윌슨 교수의 해설에 의해 그 독소가 약간 중화되긴 했지만, 밀Mill이 쓴 『브리티시 인디아의 역사』다. 이와는 달리, 내가 추천하는 책은 1844년에 출간된 슬리먼Sleeman 대령의 『어느 인도 근무 장교의 한담과 회상』인데, 원래는 1835년에서 36년 사이에 쓰여진 것이다. 나는 이 책이 좀더 싼 판본으로 다시 출간되어 더 많은 독자가 접할 수 있게 되기를 바라고 있다.

밀의 책은 모르는 사람이 없다. 말하기 뭣하지만, 특히 인도행정관 지원자 여러분에게는 이 책이 추천도서이고 또 이 책에서 시험 문제가 나온다. 이제 이 책에 대한 나의 강한 거부감을 입증하기 위해 몇 가지 증거를 들지 않으면 안 되게 되었다.

인도인의 성격을 논하면서 밀은 프랑스 선교사 듀보아에
게 주로 의존하고 있다. 또한 오르메, 부하난, 테난트, 워드 등
에게도 도움을 받는데 그들 모두는 능력 면에서나 공정성 면에서
신뢰할 수 없는 사람들이었다. 더구나 밀[2]은 이들의 글 중에서
가장 바람직하지 않은 것들만 취했다. 한 술 더 떠, 인도인들에
대한 그들의 무차별적인 매도 가운데 어쩔 수 없이 언급하지
않을 수 없었던 인도인들의 장점들은 다 빼버렸다. 예를 들어,
장난기 어린 표현[3]인, '브라만은 거짓말과 협잡이 사는 개미집
이다.' 같은 말도 아주 심각하고 진지한 것으로 인용하고 있다.
인도인을 진실치 못하다고 비난하고난 뒤, 인도인은 소송하기
좋아하는 인간들이라고 꾸짖고 있다. '증오심이나 복수심을
보다 대담하게 해결할 용기가 없기 때문에, 그들은 자신들의
악의를 소송을 통해 해결하려 한다.'고 쓰고 있다.[4] 밀이 감추
고 있는 치사한 동기를 제거하고 이 말을 달리 해본다면, '양심
과 법에 대한 존중심 때문에 그들은 자신들의 증오심과 복수심
에 대한 보다 과감한 만족을 찾기를 포기하고, 다시 말해 죽이
거나 독살하는 방법 대신에, 영국 법정을 신뢰하여 법에 호소
한다.'가 된다. 로버트슨 박사는 애초에 그의 「인도에 관한 역

---

2. Mill, History, ed. Wilson, vol. i, p. 368.

3. Mill, History, ed. Wilson, vol. i, p. 325.

4. L. c. vol. i, p. 329.

사적 논의」[5]에서 인도인의 이런 소송 선호 경향을 야만성이라 기보다는 보다 높은 문명화의 한 징표로 보아온 듯하다. 하지 만 '소송률은 난폭한 아일랜드인들 사이에서 가장 높다.'는 밀 의 말을 듣고는 자신의 견해를 완전히 바꾼다. 인도의 법정은 영국 법정과 닮아, 인도인들이 과거에 경험했던 이슬람 법정 처럼 뇌물과 부패에 의해 평결이 내려지지 않았기 때문에, 초 기에는 인도인들에게 대단히 매력적으로 보였을 것이다. 하지 만 과연 인도가 다른 나라들보다 소송을 더 좋아했을까? 마드 라스 총독이자 료트워협약의 강력한 지지자였던 토마스 먼로 경은 다음과 같이 말하고 있다.[6] '나는 모든 방면에서 인도인을 면밀히 관찰해왔다. 그리고 나는 확실히 말할 수 있다. 인도인 은 소송을 좋아하지 않는다.'[7]

하지만 밀은 거기서 더 나간다.[8] 그는 독자들로 하여금 '브라만은 마음만 먹으면 사람을 처형할 수도 있다.'라고 믿게 한다. 실상 그는 인도인을 모든 악덕을 다 지닌 괴물 집단처럼 묘사하고 있다. 반스 케네디 대령[9]의 말마따나 그런 무뢰배들 만 있는 사회라면 아예 사회 자체가 성립되지 않았을 것이다.

---

5. p. 217.
6. Mill, History, vol. i. p. 329.
7. Manu, VIII. 43: '왕이나 그의 조신朝臣은 어떠한 소송이라도 제기해서는 안 된다. 또한 반대로 자신들에게 제기된 어떠한 소송도 각하해서는 안 된다.'
8. Mill, History, vol. i. p. 327.
9. L. c. p. 368.

밀은 자기 말의 문맥조차 제대로 보지 않고 있다. 그렇다. 정작 그의 말대로 브라만에게 마음 내킬 때마다 사람을 처형할 수 있는 권한이 있다면, 그것 자체가 브라만이 선한 사람들이라는 것을 증명하고 있다. 실제로 그런 특권이 사용되었다는 말을 들은 적이 거의 없기 때문이다. 인구 대비 사형 선고의 숫자라는 구체적 사실은 말할 것도 없다. 영국이 만 명당 한 명인 것에 비해 벵골은 백만 명당 한 명 꼴이다.[10]

밀의 책과 달리 슬리먼 대령의 한담閑談은 그 가치에 비해 잘 알려져 있지 않다. 이 사람이 어떤 사람인지를 알기 위해서는 본문에서의 약간의 인용이 필요하다.

원래는 그의 누이에게 말하는 투로 다음과 같은 식으로 씌어져 있다.

'사랑하는 동생에게,

누군가 인도에 있는 영국인에게 거기 있는 동안 가장 기뻤던 일이 무엇이었냐고 묻는다면, 열 명 중에 아홉은 고국의 누이들로부터 받는 편지라고 대답할 것이다. … 그 편지들은 우리를 행복하게 할 뿐만 아니라, 우리로 하여금 보다 나은 세계시민이 되게 하고 정부를 위한 보다 나은 공복公僕이 되게 한다. 왜냐하면 우리 모두는 힘겨운 인도에서의 "삶의 투쟁"에서 그런 누이들에 의해 대표되는 집단의 호응과 동의에 상당 정도

---

10. Elphinstone, History of India, Cowell ed., p.219. '영국의 경우, 232명에게 사형판결이 내렸고 64명에게 집행되었다. 벵골은 59건 판결에 전원 집행되었다.'

영향을 받고 있기 때문이다. 따라서 우리는 그런 누이들이야말
로 인도 정부에 무임으로 봉사하는 행정관이라는 고양된 생각
으로 누이들을 바라볼 수 있다.'

　누이의 동의를 귀하게 여기면서, 또 그녀와 함께 자신의
힘겨운 삶을 헤쳐나가기를 소망하며 누이에게 전한 이 짧은 몇
마디 말 속에는 옛 영국 기사도의 흔적이 담겨 있다. 그가 고백
하듯이 게으르게 답장 쓰기를 미루다가, 혹은 너무 바빠 긴 편
지를 쓸 시간을 내지 못하다가, 건강 회복을 위해 나르부다강
에서 히말레산맥으로 가는 도중의 의무 휴가 기간을 이용하여
자신의 인도에서의 느낌과 경험을 종합적으로 누이에게 쓰고
있다. 비록 쓸 당시에는 '누이와 가족들의 흥미를 위해 그들을
즐겁게 해주기 위한' 글이었지만, 조금 진지한 어조로 덧붙이
고도 있다. '한 가지 반드시 말해두고 싶은 것은 내 글에 있는
설명이든, 회상이든, 대화든 간에 어떤 것도 허구가 아니라는
점이다. 내가 얘기하는 타인들의 증언은 진실이라고 나는 믿는
다. 내 자신의 말 역시, 있는 그대로 믿을 수 있을 것이다.'

　대령은 1844년 이 책을 출간하면서, 책을 통해 '인도인들
사이에서 살아가도록 운명 지어진 자신의 동포들이 인도인들
을 보다 잘 이해하고, 그들을 향해 보다 따뜻한 마음을 가질 수
있게 되었으면 좋겠다'는 희망을 전하고 있다.

　여러분들은 내가 어째서 다른 누구보다도 슬리먼 대령을
인도인의 성격에 관한 믿을 만한 권위자로 생각하는지, 이를테

면 윌슨 교수와 같이 정확하고 불편부당한 관찰자보다 더 신뢰하는지 물을 것이다. 내 대답은 이렇다. 윌슨 교수는 주로 캘커타에서 살았던 반면, 슬리먼 대령은 거기에서만이 진정한 인도를 볼 수 있는 곳을, 다시 말해 시골 인도를, 보았기 때문이다. 여러 해 동안 그는 투기[Thuggee] 폭동진압 판무관으로 근무했다. 투그들은 종교적인 이유로 살인을 하는 직업적인 암살자들이었다. 애초에는 '모두가 회교도들이었고, 세월이 흘러가면서 힌두교도도 차별 없이 이 무리에 가담했지만 여전히 회교도가 더 많았다.'[11]

대령은 이 무리를 소탕해야 했는데, 시골 사람들의 신뢰를 얻고 그들의 좋은 점과 나쁜 점을 파악하기 위해 시골에서 그들과 함께 계속 살아야만 했다.

슬리먼 대령은, 인도인의 공동체라 할 시골 지역사회의 인도인을 겪어보아야만 인도인을 알 수가 있다고 줄기차게 주장한다. 인도인의 성격에 강한 인상을 부여한 것은 시골에서의 삶이다. 이런 현상은 다른 어느 나라보다도 인도에서 더 두드러진다. 인도사를 배우면서 우리는 왕들과 황제, 라자(부족장, 씨족장; 역자)와 마하라자(토후, 번후藩侯; 역자)들에 대해 많이 듣는다. 그래서 인도를, 우리 영국이 자랑하는 분권화된 자치정부는 전혀 없이 중앙집권화된 권력에 의해 통제되는 동방의 한

---

11. Ch. Trevelyan, Christianity and Hinduism, 1882, p. 42. 참조.

왕국쯤으로 생각하기 쉽다. 하지만 인도인들의 정치적 삶에 대
해 면밀히 공부한 사람들은 전혀 반대되는 얘기를 한다.

　인도의 정치적 단위 혹은 사회적 기초 조직은 외세에 의
한 거듭된 정복에도 불구하고 언제나 그래왔던 것처럼 지금도
시골공동체이다. 이런 정치 단위들은 공통의 목적을 위해 종종
합병하거나 합병을 당하기도(그라마갈라 $^{gramgala}$ 라고 불리는 연
합체처럼) 하지만 개개의 단위들은 그것 자체로 완벽한 단위
이다. 열 혹은 스무 마을, 백 혹은 천 마을을 다스리는 관리들
에 대해 적어 놓은 『마누법전』[12]의 내용이란 것도 고작 그 마을
들에서 세금을 걷는 것과 마을의 미풍약속을 책임지는 것 정도
가 규정되어 있을 따름이다. 근래에 이르러 84마을연합이니,
이른바 코우라시(카투라시티[13])연합이니, 360마을연합이니 하
는 것 역시 세금 징수와 재정을 기준으로 이름 붙인 것에 불과
하다. 백 사람 중의 아흔아홉 사람인 보통의 인도인에게, 작은
마을 단위야말로 자기 마을의 지평선 너머로 확장되는 경우가

12. Manu VII. 115.

13. H. M. Elliot, Supplement to the Glossary of Indian Terms, p. 151.

14. 헌터 박사의 최근 통계표에는 영국령 인도의 총 타운 수와 빌리지 수가
493,498개로 나와 있다. 이 중 448,320개가 주민 1,000명 이하이므로 빌리지라 불
러도 될 것이다. 벵골의 경우, 행정당국의 타운 장려 정책에 따라 전체 자작농장
수는 117,000이고 이 중 반 이상이 인구 200명 이하이다. 벵골의 타운 중, 10,077
타운만이 인구 1,000명 이상이다. 다시 말하면, 전체 주거지의 17분의 1 이하만이
우리가 실제 빌리지라고 부를 만한 곳이다. 서북지방의 지난번 통계에서는 빌리지
수 105,124개, 타운 수 297개로 나와 있다. Times, 14th, Aug., 1882 참조.

거의 없이 서로서로가 도움을 받고 사는 하나의 여론 공간이요 그들 세계의 전부다[14].

슬리먼 대령은, 인도에서의 이런 마을공동체들의 존재와, 고대와 현재를 막론하고 인도 전체 사회조직에서의 이 공동체들의 중요성에 주목한 최초의 사람들 중의 하나다. 물론 헨리 메인 경의 저작을 통해 이런 사실이 널리 알려져오긴 했지만, 슬리먼 대령의 책 또한 흥미롭고 교육적이다. 그는 초기 아리아 민족국가의 사회정치적 발전에 대한 어떤 이론에도 영향 받은 바 없이, 단순 관찰자의 입장에서 쓰고 있다.

인도 전체가 마을 단위로 나누어져 있다는 명백한 사실을 최초로 지적한 사람이 슬리먼 대령이라고 말하려는 것은 아니다. 일찍이 메가스테네스[15] 같은 관찰자가 '인도에서는 남편, 아내, 자녀들이 가족을 이루어 시골에 살면서 도시로는 결코 가려고 하지 않는다.'고 말했을 때도, 그런 사실을 알고 있던 것 같다. 네아르쿠스의 관찰에 의하면 여러 가족들이 공동으로 경작했다.[16] 슬리먼 대령이 최초로 확인하여 지적한 것은 인도인 고유의 미덕에 관한 것으로, 그 미덕은 모두가 그들의 시골 삶과 밀접히 연관되어 있다고 했다.

영국 관리들은 그런 시골의 삶을 거의 알 수가 없다. 사실, 인도 시골 마을에 있는 영국 관리 한 사람만으로도, 정의와 평

15. Megasthenes와 Arrian의 기술에 의한 고대 인도, McCrindle, p. 42.
16. Strabo, XV. p. 716.

등에 관한 공적 행위와 사적인 삶을 규정하는 인도인의 고유
한 미덕들을 축출해버리기에 충분하다는 말이 있다.[17] 시골공
동체에 속해 있던 한 사람을 그곳에서 빼내어 제반 사회적 제
약에서 놓여나게 해보라. 자신의 기본에서 벗어난 그 사람은
쉽게 유혹에 빠지게 되고, 자신의 원래의 삶이 지녔던 전통에
서 일탈하여 잘못된 길로 가기가 쉽다. 한 마을의 도덕이 다른
마을들에서 통용되지는 않는다. 도둑질과 강도로 여겨지던 일
이 먼 다른 마을을 상대로 일어난다면 성공적인 정복이 되기도
한다. 개인적 덕목에서 속임수와 사기라 비난받는 일이 외국을
상대로 할 때는 외교와 정책이라는 말로 기림을 받기도 한다.
아울러, 접대의 규칙은 다른 마을 사람들을 향해서만 적용되
고, 같은 마을 사람은 아티티[Atithi]의 권리, 즉 손님의 권리를 주장
할 수 없다.[18]

　　이제 이 시골공동체 구성원들의 도덕적 특성에 대한 슬리
먼 대령의 말을 들어보자.[19] 투기[Thuggee] 진압작전의 판무관인 이
사람이, 인도인들의 밝은 면뿐 아니라 어두운 면까지를 모두

---

17. '위증은 최하층민들이 하는 것 같고, 그들보다 좀 높은 계급의 힌두교인이나
회교도의 부추김에 의해서 이루어진다. 마치 어떤 재간이나 공적인양, 가책도 없
이 이루어진다.' W. Johns 경, 캘커타 대배심에서의 진술, 밀의 History of India,
vol. i. p. 324. '인도를 지배하는 세월이 길어질수록, 위증은 더 잦아지고 더 심각
해질 것이다.' G. 캠벨 경, S. Johnson, Oriental Religions, India, p. 288.
18. 바시쉬타, 뷜러 역, VIII. 8.
19. Note C 참조

경험하고 있다는 사실을 잊으면 안 된다.

그는 같은 마을 사람들끼리는 서로 속이거나 거짓말을 하는 일이 거의 없다고 확실히 쓰고 있다. 예를 들어 가장 계급적으로 낮고 천민 부족인 곤드족의 경우에도 마찬가지여서, 비록 이웃 들판의 소 떼를 거리낌 없이 훔칠지언정 자기들끼리 거짓말은 하지 않는다고 했다.

이 사람들이 거짓말의 효용을 아직 배우지 못했을지도 모른다. 그리고 이런 경향은 민족적 기질로 여겨질 수도 있다. 하지만 나는 여기서 곤드족, 빌족, 산탈족과 그 밖의 비아리아족들을 변호하고자 하는 것은 아니다. 나는 아리아족과 좀더 문명화된 인도 주민들에 대해서 말하고 있다. 같은 마을 안에서 권리와 의무, 이익 등이 서로 상충될 때, 그 조그만 마을 안에서라도 여론[공공적 의견]의 힘은 강력해서 비록 성품이 좋지 못한 사람일지라도 거짓말을 할 수 없게 만들 정도이다. 하늘에 대한 두려움은 여직 그 힘을 발휘하고 있다.[20] 대부분의 마을에는 성스러운 나무인 보리수[피쿠스 인디카]가 있고, 사람들은 신들이 그 나무 이파리에 앉아 잎이 속삭이는 음악을 즐긴다고 믿고 있다. 증인은 잎을 손에 한 장 따든다. 그러면서 그 잎을 손 안에서 뭉갤 테니, 만일 자신이 거짓말을 한다면 자기나 자기와 가까운 사람을 신이 짓뭉개 처벌해주도록 기도한다. 기도를 마치고 잎을 따서 뭉갠 후 증언을 시작한다.

보리수나무에는 힌두신이 살고, 야만족들이 사는 곳의 큰 판야나무에는 작은 마을들의 감독을 맡은, 훨씬 더 무서운 지역 신들이 산다고 믿고 있다. 그들의 마을회의에서 사람들은 일관성 있게 또 종교적으로 진실을 지켰다고, 슬리먼은 말한다. 또 '나는 사건 당사자가 거짓말 한 마디만 하면 재산과 자유와 생명을 건질 수 있을 사건들을 수백 건 처리했지만, 그들은 거짓말하기를 거부했다.'고도 말한다.

영국에서 재판하는 판사에게도 이런 경험과 증언이 가능할까?

보리수나 판야나무 아래의 그들 고유의 법정에서는 그 자리를 주재한다고 믿어지는 신들의 재판이 마음속에서 이루어진다. 증인이 만약 거짓말을 하게 되면, 그 나무의 보좌에 앉아서 증인을 내려다보며 그 마음을 읽고 있던 신은 단번에 그것을 알아차리게 된다. 그 순간 증인의 삶에서 평화가 떠나간다. 이후 그는 신의 복수를 두려워하며 일생을 전전긍긍하면서 살아가게 된다. 만약 자신이나 친척에게 어떤 사고가 생기면, 그 것은 화가 난 신의 복수에 의한 것이고, 만약 사고가 없다 하더라도 마음이 혼란해져서 또 다른 재앙이 생겨난다.[21] 이것은 고대의 법률서들이 사람들에게 되풀이해 주입해온 일종의 이로

---

21. Sleeman, vol. p. 116.

운 미신으로, 조상들이 증인의 증언을 듣고 있다가 거짓말을 하는 사람은 지옥으로, 참말을 하는 사람은 천당으로 보낸다는 내용이다.[22]

슬리먼이 전하고 있는 영국인 관리와 원주민 법률 관리와의 대화를 인용해보자. 원주민 관리가 질문을 받았다. 코란이나 갠지스강의 성수 대신 기독교 신의 이름으로 증인선서를 대신하게 하면 그 증언의 효과는 어떻게 될까 하는 질문이었다.

'30년 동안 법정에서 일해온 나는 오직 세 종류의 증인들만을 보아왔습니다. 첫 두 부류의 증인들은 선서의 형식이 어떻게 바뀌든 그대로일 것이고, 셋째 부류는 자신에게 아주 유약한 억지력을 지닌 기독교 신의 이름으로부터 쉽게 놓여날 것입니다.'

'흠, 그래요? 대체 그 세 부류란 뭘 말하는 거요?'

'첫째 부류는 언제나 진실을 말하는 사람들입니다. 증인선서 여부와는 관계없이 말입니다.'

'그런 사람들의 수가 많은가요?'

'제 생각엔 그렇습니다. 그 어떤 것으로도 진실을 말하려는 의지를 꺾지 못하는 그런 사람들을 많이 보아왔습니다. 어떤 압력이나 뇌물로도 그들을 굴복시키거나 위증케 할 수 없습니다.'

---

22. Vasishtha XVI. 32.

'둘째 부류는 어떤 동기가 주어지기만 하면 거짓말을 주저하지 않는 사람들입니다. 선서 같은 것으로는 그들을 제어할 수 없어요. 선서를 하는 경우, 그들은 두 가지를 두려워합니다. 신의 분노와 사람들의 악평이지요.'

'바로 사흘 전의 일입니다. 저는 어느 상류층 여성의 의뢰로 이 도시의 법정에 계류 중인 한 사건의 변호사로 선임되었습니다. 법정대리인 위임장이 필요했는데, 그 여성의 남동생이 두 사람의 증인을 딸려서 그것을 보내왔습니다. 틀림없이 여성으로부터 받았다는 것을 증언하기 위해서였지요. 제가 "이 여성은 언제나 자기 몸을 숨기고 사는 것을 여러 사람들이 알고 있다. 판사는 당신들이 이 서류가 건네지는 것을 직접 보았느냐고 물을 텐데 어떻게 대답할 것인가?"라고 물으면서 확인해 보았지요. 두 사람은 이구동성으로 대답했습니다. "만일 판사가 선서 없이 물으면 우리는 주저 없이 '그렇다.'고 대답할 것입니다. 여러 가지 귀찮은 일들을 생략해주니까요. 우리 눈으로 직접 보지는 못했지만 그 여성이 서류를 준 것은 알고 있으니까요. 하지만 판사가 코란을 들이대면서 묻는다면 우리는 '아니요.'라고 대답할 수밖에 없습니다. 그렇게 말하지 않으면 온 도시 사람들이 우리를 철면피 같은 위증자라고 손가락질할 테니까요. 우리의 적들은 우리가 거짓 선서를 했다고 온 사람들에게 떠벌일 테니까요."

원주민 변호사는 말을 잇는다. '이런 부류의 사람들에겐

선서의 형식이 억지력에 있어 관건이 됩니다.'

'셋째 부류는 일단 동기만 충분하면 언제라도 거짓말을 할 수 있는 사람들입니다. 손에 코란을 들든, 갠지스 성수를 들든 상관없이 말입니다. 어떤 것도 그들을 막진 못합니다. 당신이 제시하는 선서의 형식이 뭐가 되었든 모두 마찬가지입니다.'

'셋 중 어느 부류가 가장 많은가요?'

'둘째가 가장 많다고 생각합니다. 그런 면에서 선서가 계속 시행되어야 한다고 생각합니다.'

'그 말은, 우리 법정에 오는 많은 사람들이 선서를 해야 한다는 말이지요?'

'그렇습니다.'

'당신 생각에, 코란이나 갠지스 성수가 그들 앞에 제시되지 않을 때는 강한 동기만 있다면 법정에서 거짓말을 할 그 많은 사람들이, 자신들의 마을 사람들이 있는 데서는 거짓말을 하지 않을 것이란 건가요?'

'물론 거짓말하지 않을 거라 생각합니다. 법정에서 아무런 거리낌 없이 거짓말을 하는 사람 중의 사분의 삼은, 만일 이웃이나 마을의 장로가 앞에 있다면 거짓말하는 것을 부끄러워할 것입니다.'

'시골공동체 사람들은 도시 사람들보다 자기 이웃들 앞에서 거짓말하는 것을 더 부끄러워한다는 말인가요?'

'물론 그렇습니다. 이론<sup>異論</sup>의 여지가 없습니다.'

'도시에 사는 인도인들의 인구는 시골공동체의 인구에 비하면 아주 적지요?'

'아주 작은 부분이라고 생각합니다.'

'그렇다면 당신은, 법정을 떠나 인구 전체로 본다면 선서 여부와는 관계없이 진실을 말할 사람들이 다른 두 부류의 사람들보다 더 많다고 생각하는 거지요?'

'확실히 그렇다고 생각합니다. 그들의 이웃과 장로 앞에서 심문한다면, 자신이 하는 말이 사실인지 아닌지를 이웃과 장로가 다 알고 있다고 그들은 느낍니다.'

그들 그대로 있을 때의 인도인 본래의 진실한 특성에 대한 슬리먼의 증언을 인용할 수밖에 없다는 나의 생각은, 아주 단순한 정의에 대한 감각에서 비롯되었다. 나의 관심은 그들을 그들 자체로 내버려둘 때의 인도 사람들에게로 향해 있다. 이런 그들 자체만의 인도는, 역사적으로 볼 때 기원후 천 년 이후에는 찾아보기가 힘들다. 영국을 시기하는 비판자들이 어떤 부정적인 말을 한다 할지라도 영국의 인도 개입은 공통적 인간성의 큰 원칙을 존중하는 바탕에서 이루어졌다고 할 수 있는데, 기원 천 년쯤부터 시작하여 영국이 개입하기까지의 기간 동안 거듭된 회교도 정복자들의 잔학한 행위를 역사에서 대하게 되면, 스스로 악마로 변신하지 않고 그 지옥 불을 이겨내고 살아남은 민족이 인도 민족말고 대체 또 어디 있을까 묻지 않을 수 없다.

가즈니의 마무드왕(기원후 971~1030, 아프가니스탄 쪽의 이슬람 왕; 역자)이 침입하기 전 2천 년 동안에는, 인도를 방문한 외국인은 거의 없었고, 인도에 대해 글을 남긴 외국인 비평가 역시 거의 없었다. 그럼에도 불구하고, 그리스나 중국의 글, 혹은 페르시아나 아랍의 글에서 발견되는 인도인의 민족적 성격을 기술한 대목에는, 예외 없이 정의와 진실에 관한 항목이 가장 첫 줄에서 언급되고 있다. 참으로 기이한 일이다.

아르타세르세 므네몬의 저명한 그리스 의사, 크테시아스(기원전 404년의 쿠낙사전쟁 시에 생존)는 인도인의 성품에 대해 기록을 남긴 최초의 그리스인으로, 페르시아 법정에서 진술된 것을 들은 대로 썼다. 거기에는 '인도인의 정의에 대하여'란 항목이 포함되어 있다.[23]

또한 셀레우쿠스 니카토르의 대리인이었던 메가스테네스[24]는, 팔리보트라(파탈리푸트라, 오늘날의 파트나)의 산드로코투스 법정에서 쓴 글에서 당시의 인도에는 도둑은 아주 드물었다고 기록하고 있다. 그리고 인도인들은 진실을 미덕으로 기렸다고도 쓰고 있다.[25]

---

23. Ktesiae Fragmenta (ed. Didot), p. 81.

24. Indian Antiquary, 1876, p. 333.

25. Megasthenis Fragmenta (ed. Didot) in Fragm. Histor. Graec. vol. ii, p. 426. b;
Greek: Alêtheian te humoiôs kai aretên apodechontai

인도인 공공 감독자들에 대해서 아리안<sup>Arrian</sup>(2세기경, 에
픽테투스의 제자)은 다음과 같이 말하고 있다.[26] '그들은 도시
와 마을의 제반 사항을 감독하고 왕이 있는 지역은 왕에게, 자
치를 하는 지역은 행정장관에게, 그 모든 것을 보고한다. 허위
보고서를 제출하는 것은 그곳 관습에 반하는 일이었다. 실제로
어떤 인도인도 거짓말한 것으로 기소된 경우가 없었다.'[27]

연대로 보아 그 다음 차례로 인도에 오게 되는 중국인들
역시, 이구동성으로 동일한 증언을 하고 있다. 인도인은 정직
하고 진실하다는 것이었다.[28] 인도를 순례한 가장 유명한 중국
승려인 현장玄奘은 7세기에 인도에 갔다.[29] 그는 이렇게 쓰고 있
다. '인도인은 그 성품이 약간 가볍기는 하지만 아주 단도직입
적이고 정직하다. 부富에 있어서, 바르지 않은 것은 결코 취하
지 않는다. 정의에 있어서는 지나칠 정도로 자기편에서 양보한
다. … 일처리에 있어서 곧고 바른 것이 그들의 특징이다.'

회교도 정복자들이 한 말을 찾아보면, 이드리시<sup>Idrisi</sup>의 경우
그의 저서 『지리』(11세기에 쓰인)에서 인도인에 대한 의견을
다음과 같이 집약하고 있다.[30]

'인도인들은 천성적으로 정직하다. 행동에 있어서도 정직

26. Indica, cap. xii. 6.
27. Indian Antiquary의 McCrindle, 1876, p. 92.
28. Note C의 아래, pp. 274-275.
29. Vol. ii. p. 88.
30. Elliot, History of India, vol. i. p. 88.

의 범주를 떠나지 않는다. 굳건한 신앙심, 정직성, 또한 임무에 대한 성실성 등은 잘 알려져 있다. 따라서 온 세상 사람들이 이 나라로 모여든다.'[31]

13세기로 넘어오면, 우리는 마르코 폴로[32]의 증언과 만난다. 그는 아브라이아만에 대해 얘기하고 있는데, 아마도 브라만을 가리키는 듯하다. 브라만은 원래 교역에 종사하는 직분은 아니었지만 아주 큰 거래 계약이 있을 경우 왕의 요청에 의해 그 일을 맡기도 했다. 평상시 같으면 법에 의해 금지되었을 여러 가지 일들이 허용되었던 특별한 시기가 있었고 이런 시기를 브라만들은 고난의 시기라고 불렀다. 그가 말한다. '이 아브라이만들은 세상에서 제일가는 상인들이다. 가장 진실한 상인들이다. 그들은 결코 거짓말을 하지 않는다.'

14세기에는 특별히 소인도[남인도와 서인도]에 대해 우리에게 알려주고자 애쓰는 프리아르 조르다누스가 있다. 그는 거기 사람들이 진실하게 말하고 뛰어나게 정의롭다고 했다.[33]

15세기에 들어서서는, 카칸의 사신으로 칼리쿠트의 왕자와 비댜나가라왕(1440-45년경)에게 보내진 카말-에딘 압드-에라작 사마르칸디(1413-82)가 있는데, 그는 인도에서 상인들이 완벽한 안전을 보장받고 있다고 증언하고 있다.[34]

---

31. Note C의 아래, pp. 274, 275.
32. Marco Polo, ed. H. Yule, vol. ii. p. 350.
33. Ib. p. 354.

16세기에 아크바르황제의 대신인 아불 파즐은 그의 『아인 아크바리<sup>Ayin Akbari</sup>』에서 다음과 같이 쓰고 있다. '인도인들은 신앙심이 깊고, 친절하며, 명랑하다. 정의를 사랑하고, 겸손히 몸을 숨기며, 사업에는 능력이 있고, 진실을 존중한다. 감사할 줄 알고 신의를 꼭 지킨다. 그리고 전장에서는 도망칠 줄을 모른다.[35]

그리고 아주 근대로 와서도 역시, 회교도들은 자신들이 인도인들을 대하는 태도와 행동과 무관하게 인도인들은 자신들을 아주 솔직하게 대하고 있음을 인정하고 있다.

존경할 만한 회교도이자, 슬리먼 대령의 말처럼 가장 지체 높은 공복<sup>公僕</sup>이라 할 만한 메르 술라무트 알리는, '인도인은 회교도를 자기 집에 묵게 하는 것을 당연한 일로 여기고 또 그것을 소중한 일로 생각하기까지 하는 것 같다. 하지만 나 자신은 같은 회교도조차 내 집에 묵게 하는 것이 가치 있다고 생각한 적은 한 번도 없다. 회교도 거주 지역은 일흔두 곳 이상이었다. 그런 거주 지역 한 곳에 사는 인도인들은 세상에 있는 어떤 종교를 가졌든 상관없이 사람들을 자신의 집에 묵게 했을 뿐 아니란 다른 일흔한 곳의 거주 지역에 사는 모든 사람들도 받아들였다. 자기 구역과 가까울수록 더 당연히 받아들였다.'[36]는

34. 그는 Kalilah와 Dimna의 페르시아 문서가 인도의 현자로부터 나왔다고 말한 사람들 중의 하나다.
35. Samuel Johnson, India, p. 294.
36. Sleeman, Rambles, vol. i. p. 63.

사실을 인정치 않을 수 없었다.

여러 책에서 인용하면 할수록, 인도로 와서 인도인을 만났던 사람들이 인도인의 민족성 중 가장 두드러진 것으로 꼽는 것이 진실에 대한 사랑임을 알 수 있다. 어떤 사람도 인도인을 거짓되다고 비난하지 않았다. 이런 사실에는 반드시 어떤 근거가 있었을 터인데, 오늘날의 경우를 보더라도, 외국 여행자가 그 여행지 사람들이 오로지 진실만을 말한다고 단언하는 것은 자주 들을 수 없기 때문이다. 프랑스를 여행하는 영국인들 입에서 프랑스인들이 정직하다는 말을 들을 수 없듯이, 영국에 온 프랑스 사람들은 '못 믿을 영국놈!'이란 욕설을 내뱉고는 더 이상 말을 잇지 않는다.

하지만 앞에서 말한 것들이 모두 사실이라면, 인도인에 대한 영국 여론이 그토록 부정적인 것에 대해 의문이 들지 않을 수 없다. 영국인은 어쩔 수 없이 인도인을 용인하거나 후원하는 것이 고작일 뿐, 결코 신뢰하지 않고 결코 동등한 위치에서 그들을 대하지 않는다.

나는 그렇게 된 이유에 대해 몇 가지 암시를 이미 했다. 영국에서의 인도에 대한 여론은 캘커타나 봄베이, 마드라스 등 인도의 대도시에서 살았던 영국 사람들에 의해 주로 조성되었다. 그런 도시에 있는 원주민들은, 인도인들 가운데 가장 바람직하지 못한 인도인들로 구성되어 있다는 사실에 주목할 필요가 있다. 거기서는 보다 존경받는 계층에 속한 사람들과 그들의 가정사를 알기가 힘들다. 또 안다 하더라도 무엇이 합당하고 존경스러우며 신사다운 것인지 우리들의 기준으로 저들의 방식을 판단하는 것은 아주 힘든 일이다. 오해는 흔하게 일어나고 종종 아주 터무니없다. 또한 우리가 고백하지 않을 수 없는 것은, 인도인의 성품에 대해 서로 다르고 헛갈리는 얘기가 들리면, 우리들 중 많은 사람들은 명확하게 확인된 덕성에 대해서는 의심하고, 좋지 않은 얘기들은 오히려 더 받아들이려고 하는 경향이 있고, 또 그런 것이 어쩔 수 없는 인간의 본성이라는 사실이다.

위에서 제시된 의문이 생기는 원인 중 인도인 쪽 측면에 너무 집중하는 것을 막고, 또 저들의 성품에 대한 정확한 평가 형성의 어려움을 과장하는 것 역시 피하기 위해, 가장 저명하고 박학하며 사려분별이 뚜렷했던 인도행정관 중의 한 사람이었던, 『인도사』의 저자 마운트스튜어트 엘핀스톤의 말을 들어보려 한다. 그는 이렇게 말한다. '인도에 거주하는 영국인들은 원주민의 특성을 알 수 있는 기회를 갖지 못하고 있다[37]. 영국에서도, 사람들은 자신과 같은 계층을 벗어난 사람들에 대해서는 잘 모른다. 또한 그 지식이란 것도, 인도에는 있지도 않은 것을 말하고 있는 출판물이나 신문을 통해 알게 된 것이 고작이다. 인도라는 나라에서도 역시, 그 나라의 종교나 습속 등이

---

37. Elphinstone, History of India, Cowell ed., p. 213.

그곳 사람들과 우리 사이의 친밀감에 방해 요소로 작용하고 거래나 의견 교환 등을 제한한다. 우리는 가족 내에서 일어나는 일에 대해서는 소문에 의한 것 외에는 알 수가 없다. 또한 삶 가운데 인간 성품의 친근한 부분이 가장 많이 드러나게 되는 가정사에 대해서는 서로 공유할 수가 없다.' '그들과 다른 종교를 전파하는 선교사들, 판사들, 치안관들, 세무나 세관 공무원들, 나아가 외교관들조차도, 열정이 없거나 개인적인 관심이 없는 한은 한 나라의 올곧은 부분이 눈에 들어오지 않는다. 우리는 우리가 본 것에 대해 우리 자신의 척도로 판단한다. 우리는 어떤 사람이 하찮은 일에 어린아이처럼 눈물을 흘리면, 그 사람은 결코 위엄 있게 행동하지 못하고 고통을 감내하지 못할 사람으로 결론 내린다. 또 거짓말쟁이라는 말을 듣는 사람은 어떤 비열한 일도 부끄럼 없이 할 수 있는 사람이라고 지레 생각한다. 우리의 작가들 역시 시간과 장소를 혼동한다. 한 인물 안에 마라타 사람과 벵골 사람을 섞어놓을 뿐만 아니라, 그 옛날 「마하바라타」의 전사戰士들이 저지른 범죄에 대해 지금 세대에 그 책임을 묻는다. 인도인에 대한 여러 가지 좋지 않은 증언들과는 반대로, 인도인을 아주 오랫동안 알아온 사람들은 그들에 대해 언제나 최고의 평가를 내린다. 하지만 그것은 비단 인도인에 대해서가 아니라 인간 일반에 대한 경의라고 할 수 있다. 왜냐하면 인간에 대한 경의는 인간 일반에 대한 진실한 평가일 것이기 때문이다. 오히려 다음과 같은 말이 더 적절할 것이다. 인도에서 은퇴한 사람들은 거의 모두가, 인도인을 다른 나라 사람들과 비교해보고 또 가장 존경받는 나라 사람들과도 비교해본 뒤, 인도인에 대한 생각을 바꾸게 된다.'

하지만 좋지 않은 성품을 지녔다고 인도인을 쉽게 판단해 버리는 일보다 더욱 이상한 일이 있다. 인도인에 대해 비판적인 평가들이 행한 진술에 영향을 받은 대중들의 태도가 그것이다. 영국의 대중은, 앞서의 부정적 진술에 대해 직접적이며 반복적으로 그 반대 증거들을 제시해온 가장 믿을 만한 사람들 ─ 행정관이나 관리, 정치가 등 ─ 의 증언을 끝없이 무시해오고 있다는 사실이다. 이런 예를 몇 가지 들어보려 한다.

워렌 헤이스팅스는 인도인 일반에 대해 이렇게 말하고 있다. '그들은 온화하고 정이 많다. 그들이 받은 친절에 대해 아주 감사할 줄 안다. 지구상의 어느 민족보다 자기들이 당한 잘못된 일에 대해 복수하려 들지 않는다. 법적 권위에 대해 신실히 따르고 따뜻하며 순종적이다.'

허버 주교는 이렇게 말한다. '인도인은 용감하고 정중하며 지적이다. 지식과 발전에 대해 열성적이다. 진지하고 근면하며, 부모 봉양에 충실하고 자식들에게 따뜻하며, 한결같이 상냥하고 참을성이 많다. 또 자신들의 요구와 감정에 관심을 기울여주고 친절하게 대해주면 세상의 어떤 사람들보다 더 쉽

---

38. Samuel Johnson, l. c. p. 293.

게 감동받는 사람들이다.'[38]

엘핀스톤은 이렇게 말한다. '대도시에 사는 얼마 되지 않는 인도인들이 인도인들 중 가장 불량하다. 시골 인도인들은 모두가 그들 가족들에게 친절하고 아주 따뜻하고 이웃들에게도 그렇다. 그리고 행정기관을 상대할 때를 제외하고는 모두에게 정직하고 진실하다. 살인강도를 포함해서 범죄율은 인도가 영국보다 낮다. 살인강도범들은 아주 예외적인 존재들이다. 인도인들은 온화하고 관대하며, 아시아의 다른 나라들에 비해 죄수들에 대해 자비를 베푼다. 방탕에 빠지지 않는 습속이 그들 최대의 장점으로 보이고, 뛰어난 순수성을 지니고 있어 우리들의 비위를 맞추려들지 않는다.'[39]

하지만 엘핀스톤은 인도인의 실질적 결점에 대해서 가장 엄격한 사람일지 모른다. 그는 이제 인도인의 진실성의 부족이 그들의 두드러진 악덕 중의 하나라고 말하면서 다음과 같이 덧붙인다.[40] '그런 부정직은 정부를 상대할 때 가장 흔하고, 땅에 대한 세금과 관련되어 인도 전역에서 찾아볼 수 있는데, 가장 하층 계급인 인도 시골 사람들은 거짓말로써 권력에 대항할 수밖에 없다.'[41]

---

39. History of India, pp. 375-381.

40. L. c. p. 215.

41. L. c. p. 218.

42. Mill, History of India, ed. Wilson, vol. i. p. 370.

존 말콤 경은 이렇게 쓰고 있다.[42] '처음 진술된 것이 두려움과 이해 불충분에 의한 거짓이었고, 나중에 보니 결과가 맞지 않는 것으로 드러났음을 사정에 밝고 신뢰할 만한 통역자를 통해 알게 되면, 한 사람이 언어를 이해하는 지점이 어디서인지, 인도 원주민과의 편안한 의사소통이 이루어지는 지점이 어디인지를 알기가 정말 힘들었다. 나는 인도 신민臣民이 다른 민족들보다 이런 악덕을 덜 가지고 있다고 말하려는 것이 결코 아니다. 하지만 나는 그들이 거짓에 더 많이 중독되지는 않았다는 것에는 동의한다.'

토마스 먼로 경은 더 강한 입장을 견지한다. 그는 다음과 같이 쓰고 있다.[43] '훌륭한 영농 시스템과 뛰어난 제조 기술, 그리고 무엇이든 만들 수 있는 생산 능력이 사람들에게 편리함과 풍요로움을 가져다준다는 것이 맞는다면, 또 각 마을마다 읽기와 쓰기와 산수를 가르치는 학교가 있고,[44] 서로서로 환대하고

---

43. Mill, History of India, ed. Wilson, vol. i, p. 371.
44. 토마스 먼로 경은, 마드라스 수반의 자녀들 중 공립학교에서 교육받은 비율을, 셋 중 하나로 추산했다. 낮은 비율이긴 하지만, 그의 지적대로 아주 최근까지의 유럽 대부분의 나라보다 높은 것이다. Elphinstone, History of India, p 205. 대부분이 질이 낮았던 것은 의심할 바 없지만, 벵골에는 인도 고유의 학교가 8만 개 이상 있었다. 1835년의 정부 보고서에 의하면 인구 400명마다 마을 학교가 하나씩 있었다. 선교정보원, IX. 183-193.
Ludlow는 '옛날 모습을 지니고 있는 힌두 마을 모두에서 아이들은 일반적으로 읽고 쓰고 계산할 능력이 있었음이 틀림없다고 확신한다. 하지만 벵골처럼 우리가 쓸어버린 곳에서는 그런 마을 학교들도 자취를 감추었다.'라고 쓰고 있다. (British India, I. 62)

자비를 베풀며 무엇보다 여성들을 존중하고 세밀하게 배려하는 것이 문명인의 척도 중 하나가 맞는다면, 인도는 유럽의 여러 나라보다 못한 나라가 아니다. 또한 영국과 인도 간의 무역 품목 중에 문명이라는 품목이 포함된다면, 영국은 인도에서의 수입품으로부터 이익을 얻을 것이라고 나는 확신한다.'

　　인도인의 성품에 관한 내 자신의 경험이란 것은 물론 보잘것없다. 내가 유럽에서 개인적으로 알게 되어 기뻤던 인도인들은 인도가 만들어낼 수 있는 최고의 인간들이었을지도 모르겠다. 또한 나와 그들과의 교유는 인간 심성의 어두운 부분들이 드러나기 힘든 그런 만남이었을 수도 있다. 하지만 지난 20년 간 내게는, 인간의 진정한 성품을 알기에 그리 어렵지 않은 상황들에서 많은 인도 학자들을 관찰할 수 있었던 귀한 기회들이 있었다. 문학 작업을 통해서였는데 정확히 말하면 문학적 논쟁에서였다. 나는 그들이 그런 논쟁을 자신들 사이에서, 또 유럽 학자들과 함께 진행하는 것을 보았는데, 그들은 우리가 유럽이나 미국에서 익숙해져 있는 수준보다 훨씬 더 윗길의 진리에의 존중심을 거의 예외 없이 보여주었고, 우리보다 훨씬 더 인간적이고 관대한 정신을 지니고 있었음을 말하지 않을 수 없다. 강건함을 보여주었지만 무례하지 않았다. 그랬다. 우리 중의 어떤 산스크리트 학자가 창피하게도 내뱉곤 하는 조야한 독설이나, 그들의 관점에서 볼 때 나쁜 성정과 무지를 드러내는 것이 분명한 무례한 말들보다, 그들을 더 놀라게 하는 것을 나는 알지 못한다. 그들이 틀렸을 때는 자신들의 실수를 흔쾌히 인정한다. 그들이 맞을 때라도 유럽인 경쟁 상대들을 업신여기는 일은 결코 없었다. 아주 예외적인 경우를 제외하고는 궤변이나 변명 같은 것은 없었고, 거짓말을 하는 경우도 없었다. 또한 틀린 줄 뻔히 알면서도 글로 쓰고 책으로 발행하는 저질 학자도 없고, 진실과 자존심을 지키는 사람들을 경멸하고 성공과 갈채라면 무슨 일이라도 하는 그런 교활한 학자도 없었다. 이런 점에서도 우리는 수입으로 이득을 보게 될밖에 없다.

영국 상인들로부터 되풀이하여 들었던 얘기 하나를 덧붙여야만 하겠다. 그가 말하기를, 다른 어느 나라보다도 인도는 상도의에 있어 우위에 있고, 인도에서는 부도어음이 거의 없다고 했다.

나는 이제까지 인도인들 그 자체는 그냥 내버려두었다. 그러지 않으면 그들은 증인으로서 의심받을 수 있기 때문이었다. 그들의 문학은 처음부터 끝까지 사랑에 대한 표현과 진실에 대한 경외로 가득 차 있다. 진실에 해당하는 인도 단어 자체가 아주 의미 깊다. 그것은 사트$^{sat}$ 혹은 사티아$^{satya}$인데, 사트는 존재하다는 의미를 지닌 아스$^{as}$(영어의 is; 역자)의 분사형이다. 따라서 존재하는 어떤 것이 그저 그들과 함께하는 것이다. 그것이 진실의 뜻함이다. 이 사트는 영어의 수스$^{sooth}$와 연결되어 있고, 그리스어의 ov, 라틴어의 프로에센스$^{proesens}$의 센스$^{sens}$와도 연관되어 있다.

우리는 진실이란 다른 사람들에 의해 옳다고 여겨지는 것, 혹은 다수의 사람들이 바른 것으로 여기고 따르는 것으로 생각하기 쉽다. 그런 종류의 진실은 받아들이기가 쉽다. 하지만 시끄러운 주장들에 둘러싸이고 더 많이 안다고 외치는, 혹은 아마 더 많이 알지도 모르는 사람들에 의해 매몰되어 홀로 외로이 서본 일이 있는 사람이면 누구나, ― 그를 갈릴레오나 다윈, 콜렌소[Colenso]나 스탠리, 혹은 어떤 이름으로 불러도 상관없다. ― 자신의 가슴속에서 '이것이 진실이다.'라고 느낄 때의 그 기쁨이 어떤 건지를 안다. 그것이 진실이고 그것이 사트인 것이다. 어떤 일간지나 주간지, 계간지가 그 반대의 것을 주장해도, 어떤 주교나 대주교가, 혹은 어떤 교황이 반대의 것을 주장하더라도 그들에게는 아무 상관이 없다.

산스크리트어에는 진실에 대한 다른 말로 리타[rita]가 있다. 원래 곧은, 직접적인이라는 뜻을 지니고 있는데 앞에 안[an]이 붙어 안리타[anrita]가 되면 거짓이 된다.

베다의 신들에게 바치는 최대의 찬사는 그들이 사티아하다, 진실하다, 믿을 만하다는 말들이다.[45] 예나 지금이나 사람들은 자신들이 최고로 여기는 이러한 속성들을 하느님이나 신

45. Rig-veda I. 87, 4; 145, 5; 174, 1; V. 23,2.
46. Rig-veda III. 14, 6; 32, 9.
47. Rig-veda VI. 22, 2.
48. Rig-veda VII. 104, 14.

들에게 부여해왔다.

신뢰할 수 있는 존재로서의 신들에게 붙여진 다른 단어들로, 속이지 않는다는 뜻의 아드로가[adroga.] 리트[lit] 등이 있다.[46] 아드로가-바크[Adrogha-vak]는 '약속을 반드시 지키는'이라는 뜻이다. 따라서 베다의 주피터라 할 인드라는 장로들에 의해[47] '적에게 다가가 적을 제압하고, 정상에 서며, 진실된 말을 하고 가장 굳은 마음을 지닌' 이로 찬양되어왔다.

반면에 드로가바크[Droghavak]는 거짓스런 사람을 이르는 말이었다.[48] 최고의 베다 시인 중의 하나인 바시쉬타[Vasishtha]는 이렇게 말한다. '오! 가타베다스여, 내가 거짓 신들을 경배했나요? 내가 신들에게 교만했나요? 왜 내게 화를 내나요? 거짓말쟁이들은 파멸되기를!'

사티암은 중성명사로서 추상명사로 쓰이는 경우가 많은데 진실이란 말로 번역하는 것이 맞다. 하지만 진실된 어떤 것 혹은 사실인 어떤 것 역시 의미하기도 한다. 내 생각에『리그베다』의 여러 구절에서 사티암을 진실보다는 그저 진실된 것, 실재인 것으로, 희랍어로는 to ovtws ov(to ontôs on)으로 번역해야 하리라고 생각된다. Satyena uttabhita bhumih는 '세상은 진실 위에 터 잡고 있다.'로 옮기면 아주 무난할 것으로 보인다. 내가 믿기로 거의 모든 번역자들이 사티아를 이런 뉘앙스에서 옮기고 있다. 루트비히 역시 'Von der Wahrheit ist die Erde gestutzt.(지구는 진실에 의해 떠받쳐져 있다; 역자)'라고 옮긴다. 하지만 저 고대의 시인이나 철학자들에 의해 쓰인 이 단어에 어떤 구체적 물질성을 지닌 것을 지칭하는 의미가 있다면, 이런 번역은 너무 추상적이다. 저 시인들은 이런 뜻으로 노래했다. '세상은, 우리가 보고 있는 바의 이 세상은, 어떤 실재적인 것 위에 지탱되어 있다. 다시 말해 그것에 의존하고 있다. 비록 우리 눈에 보이지는 않을지라도 우리가 실재[the Real49]라고 부를 수 있을 그 어떤 것 말이다. 세월이 흐르면서 그 실재에 대해 여러 가지 이름이 붙었다. 리타, 바름, 브라만 등이 그것들이다.'

진실에 대한 경외심이 강할수록 허위에서 비롯하는 죄의식 역시 있게 마련이다. 어떤 시인은 물로써 자신이 정화되고 자신의 모든 죄와 모든 허위가 씻겨질 것을 기도한다.

'너 물이여, 내 속의 모든 악을 가져가다오.[50] 속이고 저주했던 모든 경우를, 그리고 모든 거짓들을 씻어가 다오.(anritam[51])

또한 아타르바-베다 42장 16절에는 다시 한 번 같은 내용

---

49. 때로 그들은 이 실재와 올바름(Satya or Rita, the Real or Right)을 보다 높은 위치의 대의에까지 추적하기도 했다. 그러면서 말했다 (Rig-veda X. 190,1):
'실재와 올바름은 빛나는 열[熱]로부터 내어났다. 거기로부터 밤이 태어났다. 거기로부터 큰 파도가 치는 바다가 태어났다. 바다로부터 삼바트사라[Samvatsara] 즉 년[年, year]이 태어나, 낮과 밤을 지시하고 모든 움직이는(명멸하는) 것의 주인이 된다. 조성자[the Maker], 즉 다트리[dhatri]가 해와 달을 차례대로 빚는다. 하늘과 땅을 빚는다. 창공과 가장 높은 하늘도 만든다.'
50. Rig-veda I. 23, 22.
51. 혹은 이런 뜻일 수도 있다, '속인 모든 곳마다, 거짓 맹세한 모든 곳마다.'

이 기록되어 있다.

'거짓을 말하는 이는 끝없이 놓여 있는 당신의 올무들에 걸리기를, 진실을 말하는 이는 아무 일 없이 지나가기를!'

브라만의 신학서적인 『브라흐마나』에서 몇 구절만을 인용해본다.

'누구든지[52] 진실을 말하는 이는 마치 타오르는 등불에 버터를 부어넣듯이 자신의 제단에 불을 밝히는 자이다. 그 등불은 더 크게 타오를 것이요, 날이 갈수록 발전할 것이다. 그러나 거짓을 말하는 자는 마치 타오르는 등불에 물을 부어넣듯이 자신의 제단에서 불을 끄는 자이다. 그 등불은 갈수록 더 작아질 것이요, 날이 갈수록 약해질 것이다. 그러므로 사람으로 하여금 진실만 말하게 하라.'[53]

그리고 또 이렇게 말한다.[54] '사람은 거짓을 말함으로써 순수함을 잃어간다.'

또 있다.[55] '깊은 구덩이에 걸쳐진 칼날 위에 올라선 자가 구덩이에 떨어지지 않으려고 안간힘을 다하듯이, 사람들이 거짓[죄]으로부터 자신을 지키기를.'

후대에 이르면, 부지불식간에 이루어진 약속도 구속력이

---

52. Satapatha Brâhmana II. 2, 2, 19.
53. Muir의 운문식 번역 참조, p.268.
54. Sat. Br. III. 1, 2, 10.
55. Taitt. Aranyaka X. 9.

있는 것으로 여길 정도로, 진실에 대한 존중은 강박적인 양상을 띤다.

예를 들어 『카타 우파니샤드』에는, 모든 것을 포기한다는 뜻의 전적인 희생이라는 봉헌을 드리는 한 아버지의 얘기가 나온다. 아들마저 희생시켜야 그 전적인 희생의 맹서가 이루어질 텐데, 아버지가 그리 하지 않는다고 자신의 아들로부터 힐난을 당한다. 이에 그 아버지는 내키지도 않고 화도 났지만 어쩔 수 없이 아들을 희생시키고 만다. 아들이 죽어 하계<sup>下界</sup>로 내려가니 죽음의 왕은 아들에게 세 가지 소원을 들어줄 테니 말해보라고 했다. 다시 살아나고 싶다는 소원과, 희생의 신비에 대해 배우고 싶다는 소원과, 마지막으로, 죽은 뒤 사람은 어떻게 되는가를 알고 싶다는 소원 셋을 말했다. 그 명계<sup>冥界</sup>의 주관자 야마신은 마지막 세 번째 질문에 어떻게든 답하지 않으려고 애를 썼으나 허사였다. 이미 약속했기 때문이었다. 그리하여 죽음 뒤의 삶인 영원한 삶에 대해 얘기한다. 이 얘기야말로 고대 인도문학의 백미 중의 하나다.(나치케타<sup>Nachiketa</sup> 이야기; 역자)

「라마야나」는 위대한 서사시 중의 하나인데, 아요디야의 왕인 다사라타가 그의 두 번째 왕비인 카이케이에게 들어주마고 약속한 두 가지 소원을 줄거리로 하여 만들어진 것이다. 자기 아들이 왕위를 계승해야 한다고 생각한 이 왕비는 첫째 왕비의 큰아들인 라마를 14년간 추방해달라는 소원을 왕에게 말했다. 왕은 자신의 약속을 크게 후회했지만 라마는 부왕이 스스로의 말을 지키도록 하기 위해 자신의 아내인 시타와 형제인 락쉬마나와 더불어 숲으로 들어가 14년간의 방랑 생활을 했다. 이윽고 왕이 죽었지만 둘째 왕비의 아들은 왕위 계승을 거절하고 라마에게 가 왕위에 오를 것을 설득하였다. 하지만 아무 소용이 없었다. 라마는 14년의 추방을 완수하려 했고, 결코 아버지의 약속을 깨지 않으려 했다. 여기서 가발리라는 이름의 브라만과 라마 왕자 사이에 아주 흥미로운 대화가 등장한다. 몇 부분만 인용해보겠다.[56]

'왕의 조신輔臣'이자 사제이기도 한 브라만이 말했다. "지극히 고상하며 엄정한 라구의 자손이시여, 범용한 무리들이 그러는 것처럼 이런 무가치한 생각에 얽매이지 마소서. 동족이란 무엇이고 사람들과의 관계란 또 무엇입니까? 사람은 홀로 나서 홀로 죽습니다. 어떤 사람이 아버지 또는 어머니라고 해도 그들은 타인입니다. 타인들에게 자신을 구속시킨다면 세상은 그를 미친 사람으로 여길 것입니다. 아무도 타인에게 속해 있지 않기 때문입니다. 고통으로 가득 찬 이 슬프고 끔찍한 자리에 머물러 있지 말아야 하고, 부왕의 나라를 내팽개치지 말아야 합니다. 저 부유한 아요디아의 왕으로 등극하소서. 당신의 아버지 다사라타는 당신에게 아무것도 아니며 당신 또한 그에게 아무것도 아닙니다. 왕은 왕이고 당신은 당신입니다. 그러

---

56. Muir의 운문식 번역, p. 218.

므로 제가 이르는 대로 하소서…. 그리하여 정해진 날이 오면 선조들에게 봉헌물을 올리십시오. 하지만 그 봉헌의 음식들이란 얼마나 낭비입니까? 죽은 이들이 어떻게 먹을 수 있겠습니까? 여기 있는 사람들이 먹은 음식이 다른 사람(예를 들어, 먼저 간 사람들)의 몸에 들어간다고 생각하고, 여행 떠나는 이들이 있다면 그들에게 여행 중에 먹을 것을 찾는 수고를 덜도록 스라다$^{shraddha}$(봉헌, 경배, 제사, 깊은 마음; 역자)를 제공하기 바랍니다. 사람들로 하여금 희생하며 기부하고, 스스로를 정화하며 검소를 실천하고, 속세를 저버리도록 명하는, 이 책, 베다는 사람들이 봉헌을 바치도록 유도하기 위해 영리한 사람들에 의해 씌어졌습니다. 권위의 말들은 하늘로부터 떨어진 것이 아닙니다. 어떤 주장이든지 다 이유가 있어서 행해지는 것임을 당신을 포함한 우리 모두가 깨달아야 합니다. 겉으로 분명히 드러나는 것을 따르십시오. 그리고 보이지 않는 것에는 반대하십시오. … 이 세상은 그렇고 그런 세상입니다. 쾌락을 즐기십시오. 도덕적이고 옳음만을 주장하는 이들에게는 즐거움이 없기 때문입니다. 도덕적인 사람은 큰 고통 속에서 살며 옳지 못한 사람은 오히려 행복하게 보입니다.'"

인도에서 이런 실증적인 견해는 좀 낯설게 들린다. 브라만의 입에서 나왔기 때문에 더욱 그렇다. 하지만 시인은, 이 사람을 통해, 왕을 기쁘게 하기 위해서는 무엇이든 할 수 있는 궁정 브라만을 재현해내고 있다.

그렇다면 라마는 어떻게 대답했을까? 그는 이렇게 말한다. '당신이 내게 한 충고의 말은 겉으로는 옳고 이로운 것으로 보이지만 실상은 그 반대입니다. 이단적인 규범에 따라 사는 죄 많은 죄인은 좋은 사람들로부터 존경을 받지 못합니다. 사람을 고귀하고 야비하게 만드는 것은 그 사람의 행동입니다. 영웅적으로도 또 가식적으로도 만드는 것, 순수하게도 또 불순하게도 만드는 것 역시 그 사람의 행동에 의해 결정됩니다. 따라서, 가장 으뜸가는 규범은 진실입니다. 세상은 진실 위에 세워져 있습니다. 현자들과 신들도 진실을 존중해왔습니다. 이세상에서 진실을 말하는 이는 가장 높은 불멸의 위치에 이릅니다. 사람들은 거짓말쟁이를 보면 마치 뱀을 보듯이 공포와 두려움에 몸을 움츠립니다. 이 세상에서 덕을 이루는 가장 중요한 요소는 진실입니다. 그것은 모든 것의 기초라고 일컬어집니다. 진실이 세상의 주관자이며 덕은 언제나 진실에 의지합니다. 모든 사물은 진실에 기초하며 어떤 것도 진실보다 우선하지 못합니다. 그럴진대 왜 내가 내 약속을 스스로 저버려야 하며 부왕의 명을 어겨야 한다는 말입니까? 어둠의 힘에 눌려, 무지 때문에 혹은 탐욕과 망상 때문에 진실의 벽을 무너뜨리지는 않을 것입니다. 오히려 부왕과의 약속을 지키며 진실 안에 남을 것입니다. 숲에 머물겠노라고 부왕과 약속한 내가 어떻게 부왕의 명을 어길 수 있겠습니까? 바라타가 권하는 일을 어떻게 할 수 있겠습니까?'

또 다른 서사시인 「마하바라타」에도 역시, 진실에 대한 깊은 존중과 한 번 이루어진 맹서에 대한 거의 노예 수준의 복종을 보여주는 여러 일화들로 가득 차 있다. 「마하바라타」의 가장 중요한 대목인 비쉬마의 죽음은 여인을 결코 해치지 않겠다는 그의 맹세 때문에 일어난 사건이다. 그는 여자라고 잘못 간주한 시칸딘에 의해 죽임을 당한다.[57]

그 이후의 여러 작품들과 모든 법률서들을 보더라도 그들 모두에서 진실에 대한 강조가 가장 중요한 주제로 고동치는 것을 알 수 있을 것이다.

하지만 어떤 경우에는 거짓말이 허용된 상황도 있었고, 또 거짓말로 처벌된 경우도 물론 있었다. 이런 것을 부정할 수는 없다. 붓다는 이렇게 말하고 있다.[58] '어린 아이나 노인, 술 취한 사람 혹은 정신이 온전치 못한 사람이, 분노나 과도한 기쁨, 공포나 고통 혹은 슬픔에 의해 내뱉은 거짓말로 인해, 그들이 지옥에 떨어지지는 않는다. 그런 거짓말은 용서될 수 있으며 죽을죄는 아니다.'[59]

아주 관대한 용서를 천명하고 있지만 이런 용서에는 그럴 만한 이유가 있다. 「마하바라타」에는 이런 거짓말에 대한 변호

---

57. Holtzman, Das alte indische Epos, p. 21, note 83.

58. V. 24.

59. Note D 참조.

60. I. 3412; III. 13844; VII. 8742; VIII. 3436, 3464.

61. Mahâbhârata VIII. 3448.

가 거듭거듭 드러나 있다.[60] 그렇다. 「마하바라타」에는 진실을 말했다는 이유로 지옥에 떨어진 카우시카 — 진실을 말하는 사람이라는 뜻의 사티아바딘으로도 불리는데 — 에 대한 유명한 얘기가 나온다. 언젠가 강도들에게 쫓겨 숲으로 도망쳐온 사람들이 있었다. 강도들이 쫓아와 사람들이 어느 쪽으로 갔는지를 카우시카에게 물었고, 카우시카는 곧이곧대로 방향을 가르쳐주었다. 사람들은 강도들에게 붙잡혀 죽임을 당했고, 카우시카는 그 과보果報로 지옥에 떨어졌다.

인도인들은 사제들의 지배 아래 있는 민족으로 여겨져왔고, 희생과 제의에 관한 그들의 헌신은 잘 알려져 있다. 하지만 「마하바라타」의 시인은 감히 다음과 같이 말하고 있다.

'제물로 바친 천 마리 말과 진실을 저울에 올려보라. 저울은 진실 쪽으로 기울어질 것이다.'[62]

두샨타왕이 자신의 아내인 샤쿤탈라와 그녀 사이에 난 아들을 인정치 않자, 그 버림받은 아내에 관한 다음과 같은 얘기가 있다. 왕이 샤쿤탈라의 간원을 받아들이기 거부하자, 그녀가 호소하려고 택한 가장 높은 권위자는 누구였던가? 그것은 다름 아닌 양심의 목소리였다.

그녀는 왕에게 이렇게 말한다. '아무도 제 편이 아닌 줄 아시지만, 왕의 마음속에 있는 현자가 제 편이십니다. 그분은

62. Muir, 1. c. p. 268; Mahâbhârata I. 3095.
63. Mahâbhârata I. 3015-16.

당신의 악행을 보고 계시며, 그분의 눈앞에서 당신은 죄를 짓고 있습니다. 죄를 짓는 사람은 자신의 죄를 아무도 모를 것이라고 생각합니다. 하나, 신들이 보고 있고 마음속의 현자가 보고 있습니다.'[63]

여기까지 말하면 충분하리라 생각된다. 다시 한 번 말하건대, 나는 2억 5천3백만 인도인 모두를 천사라 부르고 싶은 마음은 없다. 하지만 저 인도인들에 대해 붙은 부정직이란 혐의는 지난 오랜 시절의 역사를 통해 볼 때, 전혀 근거 없다는 것이 정확한 사실임을 이해하고, 또 받아들이기를 희망한다. 그런 혐의는 사실이 아닐뿐더러 오히려 전혀 그 반대가 진실이다. 후대로 내려오면, 나는 후대를 예수 탄생 천 년 후부터로 잡는데, 회교도의 지배에 의한 그 수많은 폭압과 공포를 역사에서 읽은 나로서는 원래의 인도가 지니고 있었던 덕과 정직이 어떻게 살아남았을까 의아해하지 않을 수 없음을 말할 수밖에 없다. 회교도 재판관 앞에 선 인도인은 고양이 앞에서 진실을 말해야 하는 쥐로 비유될 수 있을 것이다. 아이를 무섭게 대하면 무서움에 질린 아이는 거짓말을 한다. 수백만의 사람들을 공포로 억압하면 그 사람들은 그 공포의 이빨로부터 도망치려 한다. 이런 경우 정직은 사치품이 된다. 확신컨대, 인생의 가장 비싼 사치품이었으리라. 그런 시절에 아주 어린 시절부터 정직이라는 덕목을 즐길 수 있었던 사람은 행복한 사람이라고 말할 수 있으리라. 지금의 시대에 또 영국과 같은 나라에서 정직을 지키기란 그리 어렵지 않다. 하지만 지금의 우리 역시 나이를 먹어 세상을 알게 될수록, 항상 정직하기란 어렵다는 사실을 알게 된다. 진실을 말하고 진실만을 말하기란 쉽지 않다. 인도인들도 이런 사실을 알았다. 그들 역시 늘 진실을 말하고 진실만을 말하는 것이 어렵다는 것을, 아니 불가능하다는 것을 알고 있었다. 『사타파타 브라흐마나』에는 아주 깊은 의미를 품은 얘기 하나가 있다. 진실의 참뜻과 진실하기가 어려움의 참뜻을 가르쳐주는 얘기이다. 아루나 아우파베시에게 그의 친척 남자가 말했다. '당신은 이제 성숙의 단계에 들어, 희생의 제단을 굳건히 만드셨습니다.' 그가 답한다. '그러므로 나로 하여금 침묵하게 하라. 희생의 제단을 마련한 이는 결코 거짓을 말하면 안 되니, 침묵만이 거짓을 말하지 않게 한다. 그럴 때라야만 희생의 제단은 진실할 수 있다.'[64]

양심의 자취를 이토록 철저하게 구명한 어떤 다른 옛 문학이 또 있는지 나는 알지 못한다. 한결같이 진실을 말하지 못하는 인간에 대한 실망과, 침묵은 금이고 말은 은이라는 우리의 속담을 보다 높은 차원에서 웅변적으로 일깨우고 있다.

이제 얼마 있지 않아 수많은 인도인들을 다스리게 될 사람들의 마음속에 내가 새겨주고자 하는 것은, 일종의 광기로

64. Satapatha Brâhmana, Eggeling 역, Sacred Books of the East, vol. xii. p. 313, ∬ 20.

65. Sir Charles Trevelyan, Christianity and Hinduism, p. 81.

퇴화해버리기 쉬운 민족적 편견을 무너뜨려야 한다는 의무감
이다. 나는 나보다 윗사람으로 존경할 수 있는 갈색 피부의 사
람들을 많이 알고 있다. 그런 사람들을 인도에서 찾아보라. 그
러면 그들을 찾을 수 있을 것이다. 그러다가 실망하게 되면, 분
명히 실망도 하게 되겠지만, 과거에 신뢰하다가 더 이상 신뢰
하지 않게 된 흰 피부의 사람들을 생각하라. 외국인에 대한 판
단에서 우리는 위선자가 되기 쉽다. 바로 며칠 전에 교양깨나
있다고 하는 한 정치가가 쓴 다음과 같은 글을 읽었다.

'도덕적으로 저열한 인종에게, 사람의 말을 완전히 신뢰
하는 다른 인종이 있다는 사실보다 더 충격적인 일은 없을 것
이다.[65] … 인도인들은 이런 사실에서 그들의 열등성을 가장 강
하게 느낀다. 그들에게 가르쳐야 할 것은 문학이나 과학이 아
니라 행동의 엄정성이다.'

인도인들을 이런 태도로 대한다면 그들에게 엄정한 행동
은커녕 문학도 과학도 가르칠 수 없다. 그렇다. 그들은 우리에
게 진실에 관한 적어도 한 가지의 교훈인 스스로에 대한 진실
을 가르치기 위해, 달리 말해 겸손을 가르치기 위해, 그들 자신
의 문학에 호소할 것이고, 그들 자신의 법률서에 호소할 것이
다.

---

66. III. 65.
67. VIII. 85.
68. VIII. 84.

야그나발키아<sup>Yagnavalkya</sup>(기원전 8세기의 인도 현자, 존재 의식 비영구성 등에 대해 가르쳤다.; 역자)는 무어라 말하고 있는가?[66]

'덕<sup>德</sup>―우리라면 종교라고 말할 것인데―은 사람이 사는 집에 있는 것도 사람의 피부색에 있는 것도 아니다. 덕은 행<sup>行</sup>에 있다. 그러므로 자신이 하고 싶지 않은 일을 남에게 시키지 말아라.'

밀<sup>Mill</sup>이 아주 남용한 바 있는 마나바스의 법은 무어라 가르치는가?[67]

'악을 행하는 자는 아무도 보지 못할 것이라 생각한다. 하지만 신들이 보고 있고, 자신 속의 현자가 보고 있다.'

'자기 자신이야말로 자기의 증인이고 자기의 피난처이다. 인간에 대한 가장 높은 위치의 증인인 자기 자신을 업신여기지 말라.[68]

'친구여, 만일 혼자 외롭다고 느낄 때가 있거든, 당신의 가슴속에 침묵의 사념자(지고의 자신<sup>the Highest Self</sup>)가 늘 자리하고 있음을 잊지 말라. 그가 선과 악을 살펴보고 있다.'[69]

'오 친구여! 태어나서부터 이제까지 어떤 선한 일을 했더라도, 거짓을 한 번 말하면 그 모든 선한 것들은 개에게로 간다.'[70]

혹은 바시쉬타 30장 1절에는 이렇게도 쓰고 있다.

---

69. VIII. 91.
70. VIII. 90.

'옳은 일을 행하고 그른 일을 행하지 말며, 진실을 말하고 거짓을 말하지 말며, 멀리 보고 가까운 데를 보지 말며, 저 높은 곳을 보고 낮은 곳은 보지 말라.'

인도에 도덕적 타락이 있음은 의심할 바 없다. 하지만 도덕적 타락이 없는 곳은 과연 어디인가? 국제적인 통계를 통해 이 문제를 보는 것은 위험한 게임이 되리라. 우리는 우리의 도덕적 기준이 인도인의 그것과 다름을, 어떤 점에서는 심각하게 다름을 잊어서는 안 된다. 또한 그들의 아버지와 할아버지가 옳다고 여기던 것을, 자손들이 즉각 나쁜 것으로 정죄하지 않는 것을 이상하게 여겨서도 안 된다. 우리 자신의 옳고 그름의 기준을 전심을 다해 지키자. 하지만 공적인 삶에서든 사적인 삶에서든, 역사가로서든 정치가로서든, 다른 이들을 판단할 때는, 친절한 영혼은 결코 다른 이를 해하지 않는다는 사실을 잊지 말자. 젊은 행정관들이 인도야말로 도덕적 타락의 온상이며 거짓말의 소굴이라는 생각을 가지고 그 나라를 찾아가는 것보다 영국의 인도 통치에 더 해롭고 위험하며 치명적인 일은 없으리라 생각한다. 왜냐하면, 앞뒤 돌아보지 않고 '모든 사람은 거짓말쟁이다.'라고 말하는 사람보다 더 확실히 그릇된 길로 갈 수 있는 사람은 없기 때문이다. 공적이거나 사적인 삶에서를 막론하고 말이다.

# 제3강

----

# 산스크리트문학에서의 인간적 관심

인도는 우리에게 이상한 나라이며 또 언제까지나 그런 나라여야만 한다는 편견을 없애고자 한 것이 내 첫 강의의 목적이었다. 또한 인도에서 살아야만 하는 유럽 사람들이 가지고 있는 편견을 깨고자 하는 의도도 있었다. 그들이 지닌 편견이란 자신들이 의미 없이 표류하고 있고, 영국이나 유럽의 다른 나라들에서의 관심사나 사고와는 전혀 동떨어져 살아가야만 한다는 생각을 말한다.

나의 두 번째 강의는 또 다른 편견을 제거하려는 의도가 있었는데, 젊은 인도행정관들이 그들 인생의 황금기를 함께 보내야 할 인도 민족이 도덕적으로 너무 타락되어 있고 특히 진실에 대한 어떤 배려도 없는 인종이어서, 인도인은 언제나 우리에게 낯선 사람들로 있을 수밖에 없고, 그들과 우정을 맺는 일은 전혀 가능치 않다는 편견이 그것이었다.

오늘은 세 번째 편견과 씨름해야 할 것 같다. 다름 아닌 인도문학, 보다 좁혀 말해 고전 산스크리트문학에 대한 편견으

105

로, 학자나 골동품 연구가가 그것에 대해 갖는 흥미를 차치해 버리면, 인도문학에서는 우리가 배울 것은 별로 없고(하지만 다른 곳들로부터 더 잘 배울 수도 없다.) 젊은이들에게 실용적인 도움이 될 만한 것도 거의 없다는 생각을 말한다. 힌디어나 타밀어로 의사 표시가 가능할 만큼만 배우면 그것으로 충분하다고 생각한다. 그렇다. 그 젊은이들은 자신들이 사람들의 일상사를 다루기만 하면 되는 세속에서의 사업을 하는 사람들이므로, 난해한 학문적 질문에 몰입하거나 고대 종교나 신화, 철학 연구 등에 빠지는 것은 위험하다고까지 여긴다.

나는 이와는 정반대의 견해를 가지고 있다. 나는 인도에서의 삶을 즐기고 싶어하는 모든 젊은이와 인도에서의 시간을 스스로와 남에게 이롭게 보내고자 원하는 젊은이들에게, 꼭 산스크리트어를 배울 것을, 그것도 제대로 잘 배울 것을 권한다. 나는 그럴 수밖에 없다.

대체 요즈음에 산스크리트어를 배워 어디다 쓰느냐고 물어올 것을 나는 안다. 그건 죽은 언어 아니냐고 물어올 것도 안다. 인도인들 스스로 그들의 고대 문학을 부끄러워하지 않느냐고도 물어올 것이다. 그들은 영어 배우기를 더 애쓰며, 자신들의 시인이나 철학자들보다 로크나 흄, 밀을 더 좋아하지 않느냐고도 물어올 것이다. 그럴 것을 나는 안다.

어느 면에서 산스크리트어는 죽은 언어임에 틀림없다. 내가 믿기로 그것은 2천 년도 더 전에 이미 죽었다. 붓다는 기원전 5백 년에 제자들에게 각 지역 사람들의 방언으로 전법(傳法)하라고 명했다. 아소카왕은 기원전 3세기경 칙령을 반포하면서, 북부 카불[1]로부터 남부 발라비까지, 갠지스강의 발원지와 줌나로부터 알라하바드와 파트나와 더 내려가 오리사에 이르기까지, 사람들이 쉽게 읽고 이해할 수 있도록 각 지역의 방언들을 비석과 석주에 새겨넣었다. 이러한 방언들이 산스크리트어와 다른 것은 이탈리아어가 라틴어와 다른 것과 같다. 따라서 그 이전까지 연대가 올라갈 수는 없을지라도, 기원전 3세기경에는 산스크리트어가 사람들 사이에서 이미 쓰이지 않게 되었으리라 짐작할 수 있다.

쿨라바가에 나오는 재미있는 대목으로, 붓다의 말을 사람들이 저마다 자기들의 방언(nirutti)으로 되풀이하는 바람에 붓다의 말이 오염되었다고 브라만 출신의 붓다 제자들이 한탄하는 장면이 있다. 붓다가 아직 살아 있는 동안의 일이었다. 제자들은 붓다에게 그의 말을 산스크리트어로 번역해놓자고 제안했지만 붓다는 거절한다. 그는 모든 사람들이 자기 말로 된 교리를 배우게 하라고 지시했다.[2]

하디의 『불교교본』에서 인용하면 또 이런 구절도 있다. 붓다의 첫 설교 때의 일로, 붓다는 당시에 마가디어로 말했는데, 듣는 모든 청중들은 한 사람 한 사람 저마다의 말로 설교해주

---

1. Cunningham, Corpus Inscriptionum Indicarum, vol. i, 1877.

2. Kullavagga V. 33, 1.

는 듯이 들었다고 한다.[3]

따라서 일반 국민들이 말하는 언어로서의 산스크리트어는 기원전 3세기경에 이미 자취를 감추었음을 알 수 있다.

하지만 산스크리트어는 거대한 나라 인도 전 지역에서 지금도 들을 수 있는 유일한 언어다. 거듭되는 사회적 격변과 종교적 흥망, 외적의 침입 등에도 불구하고 연면히 이어져온 산스크리트어는 과거와 현재 사이의 놀라운 연속성을 보여주고 있다.

비록 불교를 국교로 한 왕조가 칙령 등을 각 방언으로 기록하였지만, 오늘날까지도 공문서나 사적 공증서 등은 산스크리트어로 쓰이고 있다. 불교나 자이나교의 경전을 통속적인 방언을 차용하여 기록하기는 했지만, 인도문학은 파니니안[Panini] (고대 산스크리스트 문법학자; 역자) 산스크리트어로 줄기차게 기록되었다. 약간의 예외가 있긴 했다. 예를 들어, 역사적으로 중요성을 지니는 칼리다사와 같은 희곡에서는 여자와 하층 계급의 언어인 프라크리트어가 사용되기도 했다.

요즘 보더라도, 영국의 인도 지배가 백 년을 넘고 영어를 가르친 지 백 년이 되었지만, 단테 시대의 유럽 사람들이 라틴어를 알았던 것보다 지금의 인도 사람들이 산스크리트어를 더 많이 또 더 널리 이해하고 있다고 생각된다.

---

3. Rhys Davids, Buddhist Sutras, Sacred Books of the East, vol. xi. p.142.

학식 있는 인도인은 내게 언제나 산스크리트어로 편지를 썼다. 법률이나 종교에 대한 논쟁을 담은 인도 팸플릿은 모두가 산스크리트어로 씌어졌다. 산스크리트어로 발간하는 잡지들도 있는데, 이 경우 통속적 방언보다 산스크리트어를 선호하는 독자가 있어야 가능한 일임은 명백한 사실이다. 베냐레스[바라나시]에서 발간되는『판디트[현자]』는 고문서에 관한 글뿐 아니라 현대적 주제를 다룬 논문, 영국에서 발행된 책에 대한 리뷰, 논쟁 기사 들을 싣고 있는데, 그 모두가 산스크리트어로 씌어져 있다.

베냐레스에서 발행되며 귀한 글들로 가득 찬 '골동품 애호가의 기쁨'이란 뜻의『프라트나캄라-난디니』지도 마찬가지다.

'지식의 근원'이란 뜻의『비됴다야』도 있는데, 캘커타에서 발행되는 산스크리트어지(誌)로 때때로 중요한 기사들이 실린다. 내가 모르는 다른 잡지들도 있을 것이다.

M. 모레슈바르 쿤테가 봄베이에서 발행하는 월간지『샤드-다르샤나-친타니카[인도철학연구]』는 산스크리트어로 고대 인도철학 체계에 관한 텍스트를 해설과 논문을 곁들여 싣고 있는데, 이 경우는 마라티어와 영어 번역이 함께 딸려 있다.

산스크리트어로 된 가장 오래된 책인『리그베다』는 현재 매월 두 판본으로 발행되고 있는데, 봄베이의 것은 좀 진보적인 그룹이 만들고 있고, 프라야가[알라하바드]에서 발행되는 것은 인도 정통주의자의 대표인 다이야난다 사라스바티가 만들고 있다. 전자는 산스크리트어로 부연설명하면서 마라티어와 영어로 된 번역이 함께 붙어 있고, 후자의 경우, 설명 전체를 산스크리트어로 하면서 일반 구어로 된 주석이 딸려 있다. 이 책들은 예약 구독의 형식으로 발행되고 있는데, 인도인 정기구독자가 아주 많다.

뱅골어나 마라티어, 힌디어 등 지방어로 기사를 쓰는 잡지들도 있는데, 이 경우에도 산스크리트어로 된 기사를 종종 싣는다. 베냐레스의 『하리스칸드라칸드리카』나 캘커타의 『타트바도디니』 등이 여기에 속하고 또 다른 잡지들도 있다.

불과 며칠 전에 나는 케슙 천더 센의 당기관지인 『리버럴』에서, 누데아의 베다 학자인 브라마브라타 사마댜이와 봄베이 대학 예술석사 카쉬나트 트림바크 텔랑의 만남에 대한 기사를 보았다. 둘은 각각 동쪽 끝과 서쪽 끝에서 살고 있는 사람들이었지만, 산스크리트어로 아무 어려움 없이 대화할 수 있었다.[4]

더욱 놀라운 일은 인도에서 발행되는 산스크리트어로 된 책의 수요가 아주 많다는 사실인데, 발행 후 한두 해가 지나서 영국에서 그 책을 사려고 주문하면, 모두 매진되어 살 수가 없다. 영국에서 앵글로색슨어로 된 책이나 이탈리아에서 라틴어로 된 책이 그렇게 매진되는 경우는 드문 듯하다.

---

4. The Liberal, March 12, 1882.

하지만 이보다 더 놀라운 것은, 인도에서는 고대 서사시인 「마하바라타」와 「라마야나」가 아직도 사원에서 신자들을 위해 염송念誦되고 있다는 사실이다. 그리고 마을에서 이런 고대 산스크리트어 시가 염송될 때는 염송자인 카타카 주위에 많은 사람들이 모여들어, 시의 주인공인 영웅이 쫓겨나는 장면에서는 눈물과 한숨을 짓고, 영웅이 자신의 왕국으로 돌아오는 장면이 읽힐 즈음에는 집집마다 등불을 밝히고 꽃다발로 장식한다고 한다. 「마하바라타」 전체를 염송하는데는 90일이 걸리고 어떤 때는 반년 동안 계속되기도 한다고 한다.[5] 물론 대부분의 사람들은 브라만 출신의 해설자[카타카]가 그 옛 시들을 해석해주기를 원하지만 적은 수이긴 해도 비아사나 발미키 등의 옛 시들을 스스로 이해하는 사람들도 있다.

베다를 공부해야겠다는 동기가 아주 희박해진 지금에도, 『리그베다』를 통째로 외우고 암송할 수 있는 브라만들이 많이 있다.[6] 『리그베다』뿐 아니라 다른 여러 책들도 마찬가지다.

그래서, 비록 산스크리트어를 살아 있는 언어가 아니라 죽은 언어라 치더라도, 아리아어와 드라비다어를 막론하고 인

5. R. G. Bhandarkar, Mahâbhârata 연대에 대한 숙고, 봄베이 R. A. S. 저널, 1872; Talboys Wheeler, History of India, ii. 365, 572; Holtzman, Über das alte indische Epos, 1881, p. 1; Phear, The Arian Village India And Ceylon, p. 19. Mahâbhârata 가 기원후 17세기에 공공장소에서 염송된 것은 Bâna로부터 알 수 있다; J. R. A. S. 봄베이, vol. x. p. 87, note.
6. Hibbert 강의, p. 157.

도의 모든 살아 있는 언어들은 산스크리트어로부터 그 생명과
정신을 끌어오고 있다.[7] 이런 사실에 관해서, 또 산스크리트에
대한 아주 제한된 지식이 다른 지방어를 습득하는데 아주 큰
도움이 된다는 사실에 관해서, 나뿐 아니라 나보다 산스크리트
어에 더 실력이 있는 사람들 모두가 이구동성으로, 더 이상 부
언할 필요가 없다는 것을 여러 번 말해왔다. 산스크리트어 문
법의 기초만이라도 아는 행정관 후보라면, 그가 구사하는 지방
어가 혹 벵골어나 힌디어, 혹은 타밀어라 하더라도, 내 말을 잘
이해할 수 있을 것이다. 라틴 고전학자에게라면 나는 이런 식
으로 말할 수 있을 것이다. 즉 산스크리트어와 힌디어 둘 다 알
고 있는 행정관과 힌디어 하나만을 알고 있는 행정관의 차이
는, 인도와 인도인에 대한 지적 이해 능력 형성의 차이에 있어,
마치 라틴어를 알고 이탈리아를 여행하는 사람과 라틴어를 전
혀 모르고 안내자를 따라 로마 여행을 하는 사람과의 차이와
같다고.

이제 산스크리트문학이 죽은 문학 혹은 가짜 문학이라는

---

7. '인도에서 구술되는 이야기를 알고 있는 사람이라면 누구라도 그것의 권위와
유용성을 아주 잘 알고 있다. 글로 쓰인 이야기의 원래 판본으로, 그것에 의지해
왔고 지금까지도 의지하고 있다. 부모나 동족으로부터 그 자료를 차용한다; 아랍
어나 산스크리트어를 모르는 사람은 힌디어나 벵골어를 우아하고 순결하게 또 정
확하게 쓸 수 없다. 오래된 정통의 언어를 무시하고 망각하는 것은 무력하고 회복
할 수 없는 야만을 지껄이는 방언에 맡긴다는 것을 잘 알고 있다.' H. H. Wilson,
Asiatic Journal, Jan. 1836; vol. xix. p. 15.

거부반응에 대해 좀더 면밀히 살펴보자. 진정 그 문학에는 진실이 없는 것인지 확인하기 위한 작업이기도 하다. 혹자들은 산스크리트문학은 실질적 생명력이 없는 학문적 작업의 결과물일 뿐이며, 따라서 우리가 정말 중요하게 생각하는 것인 인도적 심성의 역사적 발전 과정에 대해서 아무것도 알려주지 못한다고 주장한다. 또 다른 이들은, 한 세기의 영국 지배를 받고 난 지금, 산스크리트문학은 자국에서의 수행 동기를 상실했기 때문에 현재의 인도인의 심성에 대해 아무것도 가르쳐줄 수 없으며, 인도인의 선악 판단 기준에 어떤 영향도 끼치지 못한다고 주장한다.

사실에 주목해보자. 산스크리트문학이란 용어는 넓고도 모호하다. 현재 우리에게 남겨진 베다가 기원전 1,500년의 작품이라면, 또 많은 양의 작품이 산스크리트어로 지금까지 계속 쓰이고 있다면 우리는 우리 앞에 3천4백 년 동안 지속된 문학 활동의 흐름을 가지고 있는 것이 된다. 중국을 제외하고는 지구상에 이런 예는 또 없다.

이 문학의 영역이 방대하고 아주 다양하다고는 말하기 어렵다. 원고 형태로만 존재하면서 알려지지 않고 있던 이 문학의 보물들이 이제 겨우 알려지고 있는 중일 따름이다. 또한 예전에 존재했을 것이 틀림없지만, 지난 3, 4세기 동안 여러 작가들에 의해 인용되어 오기만 했던 수많은 작품들의 제목 또한 서서히 알아가고 있는 중이다.[8]

근년에 이르러 인도 정부는 인도에 대한 일종의 연대기적 연구사업을 하기로 하고, 유럽과 인도인으로 구성된 학자들을 산스크리트 문헌에 대한 조사와 목록작업을 위해 그것들이 수집되어 있다고 알려진 곳들로 파견했다. 몇몇 목록들이 이미 발간되었는데, 그것에 따르면 그 원고가 아직까지 보존되어 있는 산스크리트 작품의 수가 만 개에 이른다.[9] 내가 알기로 이 숫자는 그리스와 이탈리아의 모든 고전문학 작품을 다 아우른 수보다 더 많다. 물론 그중의 많은 부분은 그저 하찮은 쓰레기 정도로 여겨지게 될 것이다. 하지만 가장 명민한 유럽 철학자들의 저작들 역시 '허섭쓰레기'로 불려왔던 적이 있음을 상기해야 한다. 여러분들에게 말하고 싶은 바는, 3-4천 년이라는 인도 전체 역사 동안 문학의 큰길이, 보다 정확하게 말해 문학의 산맥에 나 있는 길이 연면히 이어져왔다는 사실이다. 그 길은 평원의 혼란으로부터 멀리 떨어져 있어, 일상의 투쟁적 삶을 사는 수많은 사람들에게는 거의 눈에 띄지 않았을지 모른다. 소수의 외로운 방랑자들만이 그 길을 따라왔을지 모른다. 하지만 민족을 연구하는 역사가나 인간 심성 발전을 공부하는 학생들에게 그 소수의 방랑자들이야말로 세대를 이어내려온

---

8. 후대의 작가들이 인용한 산스크리트어 책들의 목록을 작성하는 것은 젊은 학자들에게 가장 유용한 작업일 것이다. 하지만 아직 이런 목록을 인도 도서관들에서 보지 못했다.

9. Hibbert 강의, p. 133. 또한 Times, May 19, 1891에 실린, Literary Affairs in India, by F. M. M.도 볼 것.

인도인의 진정한 대표라 할 것이다. 속지 말자. 세계의 진정한 역사는 늘 소수의 역사일 수밖에 없다. 히말라야를 에베레스트 산의 높이로 가늠하듯, 인도에 대한 진정한 가늠자는 한순간도 삶의 미몽에서 깨나지 못하면서 나고 죽어간 저 수많은 범부들에게서보다, 베다를 지은 시인들, 우파니샤드의 현자들, 베단타 철학과 상키아 철학의 기초자들, 그리고 고대 법률서의 저자들로부터 찾아야 한다.

인도의 대다수 군중들에게 산스크리트문학은 단순히 죽은 문학 정도가 아니다. 그들에게 그 문학은 아예 존재하지도 않는다. 하지만 이런 상황은 거의 모든 문학에게도 마찬가지로 적용되며 특히 고대의 문학일 경우에는 더욱 그렇다.

아울러, 그리스나 로마문학이 시대 시대마다 전체 민족의 삶을 반영했던 것과 비교할 때, 대부분의 산스크리트문학은 살아 있는 민족 전체의 문학이었던 적이 결코 없었다는 지적이 있다. 이 지적에 담겨 있는 진실을, 나는 어느 정도는 받아들일 준비가 되어 있다. 대중에게 잘 알려진 산스크리트어 책들은, 마치 우리가 라틴어를 배우는 것처럼 그 저자들이 산스크리트어를 스스로 배워서 책을 써야 했던 시기, 정확히 말해 인도문학 부흥기에 씌어졌다. 당시 저자들은 전체 대중이 아니라 학식 있고 교양 있는 사람을 의식하면서 글을 쏠 수밖에 없었다.

좀더 상세한 설명이 필요할 것 같다.

『리그베다』로 시작되어, 다이야난다 판본의 흥미로운 『리

『그베다』인 부미카와 그것에 부친 서문으로 끝나는 산스크리트 문학 전체는 크게 두 시대로 나뉜다. 대우랄알타이족[투라니안] 침입 이전과 이후가 그것이다.

전자에는 베다문학과 고대 불교문학이 있고, 후자에는 그 외의 모든 문학이 포함된다.

사카스, 스키티안, 인도-스키티안 혹은 투루쉬카의 침입이라고 일반적으로 부르는 것을 내가 투라니안$^{Turanians}$의 침입이라고 뭉뚱그려서 부르는 이유는, 기원전 1세기부터 기원후 3세기에 걸쳐 인도를 소유하거나 적어도 인도 왕실을 소유한 종족들의 국적에 대해 아직은 적극적으로 공부하고 싶은 마음이 내게 없기 때문이다.

그들은 중국 연대기에서 불리는 이름인 유에-치$^{Yueh-chi}$[월지족]로 가장 잘 알려져 있다. 인도 침입을 전후한 이 부족들에 대한 지식은 주로 중국의 연대기에 의존하고 있다. 이 부족들과 다른 종족들 간의 관계에 대한 여러 이론들이 제시되어왔다. 그들은 붉고 흰 얼굴색에 말 위에서 활을 쏘는 것으로 묘사된다. 중국 이름인 유에-치와 고티 혹은 고트 사이에는 유사점이 있다고도 기록되어 있으며, 레무사트[10]에 의하면 그런 독일 부족들과 동일한 부족으로 여겨지고, 또 다른 사람들에 의하면 고트의 이웃인 게테와 동일하다고 여겨진다. 토드는 한걸음

10. Recherches sur les langues Tartares, 1820, vol. i., p. 327; Lassen, I. A., vol. ii., p. 359.

더 나아가 인도의 개츠와 라지푸트의 연원을 유에-치와 게테에게까지 소급한다.[11] 이런 것들은 때가 되면 보다 명백해지겠지만, 현재로서는 기원전 1세기부터 기원후 3세기에 걸쳐 인도에서 정치적 격변이 일어났다는 사실을 확인하는 것에 만족할 수밖에 없다. 투라니안의 침입, 보다 일반적인 용어를 쓰면, 북방 부족의 거듭된 침략에 의한 것이었다. 그들이 인도로 왔다는 사실은 중국 역사가들에 의해 기록되어 있지만, 동전이나 비문, 구전되어 내려오는 인도 역사 등에 의해서도 충분히 확인된다. 하지만 내 생각에 이 외래 부족의 인도 침입을 증거해주는 것으로, 같은 시기에 보이는 인도 브라만 문학에서의 공백만큼 확실한 것은 없다.[12]

호전적인 부족에 의해 정복당한 나라의 정치사회적 상황을 생각해보면, 그 나라에서 어떤 일들이 일어났을지를 쉽게 짐작할 수 있다. 왕궁과 성을 뺏은 침입자들은 왕을 폐위시키고 자신의 신하로 삼았을 것이지만, 그 밖의 것들은 전과 큰 차이 없이 이어졌을 것이다. 지대와 세금은 징수되었고 인도 사람들의 대부분을 차지하는 시골 마을 사람들의 삶은 중앙정부의 변화에 큰 영향을 받지 않고 지속되었을 것이다. 고통을 겪는 유일한 계층이라면 사제 계급이었을 것인데, 새로운 정복자

---

11. Lassen은 처음에는 Gats와 Yuch-chi가 같은 민족이라는 것을 받아들이지 않았다. 나중에 가서야 받아들이는 쪽이 되었다.
12. Note E를 보라.

를 인정하고 받아들이지 않는 한 고통을 겪었을 것이다. 하지
만 사제 계급은 대부분이 문학 계급이기도 해서 전통적 후원
자였던 인도 왕족 계급의 몰락은 일정 기간 동안의 문학 활동
의 완전한 중단을 의미하기도 했다. 불교의 성립과 아소카왕에
의한 국교화는 브라만적 위계 제도를 이미 상당한 정도로 흔들
어놓고 있었다. 북방으로부터의 정복자들은 그들의 종교가 무
엇이었든 간에 베다의 신봉자가 아니었던 것만은 확실하다. 그
들은 불교와 일종의 타협을 행한 것으로 짐작된다. 기원 1세기
의 인도의 투라니안 지배자의 한 사람인 카니쉬카왕 때의 회
의에서 최종적으로 확립된, 이른바 대승불교, 보다 특정해서
말하면 아미타불 신앙은 이런 타협을 통해 또 사카족의 전설
과 불교 교리의 융섭에 의해 우리에게 전승되었다. 『마하바쉬
야Mahabhashya』를 썼던 파탄잘리 때에 이르면 스라마나[불교 탁발
승]와 브라흐마나 간의 반목은 까마귀와 올빼미 사이, 또 개와
재칼 사이로 비유될 만큼 심해진다.

　　이처럼 투라니안 침입을 기준으로 산스크리트문학을 두
부분으로 나눌 때, 전자가 고대 문학이면서 자연적인 문학이라
면 후자는 근대 문학이요 보다 인위적인 문학이라 할 수 있다.
전자에 속하는 것으로, 우리는 우선, 단어가 가진 가장 넓은 뜻
에서 지식이라 번역할 수 있는 베다를 가지고 있다. 베다는 험
난한 역사 격동기의 과정을 거친 후 아주 일부의 잔해만 남아
있다. 그 다음으로 우리는 불교의 대장경을 가지고 있다. 주로

이것은 이른바 팔리 지방어, 카타 지방어, 산스크리트어로 되어 있는데 후대에 내려오면서 많은 덧붙임이 이루어졌다.

산스크리트문학의 두 번째 기간에는 그 밖의 모든 것들이 다 포함된다. 크게 나눈 이 두 구분은 다시 여러 시간대로 세분될 수 있지만 여기서는 논외이다.

이제 나는, 이 두 번째 기간의 근대 산스크리트문학은, 생생하게 살아 있고 민족 전체를 대변하는 문학이 아니라는 사실을 흔쾌히 받아들일 수 있다. 고대로부터의 전승을 후대의 문학적 종교적 도덕적 상황에 적응시킨 예들을 여기저기서 찾아볼 수 있다. 따라서 지나간 고대의 것들을 비추어보게 하고 베다문학 시대에 유실되었던 것들을 어느 정도 보충해주기도 한다. 이를테면 운문체의 법률서에는 베다 시대에 존재하던 옛 자료들이 포함되어 있는데, 산문체의 수트라와 또 시기적으로 보다 오래된 운문체의 가타스 등이 그 예이다. 서사시 「마하바라타」와 「라마야나」는 옛 시대의 이티하사스와 아키아나스의 자리를 대신한다. 비록 많이 변형되기는 했지만, 『푸라나스』는 베다문학에서 푸라나로 불리던 작품에서 많은 자료를 취하고 있다.[13]

하지만 이 후기 문학의 대부분은 독창성이나 아름다움이란 조금도 없는 인위적이고 현학적인 작품들이었다. 따라서 역

---

13. Hibbert 강의, p. 154, 노트.

사가나 철학자의 보다 넓은 인간적 공감을 얻지는 못한 채 동양학자들의 관심을 끌거나 호기심을 자극하는 정도에 그칠 수밖에 없었다.

이는 베다나 불교문학이 주조를 이루었던 고대 인도문학과는 사뭇 다른 양상이었다. 고대 인도문학은 인류 교육이라 일컬을 수 있을 한 장章을 우리에게 열어 보이는데, 다른 어떤 곳에서도 그것과 필적할 만한 것을 찾아볼 수 없다. 우리 언어, 다시 말해 우리 사상의 역사적 성장에 관심을 가지고 있는 이, 종교나 신화의 납득 가능한 초기 발전 과정에 대해 알고 싶어 하는 이, 후대에 이르러 우리가 천문학, 박절학拍節學, 문법학, 어원학 등으로 부르게 되는 것들의 최초 토대를 알기 원하는 이, 철학적 사상이 연원한 최초의 암시를 알기 원하는 이, 종교나 의식, 전통이나 계약[사마야]에 기초하여 가족이나 마을 혹은 국가 단위의 생활들을 통제한 최초의 시도에 관심이 있는 이들은 저마다 모두, 그리스나 로마 혹은 독일의 문학에 관심을 가져야 하는 것처럼, 이 베다 시대의 인도문학에 관심을 가지지 않으면 안 된다.

초기 불교문학이 우리에게 주는 가르침에 대해서는 여기서 말할 필요를 느끼지 않는다. 불교에 대해 그리고 불교와 기독교 간의 놀라운 일치점에 대해 내 속에서 일어난 수많은 물음들을 통해 판단한다면, 불교는 이미 광범위한 관심을 불러일으키는 주제가 되어버렸고 앞으로는 더더욱 그러할 것이다.[14]

하지만 지금 이 강의에서는 그런 전체 차원의 문학에 머물러 있을 수가 없다. 베다문학의 일반적 고찰에만도 이 강의는 시간이 모자라고, 송가[頌歌, Hymns]나 브라흐마나스, 우파니샤드나 수트라의 주요 교훈에 관한 해석에만도 시간이 충분치 않다.

산스크리트문학의 치명적 불행은, 이 문학이 위에서 말한 두 번째 기간, 다시 말해 인도문학의 문예부흥기에 속한 작품들을 통해 유럽에 처음 알려졌다는 사실에 있다.『바가바드기타』,『샤쿤탈라』나『우르바시』같은 칼리다사의 희곡, 날라나 야그나다타바다와 같은「마하바라타」와「라마야나」에서의 몇몇 일화들, 히토파데사의 동화들, 바르트리하리의 문장들은 의심의 여지없이 너무도 흥미롭다. 처음 유럽에 알려질 때, 사실과는 달리 극히 고대의 것들로 소개되었고, 문학적 소양이 아주 부족한 민족이라고 알고 있던 사람들에 의한 작품으로 소개되었기 때문에, 자연스럽게 영국의 윌리엄 존스 경, 독일의 헤르더나 괴테 등의 주의를 끌었고, 이들은 오히려 깊은 존중심을 가지고 그 작품들에 대해 즐겁게 얘기할 수 있었다. 비크라마디티아왕은 기원전 56년에 삼바트 왕조를 시작했다고 여겨지고 있다. 칼리다사는 이 비크라마디티아의 장려한 궁정에서 살았고, 버질과 호라티우스[Horatius]의 위대한 동시대인이었다고 말하곤 하던 것이 당시의 유행이었다. 예를 들어 알렉산더 폰

---

14. 노트 F.

훔볼트도 그의 최근작 『코스모스』에서 그렇게 말하고 있는 것
을 볼 수 있다. 하지만 이 모든 것이 지금은 바뀌었다. 사카부
족을 쳐부수고 기원전 56년에 다른 왕조인 삼바트 왕조를 세
운 비크라마디티아가 어떤 사람이든 간에, 기원전 1세기에 살
았던 사람은 확실히 아니다. 오늘날은 인도인들을 문맹으로 보
지도 않으며, 그들의 시를 통속적이고 비예술적으로 여기지도
않는다. 그와는 반대로, 페르시아나 아랍, 이탈리아나 프랑스
와 동일한 기준으로 판단되며, 칼리다사의 희곡 같은 것은 우
리 서가에 오랫동안 잠자고 있었던 다른 많은 인도 희곡들보
다 우수한 것이 아니라는 판단이 내려지고 있다. 또한 오늘의
산스크리트 학자들은 그것이 알려진 것만큼 오래된 것은 아니
라고 믿고 있다. 기원후 585-6년(507 사카에라)의 한 비문[15]에
칼리다사가 바라비와 함께 유명한 시인이라고 언급되어 있는
데, 지금의 나로서는 그의 연대를 그때보다 훨씬 전으로 잡아
야 할 이유를 알지 못한다. 바라비의 시 키라타르구니아 열다
섯 편에 대한 해설을 쓴 아비니타는 기원후 470년경에 생존했
다고 전한다.[16] 연도에 대한 이런 증거들에 의하면 바라비와 칼
리다사가 기원후 4-5세기 이전에 생존했다고 보기가 어렵다.

---

15. Indian Antiquary, 1876, pp. 68-73에 Fleet가 발표했다. 처음 언급한 사람은
Dr. Bhao Dali로 Journal of Asiatic Society, Bombay Branch, vol. ix에서였다.
16. Lewis Rice, Naya Varma's Karnataka Bhasha Bhashana, Bangalore, 1884, p.
xi.

『마누법전』 역시 아주 놀라울 정도로 고대의 문헌[17]으로 얘기
되곤 했고, 지금도 불명확하게 혹은 되는 대로 글을 쓰는 사람
들은 여전히 그렇게 얘기하고 있지만, 지금 남아 있는 형태로
서 볼 때, 나는 4세기 이전 것으로 보기 힘들다고 생각한다. 오
히려 그보다 훨씬 후의 연대를 받아들일 용의가 있다. 많은 산
스크리트 학자들이 이런 생각을 받아들이지 않을 것임을 나는
안다. 하지만 우리는 자신에게 정직하지 않으면 안 된다. 슬로
카스에 이어 쓰인, 지금 우리에게 남겨진 모양의 마나바-다르
마-샤스트라Shastra의 연대를 기원후 300년 이전으로 끌어올려
야만 할 어떤 증거가 있는지 묻고 싶다. 합당한 증거가 있지 않
다면, 왜 입을 열어 기존의 잘못에 반대하지 못하는가? 그렇게
만 한다면 종래의 의심이 풀릴 것인데, 그리하여 예상되는 해
결책에 대해 어째서 감사하지 못하는가?

『마누법전』은 그 시대 이전부터 있었던 법적 권위를 대변
하는 이름이었다. 또한 『마누법전』과 『마나밤』은 고대 법률 수
트라에서 빈번히 인용된다. 하지만 이는, 투라니안 침입 이후
의 문학에 그 격동기로부터 살아남은 잔해가 아주 많이 들어
있다는 사실을 확인할 뿐이다. 가령 우리가 지금 『마누법전』이
라고 부르는 것이 『유스티니아누스법전』과 같은 시기에 이미

---

17. 윌리엄 존스 경은 그 시기를 기원전 1280년으로 못 박고 있고, 엘핀스톤은 기
원전 900년으로 본다. 근년에 기원전 5세기보다 늦은 시기는 될 수 없다는 것이
통설로 되어 있다.

존재하고 있었다면, 그것이 당시의 문헌 어디에서도 인용되지 않았을 수가 있을까?

바라하미히라(587년 사망)는 『마누법전』을 여러 번 언급했지만 마나바-다르마-샤스트라는 언급하지 않았다. 『마누법전』에서 실제로 인용하는 듯이 여겨지는 여러 구절도 우리가 가지고 있는 『마누법전』의 구절과는 일치하지 않는다.[18]

장차, 인도문학의 부흥기가 4-6세기였음이 밝혀질 것이

18. 운문체의 다르마 샤스트라나 삼히타와 비교할 때, 다르마 수트라 시대의 아주 유용한 지표는 글로 쓴 문서의 참고 여부에 있다. 그런 문서는 만일 존재한다면, 법률 책에서는 언급 없이 그냥 지나갈 수가 없다. 특히 빚이나 저당, 담보 등을 입증하면서 그 증거의 성격을 따질 때에는 특히 그랬다. 빚이나 채무자의 법을 다루는 경우, 고타마, 보다야나, 아파스탐바의 다르마 수트라에서는 그 증거를 글로 써서 언급하는 경우는 결코 없었다. 바시쉬타만이 글로 씌인 증거를 언급했는데, 그렇게 하지 않을 경우, 채무법 취급이 아주 조악해질 거란 생각에서 삽입 보충하는 문구를 넣었다. 마누의 운문체 조항은 여기서도 그것의 통상적 특징을 보인다. 오래된 원전에 기초한 것이 분명한데, 그것들을 단순 복제할 때, 아주 고풍스런 인상을 주고 있다. 하지만 보다 새로운 내용물도 자유롭게 받아들이고 있고 우리의 경우에도 그렇다. 증거에 대해 말하면서 최소한의 셋 이상으로 정하고 그것들의 장점과 단점을 세세하고 논하고 있는데, 문서에 대해서는 단 한 마디도 하지 않고 있다. 하지만 한 곳(VIII, 168)에서 강압에 의해 작성된 문서의 무가치함을 말하고 있다. 이로 볼 때, 상업적 거래에 문서가 실제적으로 채용되었음을 인증하고 있다. 사실로 드러난 일로, 졸리 교수는 이것이 후일에 첨가된 것으로 추정했다. Narada에서 때에 맞춰 일어난 일이다(IV. 55); 하지만 우리가 갖고 있는 마누 삼히타의 최종 구성본은, 여하한의 상업적 목적으로 문서가 사용되기 전인 시대의 것으로 말하기는 어렵다. 『마누법전』은 야그나발키아보다 오래된 것으로 이 야그나발키아에서는 쓰기가 익숙한 화제가 되어 있다. 비쉬누는 야그나발키아와 종종 그야말로 의견이 맞다. 반면에 나라다는 채무법의 완전한 발전을 보여주면서 가장 최종 시기에 위치한다.

다. 저 칼리다사와 바라비는 그 시절에 유명했다. 비문에 쓰인 증거들로 이 사실을 알 수 있다. 6세기에 인도문학의 명성은 페르시아에까지 미쳤다. 페르시아의 왕인 코스루 누쉬르반(531-579년 재위)은 그의 주치의인 바르조이를 인도로 보내 판카탄트라의 우화를 산스크리트어에서 팔라비어로 번역하게 했다. 우리가 '아홉 보석' 혹은 '아홉 명저名著'라고 부르고 있는 저 유명한 작품들 역시 이 시기에 속하는 것으로 생각하는 사람도 있다.[19] 나는 우리가 지금 가지고 있는 산스크리트문학 중, 베다와 불교문헌을 제외하고 더 이전 시기로 연대를 올릴 수 있는 것들이 있을까 하는 의문을 지니고 있다.

이 근대 산스크리트문학 작품들은, 우리에게 처음 소개되었을 때 흥미를 불러일으켰고, 지금도 인도문학에 대한 어떤 피상적 공감을 유지하게 하고는 있다. 하지만, 조금이라도 진지한 연구자들이라면 그것들에 곧바로 흥미를 잃게 된다. 아기자기하고 매력적이라는 평가에는 기쁘게 동의하지만, 그 작품들을 그리스나 라틴, 이탈리아나 프랑스, 영국이나 독일의 문학이 차지하는 세계문학의 위치에 나란히 둘 수 있다고는 생각지 않는다.

언제부터인지, 사람들은 인도문학에서 알아야 할 것은 죄다 알려졌다고 생각하기 시작했고, 대학에서 산스크리트어가

---

19. Kern, Brihatasamhita 서문, p. 209.

공인된 영역으로 남아 있어야 할 이유는 언어학적 연구의 필요성이 유일한 것이라고 생각하기 시작했다.

　그때가 지금으로부터 약 40년 전이었는데, 바로 그 시절에 산스크리트학에 새로운 성격을 부여한 움직임이 일어났다. 그 움직임의 주역은 당시 콜레주 드 프랑스의 교수였던 버노프로, 빼어난 학자임과 동시에 넓은 안목과 진정한 역사 감각을 갖추고 있었고 자신의 전 생애를 『날라스』와 『샤쿤탈라』에만 바친 마지막 인물이었다. 프랑스의 고전적 학교에서 오래된 전통 가운데 교육받았던 이 사람은(그의 아버지는 저명한 그리스 문법서의 저자였다.) 한때 촉망 받는 법정 변호사로서 기조나 티에르, 미그네와 빌레망 등 영향력 있는 사람들과 친구였는데, 자신의 전 생애를 소박한 산스크리트 노래 연구에 바칠 사람으로는 보이지 않았다. 그런 그가 산스크리트어 연구에 자신을 바쳤을 때, 그가 추구하고자 한 것은 다름 아닌 역사에 대한 연구였다. 인간의 역사에 대한 연구였고, 세계 역사에 대한 연구였다. 정확한 통찰력과 인식 아래, 베다문학과 불교문학을 인도문학의 혼돈한 진창을 건너가는 두 징검다리로 삼았다. 아쉽게도 젊은 나이에 죽어, 자신이 세우기 원했던 건물의 아치 몇 개만을 만들어 남겨둔 채 세상을 떠날 수밖에 없었다. 하지만 그의 정신은 그의 친구와 그가 가르친 학생들 속에서 지금도 살아 있다. 또한 베다와 불교문학 연구자들에 의한 모든 연구 성과야말로, 콜레주 드 프랑스에서 버노프가 했던 강의와 버노프 자신에게서 비롯되었음을 의심하는 사람은 없다.

아마도 여러분은 이렇게 물을 수 있을 것이다. 고대 산스크리트문학에서만 찾을 수 있는 것, 그것 외의 다른 것에서는 찾을 수 없는 어떤 것이 그 문학에 있단 말인가? 내 대답은 이렇다. 그리스인이나 로마인, 독일인이나 켈트인, 그리고 슬라브인 등, 우리가 알고 있었던 아리아 인종들과는 전혀 다른 성격의 아리아인을 거기서 발견할 수 있다고. 북쪽을 향해 이동해간 아리아인의 경우, 활동적이고 정치적인 에너지가 요구되어 그 완벽한 경지에로까지 추구되었다. 이에 반해 인도에서는 인성人性의 또 다른 쪽이라 할 수동적이고 명상적인 면이 아주 크게 발전하였다. 『리그베다』의 노래에서 우리는 여전히 그 초기 상태를 엿볼 수 있다. 거기에는 인도를 차지한 아리아인들이 전장戰場의 신인 인드라와 마루트의 비호 아래, 검은 피부를 지닌 원주민과 새롭게 이주해오는 후기 아리아인들의 침입에 맞서 자신의 땅을 방어해나가는 모습이 그려져 있다. 하지만 이런 전쟁의 시기는 곧 끝나고 많은 인구가 안정되게 자리를 잡게 되자, 전쟁과 정치는 한 특정한 귀족 계급이[20] 독점하게 되었고, 대대수의 민중은 그들이 사는 마을의 좁은 영역에서 삶을 영위해 나가는 데 만족했고, 외부 세계에는 별 관심이

---

20. 『리그베다』의 노래에 나와 있는 그 정복과 이주의 시기 동안, 카스트제도, 예를 들어 『마누법전』에 기록되어 있는 바의 그 제도는 단순히 보아도 불가능한 일이었다.

없었으며, 많은 노동을 하지 않고도 살 수 있도록 자연이 그들에게 베풀어준 은혜에 감사하며 지냈다. 바르트리하리는 다음과 같이 말한다.(K.T. 텔랑 편집, p.76)

'숲에는 과일들이 그득했다. 누구든지 어려움 없이 따먹을 수 있었다. 강들은 깨끗했고, 시원하고 감미로운 물들이 넘쳤다. 아름다운 덩굴로 푹신한 잠자리를 만들 수 있었다. 그런데도 부자들의 문간에서 구걸하는 못난 사람들이 있긴 하다!'

언뜻 보면, 삶을 이렇게 조용하게 바라보면서 즐기는 것은 성장이 아니라 퇴화라 여기고 싶기도 할 것이다. 삶이 어떻게 되어야 하는가에 대한 우리의 생각과는 너무도 달라 보인다. 하지만 보다 높은 차원에서 보면 인도의 아리아인들은 좋은 선택을 했고, 적어도 그들에게 맞는 것을 선택했다. 반면, 우리 북아리아인들은 그들과는 달리 여러 가지에 걱정하고 시달려왔다.

여하튼, 지구에 남반구와 북반구가 있듯이 인간 심성에도 서로 다른 두 반구半球가 있지 않을까 하는 생각을 해볼 수 있겠다. 한 쪽은 적극적, 전투적이고 정치적이며, 다른 한 쪽은 수동적, 명상적이며 철학적인 반쪽들인데, 둘 모두 계발될 가치가 있다. 이 물음의 답을 찾는 데 있어, 송가로 시작되어 우파니샤드로 끝나는 베다만큼, 풍부한 자료를 구비하고 있는 문학도 없다. 여기서 우리는 새로운 세계로 들어간다. 그 세계는 우리 모두에게 매력적이지는 않다. 하지만 그 세계는 실재實在다, 그리고 자연스럽게 성장했다. 이것은 부정할 수 없는 매혹이다. 그리고 모든 자연스런 성장이 그렇듯, 그것에는 하나의 감춰진 목적이 있고, 우리가 배울 가치가 있는 어떤 교훈이 있다고 나는 믿는다. 그 교훈은 다른 어떤 곳에서도 배울 수 없는 그런 것이다. 누구도 우리에게 저 고대 베다문학을 숭배하라거나 무시하라고 요구치 않는다. 그저 공부해야 하고 이해하기 위해 노력해야 한다.

인도의 정신을 다른 어떤 정신보다 월등한 것으로 말하고, 우리가 지닌 것보다 더 진실한 종교와 순수한 도덕, 또 더 승화된 철학을 찾으려면 베다나 불교 경전으로 돌아가야 한다고 말하는, 약간 허황된 사람들이 있어 왔다. 여기서는 그런 사람들의 이름이나 그들이 쓴 책의 제목조차도 언급하지 않을 것이다. 하지만 나는, 고대 인도문학을 19세기에 만들어진 저작인양 비판하거나, 무자비하게 쳐부수어야 할 적쯤으로 비판하는 사람들 역시 참기 어렵다. 베다가 유치하고 실없으며, 우리의 기준으로 보면 어느 면에서는 괴기스럽기도 한 것을 누가 부정할 것인가? 하지만 이런 괴기스러움마저 흥미롭고 교육적이다. 그렇다, 우리가 우리와 다른 사고와 언어를 배려할 수만 있다면, 그것들은 많은 진실의 싹을 지니고 있으며 빛나는 햇살을 지니고 있다. 칠흑 같은 어둠을 뚫고 우리에게 다가오는 그런 빛이기에 더욱 놀라운 빛이다.

바로 여기에 고대 인도문학이 지니고 있는 보편적이고 진실로 인간적인 매력이 있으니, 그 매력이야말로 동양학자나 고대사 연구자뿐 아니라 모든 교육받은 남녀의 주목을 끌기에 충분한 것이다.

한동안 옆으로 밀쳐놓는 문제들이 있다. 그렇다. 삶의 어려운 투쟁 가운데 있을 때는 그것들을 옆으로 밀쳐놓지 않으면 안 된다. 그러나 그럼에도 불구하고 그 문제들은 자꾸 되풀이되며, 되풀이될 때마다 타인들에게 혹은 자기 자신에게 얘기할 수도 없을 정도로 우리를 심히 흔들어 놓는다. 우리는 일주일에 단 하루를 휴식과 명상을 위해, 또 '가장 위대한 일'이라는 뜻의 그리스어를 숙고하기 위해 할애한다. 그 하루마저도 그저 습관처럼 교회를 다녀오고 별 생각 없이 쉬는 것으로 보내버리는 것이 사실이다. 하지만 주중이든 일요일이든, 젊은이든 늙은이든 간에, 비록 드물기는 해도 우리 인생에서 가장 결정적인 순간에 마주치곤 한다. 인생의 오래되고도 단순한 질문이 그것이 지닌 모든 힘을 모아 우리에게 다시 돌아오는 순간 말이다. 그리곤 우리는 우리 자신에게 이렇게 묻는다. 우리는 과연 무엇인가? 지상에서의 이 삶은 어떤 의미를 지니는가? 우리에게 진정 휴식이란 있을 수 없으며, 언제나 이웃의 불행을 통해 우리 자신의 행복을 고통스럽게 만들어나갈 수밖에 없을 것인가? 스팀과 가스와 전기로 편리해진 집에서 사는 우리가 과연 저 원시적 주거 공간에서 사는 인도인들보다 더 행복한가?

지금 말한 대로, 이 북국의 기후 아래 우리의 삶은 언제나

투쟁, 그것도 아주 힘겨운 투쟁이 될 수밖에 없었다. 우리의 복
잡한 사회생활 중에, 불행과 사고는 언제든지 일어날 수 있고,
이렇게 불확실한 삶 속에서 부의 축적은 우리 자신을 보호하기
위해 필수적인 것이 되었다. 우리 사회에서 휴식과 명상은 아
주 드물게만 만날 수 있다. 이런 면은 튜턴족도 그 역사를 보면
우리와 동일하며 로마와 그리스인도 마찬가지다. 유럽은 많은
지역에서 겨울에는 경작을 할 수 없고 또 겨울이 길다. 또 작은
지역들 사이에 서로 이해관계가 얽혀 있다. 이 때문에 자기 보
존(심하게 말하면, 자기 탐닉) 본능이 지나칠 정도로 발달하게
되었다. 유럽 사회에서의 대부분의 덕과 악덕이 바로 이 본능
에서 연유했다고 말할 수 있을 정도이다. 우리들의 성격은 이
런 영향들 아래서 형성되었다. 위로부터의 대물림을 통해, 교
육을 통해, 또 필요에 의해서였다. 우리 모두는 투쟁의 삶을 산
다. 우리의 가장 이상적 삶은 투쟁적 삶이다. 우리는 더 이상
일할 수 없을 때까지 일한다. 그러면서 자신이 마치 말$^{horse}$이기
라도 한 양, 마구를 찬 채로 죽는 것을 자랑스럽게 여긴다. 우
리는 우리 자신이나 선조들이 열심히 일해서 이루어 놓은 가족
과 사업, 도시와 국가를 내적인 만족감에 충만하여 언급한다.
우리는 우리가 문명이라고 부르는 것의 경이$^{驚異}$를 말한다. 우
리의 훌륭한 도시들, 도로들, 교량들, 철도들, 전신, 전등, 그림
과 조각, 음악과 연극들을 말한다. 우리는 우리의 지상의 삶을
아주 완벽하게 만들었다고 생각한다. 어떤 경우에는 너무나 완

벽해서 우리가 그것들을 두고 떠나는 것이 미안하다고 느낄 지경이다. 하지만 브라만이나 불자들이 지침 없이 우리에게 가르쳐주는 교훈은, 이승의 삶은 한 마을에서 다른 마을로의 여행에 불과한 것이며, 이승은 머물 만한 곳이 아니라는 사실이다. 이렇게 씌어져 있다.[21]

'어떤 사람이 다른 마을로 가면서 하룻밤 잘 즐기고 갈 수 있다. 하지만 그 밤이 지나면 다음날의 여행이 이어진다. 따라서 부모와 처자식, 그리고 재물은 한갓 하룻밤의 즐김일 뿐이다. 현명한 사람은 그것에 오래토록 목매지 않는다.'

이런 인도식의 삶의 방식을 그냥 무시해버리지 말고, 잠시 동안 멈출 수는 없을까? 그리하여, 정말 저들의 삶의 철학이 깡그리 틀렸고 우리 것이 완전히 옳은지 한번 생각해볼 수는 없을까? 이 땅의 삶은 일만을 위한 것이고(우리에게는 쾌락 역시도 일이 되었다.) 늘 바빠야 하고 허둥거려야 하는 것인지 한번 생각해볼 수는 없을까? 또한 우리 억센 북아리아인들이 정말로 보다 작은 일과 작은 쾌락에는 만족하지 않는 건지, 또한 좀더 많은 명상과 많은 쉼에 만족할 수는 없는지 한번 생각해볼 수는 없을까? 우리의 삶이 짧긴 해도, 우리는 아침에 생겼다 저녁에 사라지는 하루살이가 아니기 때문이다. 우리에게는 돌아봐야 할 과거가 있고 바라볼 수 있는 미래가 있다. 다가올 미

---

21. Boehtlingk, Sprüche, 5101.

래에 놓여 있는 과제들은 과거의 지혜에서 그 해결책을 발견할
수 있다.

그럴진대 우리의 눈을 늘 현재에만 고정시킬 이유가 어디
에 있는가? 왜 언제나 재물과 권력과 명예를 위해 달음박질해
야 하는가? 왜 우리는 한 번도 휴식하지 못하고 감사하지 못하
는가?

나는 유럽 국가의 시민들이 지니고 있는 인간적 생명력과
꾸준한 인내, 공공적 정신, 개인적 덕목 등이 인간이 이 땅에서
완성해내야 할 운명의 아주 중요한 한 측면이라는 생각을 부인
하지 않는다.

그러나 우리의 본성에는 다른 측면도 분명히 있고, 이승
을 살아가는 여행에서 결코 완전히 무시될 수 없는 또 다른 운
명 역시 전개될 수 있다. 만약 우리의 눈을 동방으로 돌려 보
면, 그중에서도 특히 인도로 돌려 보면, 거기서는 격심한 삶의
투쟁이 없다. 적어도 과거에는 없었다. 기후는 온화하고 토양
은 비옥해서 소량의 채식만으로도 신체를 건강하고 힘 있게 하
기에 충분하다. 숲에 지은 소박한 오두막이나 동굴 정도로도
깃들 곳으로서 충분하고, 사회생활이란 것도 런던이나 파리의
것처럼 거대하거나 괴기하지 않고 작은 마을 단위의 좁은 영
역에서 충족된다. 그곳에서는 이런 것들이 훨씬 자연스럽지 않
은가? 그리고 그곳에서는 원래 인간 본성의 다른 면이 발전되
도록 되어 있었던 것이 아닐까? 적극적이고 전투적이며 탐욕

제3강

적이 아니라 수동적이고 명상적이며 숙려熟慮적인 본성 말이다.
인더스와 갠지스의 그 행복한 들과 계곡에 처음 나그네로서 발
을 들여놓은 아리아인들은, 삶을 조만간 언젠가는 끝날 수밖에
없는 즐거운 긴 휴가라고, 오래 계속되는 일요일이나 휴일이라
고 생각지는 않았을까? 재물을 모을 필요가 어디 있었을까? 궁
전을 지을 이유가 왜 있었을까? 밤낮으로 수고해야 할 이유가
어디 있었을까? 매일의 육신이 요구하는 최소한의 필수품들을
마련해준 후, 그들은 자신들에게 이 이상한 귀양살이를 휘휘
둘러볼 권리가 있다고, 자신들의 내면을 들여다볼, 자신들보다
위에 있는 어떤 것을 올려다볼 권리가 있다고, 지상의 삶이라
는 이 신비의 진정한 목적이 무엇인지 조금이나마 알아볼 권리
가 있다고 생각했다. 그것은 어쩌면 의무일지도 몰랐다.

　　물론 우리 유럽인들은, 삶에 대한 이런 태도를 공상적이
며 비현실적이고 비실용적이라고 할 것이다. 하지만 인도인들
역시 우리 태도를 근시안적이고 까다로우며 결국은 가장 비실
용적이라고 하지 않을까? 우리야말로 삶을 위해 삶 자체를 희
생하고 있지 않은가?

　　이것들이 아주 극단적인 관점임은 말할 나위가 없다. 그
런 극단은 동양이든 서양이든 어떤 나라에서도 현실적으로 이
루어졌던 적이 한 번도 없다. 우리가 늘 쉼 없이 일만 하는 것
도 아니고(때로 우리는 한 시간 정도 휴식도 하고 평화롭게 생
각에 잠기기도 한다.), 옛 인도인들이 인생의 가장 위대하고 커

134

다란 문제에 대해, 늘 꿈꾸기만 하거나 명상만 한 것도 아니다. 그들도 상황에 따라 영웅처럼 싸울 줄을 알았고, 또 경우에 따라서는 이렇다 할 기구도 없이 참을성 있는 노동만을 통해 허드레감에서 예술 작품을 만들 줄도 알았다.

이제 내가 여러분에게 분명히 제시하고 싶은 것은 다음과 같다. 인도에서 자신의 소명을 성취해야 했던 남방 아리아인에게는, 살아남기 위해 몸 바쳐 싸울 수밖에 없었던 투쟁을 통해 발전되었던 북방 아리아인의 실용적이고 투쟁적인 덕목은 생래적으로 부족했던 것 같다는 사실이다. 그렇다 해도, 지상에서의 그들 인도계 아리아인의 삶이 완전히 낭비된 삶은 아니라는 것도 말하고 싶다. 그들의 인생관은 북국의 기후에서 사는 우리 북방 아리아인들에게 적용될 수 없다. 하지만 그 인생관은 삶을 위한다는 명분으로 삶에서 가장 귀한 것을 희생해서는 안 된다는 교훈과 경고를 우리에게 일깨워준다.

벌거벗은 인도의 고행자들을 보고 감동한 고대의 가장 위대한 정복자는, 그들 앞에 말없이 서 있어야만 했다. 그들의 말로 직접 의사소통을 할 수 없고, 통역이라는 오염된 경로를 통해야만 그들의 지혜가 자신에게 닿는다는 생각에 아쉬워했다.[22]

이젠 그런 불편함이 없어졌다. 산스크리트어는 더 이상

---

22. Pseudocallisthenes IV. 12, p. 108.

어려운 언어가 아니다. 나는 젊은 인도행정관들이 인도가 지닌 지혜의 근원에까지 거슬러올라가 보면, 여러 가지 쓸모없고 이상한 것들도 있겠지만, 우리가 쉽게 잊고 무시해버리는 것들 가운데서 반드시 배울 만한 가치가 있는 교훈을 찾아낼 수 있으리라 확신한다.

그중 몇 가지만 여기 옮겨보려 한다. 뜨거운 하루해가 지고 마을 어귀의 나무에 둘러앉아 늙은이와 젊은이들이 함께 나누는 이런 얘기들은 지금도 인도에서는 되풀이하여 들려지고 있다. 그들에게는 진실이지만 우리들은 그것을 진부한 소리 정도로 치부하지 않을까 두렵기도 하다!

'모든 이가 마침내는 땅 속에 들어 함께 잠들어야 할 텐데, 어째서 어리석은 사람들은 서로를 해칠까?'[23]

'영원한 행복moksha을 찾고 있는가? 어리석은 자가 재물을 얻는데 드는 고생의 백분의 일만 들이면 그것을 찾을 수 있다.'[24]

'가난한 사람은 부자보다 훨씬 좋은 음식을 먹는다. 배고픔이 음식을 달게 만들기 때문이다.'[25]

'우리 몸은 파도의 포말과 같고, 우리 인생은 새처럼 덧없

23. Mahâbh. XI. 121.
24. Pañkat. II. 127 (117).
25. Mahâbh. V. 1144.
26. Mahâbh. XII. 12050.

다. 사랑하는 사람과의 동행도 영원히 지속되지 못한다. 그런데도 왜 잠에서 깨어나지 못하는가, 아들아?'[26]

'큰 바다 한가운데서 두 개의 나무토막이 만나고 다시 헤어진다. 우리 인생의 만남도 그러하다.'[27]

'우리는 이승의 여행 중에 아내도 친구도 사람들도 만난다. 하므로 분명히 보아야 한다. 우리가 어디에 있는지, 어디로 갈 것인지, 우리는 무엇인지, 왜 여기서 지체하는지, 또 왜 무엇인가에 탐욕하는지를.'[28]

'가족, 아내, 아이들, 우리 몸뚱이, 그리고 우리의 재물, 이 모든 것은 사라져 없어진다. 그 모든 것은 우리 것이 아니다. 그렇다면 대체 어떤 것이 우리 것인가? 우리의 선행과 우리의 악행만이 우리 것이다.'[29]

'이승을 떠날 때에 아무도 우리와 함께 가주지 않는다. 우리의 선행과 악행만이 우리가 어디를 가든 따라갈 뿐이다.'[30]

'베다는 말한다.[31] 우리 영혼[생명]은 영원하고 우리의 몸은 썩어 없어진다고. 몸이 스러지면, 영혼은 우리의 행업行業이라는 차꼬를 찬 채 어디론가 떠난다.'

---

27. L. c. XII. 869.
28. L. c. XII. 872.
29. L. c. XII. 12453.
30. L. c. XII. 12456.
31. L. c. III. 13846. (239)

'내 몸이 내 것이 아님을 알면서, 이 모든 땅이 내 것임을 알고 또 그 땅이 내 것임과 동시에 남의 것임을 알면, 어떤 불행도 일어나지 않을 것이다.'[32]

'입고 있던 옷을 벗고 새 옷을 입듯, 영혼은 자신의 행업에 따라 새로운 몸을 입는다.'[33]

'무기로도 해칠 수 없고, 불로도 태울 수 없으며, 물로도 적실 수 없고, 바람으로도 마르게 할 수 없는 것이 영혼이다.'

'해칠 수 없고, 태울 수 없고, 적실 수 없고, 말릴 수 없다. 시작이 없는 그것은 불멸이고 불변이며 부동不動하다.'

'영혼은 물건으로 된 것이 아니고 불변이다. 이런 사실을 알진대, 그리 슬퍼할 이유가 없다.'

'자기 자신을 아는 것보다 더 높은 깨달음은 없다.'[34]

'불멸이며 무오한 자기라는 존재가 물질 속에 잠겨 모든 살아 있는 것들에 깃들어 산다. 움직이는 것 속에 깃들어 있는 그 부동의 자기를 존숭하는 자 역시 불멸이 되리라.'

'다른 모든 것을 헌신짝처럼 버리고, 현자는 자기를 찾기 위해 분투하지 않으면 안 된다.'

누군가 나더러 인도인의 두드러진 특성을 한 단어로 표현해보라고 한다면, 나는 '초월적transcendent'이라는 단어를 들겠다.

32. Kâm. Nitis. 1, 23 (Boehtlingk, 918).
33. Vishnu-sûtras XX. 50-53.
34. Âpastamba Dharma-sûtras I. 8, 22.

나는 지금 칸트가 그랬던 것처럼 좁은 기술적인 뜻으로서가 아니라, 경험적 지식의 한계를 초월하는 것에 경도된 마음을 일컫는, 이 단어가 지닌 보다 보편적인 쓰임새를 말하고 있다. 경험적 지식에 완전히 만족하는 사람들이 있다. 확인되고 분류되며 명명되는 지식이다. 이런 지식은 전체 지식에서 아주 큰 부분을 차지하고 만일 이 지식을 힘으로 사용한다면 엄청난 힘을 발휘할 수 있어서 그것을 운용하는 사람에게 거대한 지적 힘을 부여할 것이다. 지금의 우리야말로 이런 종류의 지식을 자랑스러워하고 있고 그것에 만족하고 있으면서 결코 그 지식 너머에 있는 것을 보려 하지 않는다. 내 생각에, 우리야말로 그런 지식에 머물러 최고로 행복해 하는 사람들 중에 속한다.

하지만 그런 모든 지식에도 불구하고, 초월은 있다. 그리고 일단 그것을 한 번 본 사람은, 마치 태양을 본 사람과 같아서 그 사람은 어디를 보든 태양의 이미지를 보게 된다. 만일 여러분이 그런 사람에게 유한한 것들에 대해 말하면, 그는 유한이란 무한이 없이는 불가능할뿐더러 무의미하다고 말할 것이다. 죽음에 대해 말하면 죽음을 탄생이라고 부를 것이고, 시간에 대해 말하면 시간은 영원의 그림자일 뿐이라고 말할 것이다. 우리에게 감각기관은 편리한 도구이자 이로운 장기臟器이며, 지식의 가장 강력한 엔진일 테지만, 그에게 감각기관은 사기꾼까지는 아니라 하더라도 우리 영혼의 비상飛上을 제한하는 무거운 차꼬일 따름이다. 우리에게는 이 땅, 이 삶, 우리가 보는 것, 듣는 것, 만지는 것 모두가 확실하다. 여기 우리 집이 있고 우리의 의무가 있으며 우리의 즐거움이 있다고 우리는 느낀다. 하지만 그에게 이 땅은 한때는 없었던 것이었고, 앞으로 다시 사라져 없어질 어떤 것이다. 이 삶 역시 곧 깨어날 짧은 꿈이다. 그는, 우리가 가장 확실하게 알고 있는 것, 다시 말해 보고 듣고 만지는 것들에 관해 스스로 가장 무지하다고 말한다. 그리고 우리가 말하는 집이나 안식처에 대해, 그런 것은 결코 이 땅에는 없다고 말한다.

그들을 그저 공상가들로만 여기지 말라. 공상가들과는 거리가 멀다! 우리가 스스로에게 정말 솔직해진다면, 우리 모두가 때로 이런 초월적 영감의 방문을 받았음을, 또 워즈워드의 다음과 같은 시구를 이해할 수 있었음을 고백치 않을 수 없을 것이다.

"우리에게서 떨어져나가 사라져버린
저 외부세계와 감각들에 대한 끈질긴 물음;
비실재의 세계를 이리저리 떠도는
저 피조물에 대한 의혹과 불안."

이런 초월적 기질은 다른 어디서보다 인도인의 성품에서 가장 완벽하고 고귀하게 성취되었다. 하지만 '초월에 대한 동경'이 전혀 없는 나라나 개인은 없다. 이런 사실은 우리에게 귀에 익은 단어를 통해 쉽게 알 수 있다. 종교란 단어가 바로 그

것이다. 하지만 종교 일반과 어떤 특정 종교는 구별하는 것이 필요하다. 이는 마치 언어 일반과 어떤 특정 언어 혹은 언어들과의 구별이 필요한 것과 마찬가지다. 어떤 사람이 어떤 종교를 받아들일 수 있고, 이를테면 기독교라는 종교로 개종할 수도 있다. 또한 자신의 종교를 세월에 따라 바꿀 수도 있다. 그것은 우리가 때에 따라 다른 언어로 말할 수 있는 것과 같다. 그러나 어느 특정한 종교를 가지기 위해서는 우선 종교 일반을 가지지 않으면 안 된다. 적어도 인생의 어느 한순간에, 이 세상의 지평선 저 너머를 건너다보는 경험, 자신의 마음속에 다시는 지워지지 않을 무한에 대한 강렬한 인상에 자기를 망각하는 그런 경험을 해보아야 한다. 감각기관의 유한성을 의식치 못하고, 그것에 의한 인식이 제한적이고도 부정적이라는 것에 아랑곳하지 않으면서 그 세계에 만족해버리는 존재는, 어떤 종교적 개념도 가질 수가 없을 것이다. 인간이 지닌 모든 지식의 유한성을 깨닫게 된 때에라야 비로소, 인간의 마음은 유한의 너머에 있는 것, 우리가 초월, 보이지 않는 것, 무한, 초자연, 혹은 신성이라고 부르고 싶어하는 것을 생각할 수 있지 않을까? 어떤 종류의 종교이든 그것이 가능하려면 반드시 이와 같은 단계가 사전에 필요하다. 그런 후에 어떤 특정한 종교가 되는가는 그 종교를 정성들여 발전시키는 민족의 특성과 자연 환경과 역사 속에서의 경험에 좌우된다.

아주 많은 종교가 있다. 물론 내가 여기서 말하는 것은 민족적 혹은 토착적 종교라고 불리는 고대 종교들에만 한정되며, 여러 예언자나 개혁가들에 의해 후대에 만들어진 종교들은 제외된다.

그 종교의 가장 중요한 요점과 그것의 근원과 또 점진적인 발전에 대해 거의 알려지지 않은 고대 종교들 중에서, 유대교는 그 시초에서부터 완벽하고 완전한 것으로 우리에게 알려져왔다. 하지만 이 종교가 정말 언제 시작되었고 어떤 역사적 발전을 거쳤는가를 알아내는 작업은 아주 지난하다. 그리스나 로마의 종교, 튜턴이나 슬라브, 혹은 켈틱의 종교를 들더라도, 이미 오래전에 묻혀버린 그들의 성장 과정은 알 수가 없고, 우리가 알 수 있는 한에서 말한다면 그 종교들은 가히 본질적인 형태조차 언제든지 바뀔 수 있는 완전한 변형을 계속해왔다.

이제 고대 인도에 살았던 주민들에게로 돌아가보자. 그들에게 종교란 단순히 여러 관심사들 중의 하나에 불과하지 않았다. 종교는 모든 것을 다 흡수하는 관심사로 비단 예배와 기도만이 아니라 이른바 철학과 도덕, 법과 행정 모두를 포괄하고 있었고 모든 것이 종교에 의해 관통되었다. 그들의 전 생애가 그들에게 하나의 종교였고, 종교 외의 다른 모든 것은 이생에서 덧없이 필요한 것들을 위해 그저 용인된 것에 지나지 않았다.

그렇다면 고대 인도의 종교문학이나 베다에서 우리는 무엇을 배울 것인가?

　　그리스의 신들이 원래 어떤 자연 현상과 연관되어 있었던
가를 아는 데는, 그리스 종교나 그리스어에 대한 깊은 지식이
필요치 않다. 어린아이라도 제우스는 하늘과 연관되어 있고,
포세이돈은 바다와, 하데스는 하계$^{下界}$와, 아폴로는 해와 아르
테미스는 달과, 헤페스토스는 불과 연관되어 있다는 사실을 안
다. 하지만 그리스적 관점에서 보면, 그런 연관성에도 불구하
고 제우스와 하늘, 포세이돈과 바다, 아폴로와 해, 아르테미스
와 달 사이에는 상당한 차이가 존재한다.

　　그렇다면 베다에서는 어떤 것들을 볼 수 있을까? 베다에
는 철학적인 노래가 여기저기 나오는데, 그 노래들만 유독 너
무 많이 인용되어서 사람들은 베다가 어떤 비의적인 노래를 모
아놓은 모음집이 아닌가 생각하기도 한다. 인도 신들을 호머의
시에 나오는 신들처럼 극적인 성격을 지닌 것으로 그려놓은 순
수하게 신화적인 노래들도 있다.

　　하지만 베다에 나오는 노래의 주종을 이루는 것은 불과
물, 하늘과 해, 폭풍에 대해 바치는 기도이다. 이런 자연 현상을
가리키는 단어들은 나중에 가서는 힌두신들의 이름이 되지만,
비합리적이고 신화적인 것과는 무관한 채 아주 존귀한 것으로
머물러 있었다. 폭풍이 멎기를, 하늘에서 비가 내리기를, 해가
비치기를 간원하는 사람을 비합리적이라 말할 수는 없다. 그런
사람의 행위 가운데 우리가 함께 공감하지 못할 것은 없다. 나
는 그런 행위에는 아무런 비합리성도 없다는 것을 말하고 있

다. 아니 아마도 다음과 같이 말하는 것이 보다 정확할 것이다. 인간의 이성, 비록 그것이 유치한 이성이라 하더라도, 이성이 그런 유치한 상태로부터 성장한다는 것을 아는 사람이라면 아무도 그런 행위에 놀라지 않을 것이라고. 드러난 표현과 드러내는 행위를 혼동하고, 효과를 원인과 혼동하고, 행동을 행동하는 자와 혼동하는 유치한 마음을 가지려는 경향이 원시 인간들에게 있었다. 이를 어떤 식으로 부르든 상관은 없으며 이런 경향은 정령신앙, 인격화, 은유, 시 등을 만들어낸다. 이 이름들이 지니고 있는 일반적 의미를 우리 모두는 알고 있다. 우리는 그런 것들이 실제로 존재한다는 것을 안다. 예를 들어, 의자에서 굴러 떨어졌다면서 의자를 때리고, 개를 나무라며, '비야 스페인으로 물러가거라.' 식의 노래를 부르는 철없는 어린아이들이 있다. 바로 이 아이들에게서 배울 수 있다. 앞에서 말한 모든 것들이 일견 비합리적으로 보일지 몰라도, 인간 심성의 유치한 초기 단계에서는 그것대로 극히 합리적이고 자연스러우며 또 필수불가결한 것이라는 사실을 말이다.

『리그베다』의 노래에는, 고대 종교의 성장 단계 중에서 바로 이 단계가 우리 앞에 명확히 드러나 있다. 이 단계가 존재할 것이라고 짐작했고 또 주장해왔지만, 여기 외에 어떤 다른 곳에서도 결코 찾아볼 수 없었다. 인도문학이 우리를 위해 보존해준, 인간 심성의 역사의 아주 오래된 한 장[章]이다. 그리스나 로마, 여타의 다른 곳에서도 찾으려 했지만 헛수고로 끝났다.

인류학자들은 스스로를 '인간을 공부하는 사람'이라고 부른다. 그 인류학자들은 인간 발달의 가장 첫 단계인 선사시대를 알기 위해서는, 오늘날에도 아시아나 아프리카, 폴리네시아, 아메리카 등지에서 찾아볼 수 있는 야생[미개] 국가들을 연구해야 한다고 생각했다.

이런 생각에는 많은 진실이 자리한다. 웨이츠, 타일러, 러벅 등의 여러 인류학자들의 작업에 집적되어 있는 여러 관찰은 진정으로 소중하다. 하지만 정말 정직하게 말한다면, 우리가 의존할 수밖에 없는 이런 자료들이 종종 신뢰를 결하고 있다는 사실을 고백하지 않을 수 없다.

하지만 이 정도의 인식만으로는 아직 멀었다. 우리와 동시대의 야생 부족들의 역사에 대해 우리는 과연 얼마나 알고 있는가? 그들의 조상에 대해 생각해본 적은 있었던가? 지금의 그들로 되기까지 어떤 경과를 거쳤는지를 아는 것이야말로 가장 중요하고 가장 필요한 지식임을 우리는 알고 있는가? 물음이 이 지점에 이르면, 그들의 언어에 주목할 수밖에 없게 된다. 그리고 그 언어에서 우리는 먼 시대로 거슬러올라가는 진화의 흔적을 찾을 수 있다. 호머의 그리스어와 베다의 산스크리트어가 그것이다. 그들의 언어는 이른바 이들 야생인들이, 그들의 복잡한 신화 체계와 부산스런 관습들, 헤아리기 힘든 변덕과 야만성과 함께, 어제오늘 갑자기 만들어진 단순한 창작품이 아님을 증명한다. 이 야생인들이 어제오늘에 불쑥 만들어졌다는 것을 받아들일 수 없을진대, 저들의 언어는 인도인이나 그리스인, 로마인들만큼 오래된 것이며 우리 자신들만큼 오래된 것이 틀림없다. 물론 우리 좋을 대로만 쉽게 생각한다면, 그 사람들의 삶이 큰 변화 없이 정적靜的으로 유지되어왔고 지금 사람들이 3천 년 전의 인도인과 다를 바가 없다고 생각할 수도 있다. 하지만 그런 것은 단순한 추측일 뿐이고 그들의 언어에 나타난 실제 사실들과 배치된다. 그들은 헤아릴 수 없이 많은 부침을 통과해왔을 수 있고, 우리가 야만적이라고 여기는 어떤 상태는 오래전의 야생으로의 퇴행이거나 그 전 어느 시기의 보다 합리적이고 지적인 것이 타락한 결과로 생긴 것일 수 있다. 우선 가장 원시적인 야생 부족들이 결혼하는 방식을 한 번 생각해보자. 그 야단스럽고 복잡한 모습은 이해를 불허한다. 거기에서 펼쳐지는 모든 것들이 편견과 미신, 자만심과 어리석음, 그리고 허황된 짓거리쯤으로 여겨진다. 하지만 그럼에도 불구하고 그런 불합리 투성이 가운데 여기저기서 어떤 합리성의 낌새를 눈치 챌 수 있다. 우리는 분별이 무분별로 점차 떨어져가고, 어떤 규범이 의례가 되고, 그 의례가 또 익살극이 되어가는 모습을 볼 수 있다. 그렇다면, 야생적 삶의 표면 아래에 감춰진 것을 파낼 능력이 우리에게 없다는 이유만으로, 그 겉모습만을 인류의 가장 낮은 켜, 문명의 첫 출발점으로 간주할 수 있을까?

이 지점에서 나는 오해받고 싶지 않다. 나는, 오늘날 우리가 이른바 자연 속의 어떤 나라를 연구할 수 있는 것처럼, 야생 국가들의 우화나 전통, 노래들을 흔쾌히 받아들인다. 내가 고대 인도문학을 옹호하는 것도 이것과 동일선상에 있다. 이 둘 모두가 인류학 연구자에게 중요한 기록 자료이다. 나는 호텐토트나 부시맨의 주문呪文을 통해서보다, 베다를 통해서 시작점에 더욱 근접할 수 있고 보다 지적인 시작점에 다다갈 수 있다고 말할 뿐이다. 하지만 이 시작점이란 것도 세상 만물의 시작점, 다시 말해 절대적 시작점을 뜻하는 것은 아니다. 인간이 네 발로 기다가 두 다리로 설 수 있게 된 순간, 그 인간의 입에서 돌연히 베다의 노래가 터져나왔을까? 오래 계속되어온 의문이긴 하지만, 이 물음에 그렇다고 대답할 수 있을 사람은 없을 듯하다. 식견이 있는 사람이라면 누구라도, 베다의 모든 노래나 말들 속에는, 마치 숲속에 베여 누운 오래된 나무에서처럼, 그 처음 나이테를 가릴 수도 없을 만큼 수없이 많은 나이테가 있음을 알 수 있다.

나아가 이미 앞에서도 말한 바이지만, 이렇게도 볼 수 있다. 베다의 노래들이 기원전 천오백 년에서 천 년 사이에 만들어진 것이라면, 그렇게 오래전의 시대에, 인도인들은 우리가 보기에 아주 현대적으로 여겨지는 생각을 어떻게 지닐 수 있었을까? 열 권의 책 중의 한 권인 베다 노래 모음집이 불교 성립 5백 년 전인 기원전 천 년에 이미 있었다는 사실을 부정하려면, 어떤 확실한 근거가 있지 않으면 안 된다. 연대를 후대로 끌어내려줄 무언가가 앞으로도 결코 발견되지 못할 것이라는 뜻이 아니다. 내가 말할 수 있는 것은, 지금 우리가 알고 있는 한에는, 또 정직한 산스크리트 학자들이 알고 있는 범위 내에서는, 베다문학을 불교 성립 5백 년 전보다 더 후대로 끌어내릴 수가 없다는 사실이다.

그렇다면 이제 어떻게 해야 할까? 사람들이 야생(미개)인이라는 말에 대해 갖고 있는 선입견에서 잠시 벗어나야만 할 것이다. 가령 3천 년 전에 살았던 사람들의 생각이 원시적이지 않을 뿐 아니라 19세기적인 사고와 그리 동떨어지지 않는다면, 우리는 원시 야생인에 대한 우리의 개념을 얼마간은 교정해야만 할 것이다. 또한 현명하고 똑똑한 자에게는 숨겨져 있던 것들이 때때로 천진한 어린아이에게서 드러나기도 한다는 사실을 기억할 필요가 있을 것이다.

그러므로 나는 인간에 대한 연구에서, 혹은 아리아인에 대한 연구에서 베다만큼 중요한 것은 없다고 주장한다. 또한 자기 스스로에게, 자신의 조상에게, 자기 역사에, 자신의 지적 발달에 관심을 가지고 있는 사람이라면 누구든지, 베다문학의 연구가 필수적임을 주장한다. 또한 베다문학의 연구는 교양교육의 중요 요소로서, 바빌로니아나 페르시아 왕들의 치세뿐만 아니라 유대나 이스라엘의 여러 왕들의 연대나 치적에 대한 연구보다도 훨씬 중요하고 훨씬 유익하다고 주장한다.

이런 사실들을 받아들이는 데 주저하는 사람들의 태도는

이해하기가 어렵다. 더구나 누구보다도 환영해야 할 사람들인
인류학 연구자들이 그러는 것은 더욱 이상하다. 우리에게 기
적처럼 다가온 이 문헌자료들의 연구에 그들의 모든 에너지를
바치는 대신, 이런 자료들은 왜 공부할 필요가 없는 건지 그 핑
계 찾기에만 골몰한 모습이다. 영어와 불어 또 독어로 된『리그
베다』번역본이 여러 권 나와 있다고 해서 우리가 베다에서 배
울 수 있는 교훈을 모두 알았다고 생각지는 말자. 전혀 사실과
다르다. 이 모든 번역본들은 잠정적인 완성도만을 지니고 있
을 뿐이다. 지난 30년 동안 중요한 베다 노래들을 제법 많이 번
역해온 나로서도, 베다의 번역본으로서 마땅히 갖추어야 할 기
준에 부합하는 표준적인 자료집은 한 권 정도밖에 발행하지 못
했다. 외람되게도 합리적 번역<sup>traduction raisonnee</sup>이라고 이름붙인 그
번역본에는, 겨우 열두 편의 노래가 책 전체를 차지하고 있다.
우리는 지금 베다의 겉껍질 정도를 핥고 있을 뿐이다. 그럼에
도 학자와 비평가들은, 베다를 통해서는 그들이 원하는 바인
인간의 원초적 상태에 대한 지식을 얻을 수 없다는 주장을 하
고 있다. 이 원초란 말을 모든 것에 앞서 있다는 절대적 의미로
보면, 그들은 결코 얻을 수 없는 것을 얻으려고 헛수고를 하고
있는 셈이 된다. 아닌 말로, 최초의 호모 및 페미나 사피엔스인
아담과 이브가 나누었던 개인적 편지를 발견했다 하더라도 그
런 절대적 처음의 상태는 찾을 수 없다. 우리가 쓰는 원초라는
말의 뜻은, 우리가 캐낼 수 있다고 생각하는 한 최고<sup>最古</sup>의 지식

이 가르쳐주는, 가장 초기의 상태를 말한다. 언어라는 비밀스런 서랍에 감춰진 오래된 기록들은, 모든 아리아족이 공통으로 쓰는 귀중한 단어들과 그 개개의 단어들을 만들어내는 가장 기본적 음소$^{音素}$들에 녹아 있다. 진정한 인류학 연구자와 진정한 인간 탐구자에게 주는 가르침으로 가득 찬 문학적 유증을 들라면, 그런 언어 내적 기록들을 포함하고 있는 『리그베다』만한 것이 없다.

# 제4강

----

# 베다 문화는 독창적인가?

- 반대 의견들에 대한 응답-

논쟁은 종종 이롭기만 한 것이 아니라 해롭기도 해서, 사람들로 하여금 겉만 번지르르한 말솜씨나 속임수 같은 가장 좋지 않은 재주를 부리게 하고, 세상을 그 전보다 더 성가신 상태로 만들기도 한다. 지구가 우주의 중심임을 증명해야 하는 억지스러운 재판이라 하더라도 영리하고 약은 변호사라면 꺼릴 이유가 없고, 아무리 공정한 배심원들이 있는 영국 법정이라 해도, 갈릴레오가 틀렸다는 평결을 얻어내는 것이 오늘날에도 불가능하지 않다는 말이 있다. 오늘날 우리가 당연하게 받아들이는 단 하나의 사실에도, 그것을 지지하고 진전시키기 위해 뭇 사람들의 지난한 노력이 필요했다는 사실을 사람들은 알고 있다. 그런 과정을 거쳐 갈릴레오의 주장은 옳은 것으로 받아들여지고 있는데, 갈릴레오의 신념이 그런 것처럼 진실에는 모든 반대를 극복하고 살아남는 힘과 생기가 있다는 사실을 나는 부인하지 않는다. 나는 또, 최고의 일을 해낸 사람, 지식의 발전과 진실의 진전에 가장 크게 기여한 사람들은 불필요한 논쟁에 자신의 시간을 허비하지 않았고, 칭찬하는 오른쪽으로도 비난하는 왼쪽으로도 신경 쓰지 않고 곧게 자신의 길을 갔었다는 사실을 주저 없이 받아들인다. 이 모두는 확실히 맞는 말이다. 하지만 지금 내게는, 베다문학의 성격과 역사적 중요성에 대해 내가 제시한 관점에 맞서서 제기된 여러 반대 의견에, 내 한 강좌 전체를 바쳐서 대답할 수밖에 없다는 생각이 든다. 여기서 거론되는 주제는 모두가 새로운 주제이고, 유능한 평가자의 수는 적으며, 실수는 가능하다는 정도를 넘어 오히려 필수적이라는 사실을 잊어서는 안 된다. 실수는 넘치도록 흔한데, 능력 있는 사람의 실수는 종종 교훈을 주고 때에 따라 진리의 발견에 필수불가결할 수도 있다. 부담 없이 무시할 수 있는 비판들이 있다. 비판을 위한 비판이나 비열한 동기에 의한 비판이 그것이다. 하지만 그것 자체로 납득이 되는 의심과 비판도 있으며, 해결되기만 하면 진실을 찾는 데 지름길이 되는 그런 반대도 있다. 이런 원칙은 인도문학에서 가장 확실히 적용되고 시행된다. 어떤 주제가 시작되더라도 푸르바팍샤, 즉 반대 의견으로부터 시작된다. 어떤 하나의 의견에 대해 가능한 모든 반대 의견으로부터 논의를 시작한다. 아주 경박하거나 전적으로 어리석은 반대만 아니라면 어떤 반대라도 환영된다. 그런 후에 우타라팍샤, 즉 지지 쪽 의견이 나온다. 반대 의견에 반대하고 또 원래의 의견을 지지하면서 가능한 모든 의견이 개진된다. 이런 과정이 완결된 후에야 비로소 시단타, 다시 말해 확립된 어떤 의견이 표명된다.

지난 첫 강의의 요점은, 아무런 조건 없이 그저 받아들여야 할 사항으로서, 인도는 고대이건 현재이건, 우리의 관심과 공감에 값하는 나라이며, 우리의 신뢰를 받을 만한 나라이지, 습관적으로 진실을 무시한다는 등의 형편없는 비난을 받을 만한 나라가 결코 아니라는 사실을 말했다.

두 번째 강의의 요점은, 고대 인도문학은 단순히 진기한 골동품으로 간주되어서는 안 되며, 동양학 학자들만이 즐기도록 그들에게 떠넘겨져서도 안 된다는 사실이었다. 그와는 달리 산스크리트어라는 그들의 언어와 베다라는 그들의 문학적 기록은, 우리 자신의 언어의 근원에 대해, 우리 자신의 개념의 첫 형성에 대해, 또한 문명이라는 이름, 적어도 아리아족 — 우리 자신과 세상의 모든 위대한 나라들인 인도와 페르시아, 그리스와 로마, 슬라브와 켈트, 그리고 마지막으로 튜턴 국가들이 포함되는 — 의 문명이라는 이름 아래 이해되는 모든 것들의 싹에 대해, 다른 어떤 것도 줄 수 없는 가르침을 우리에게 준다. 지질학자가 아니더라도 유능하고 좋은 농부가 될 수 있다. 그가 발 딛고 서 있는 지표에 대해서 모르더라도, 또 자신이 일하고 있는 토양을 받쳐주고 거기에 영양을 공급해주는 지표 아래의 지층에 대해 모르더라도 좋은 농부가 될 수는 있다. 그리고 굳이 역사가가 아니더라도 유능한 시민이 될 수 있다. 우리가 살고 있는 이 세상이 어떻게 생겨났는지, 그리고 지금 그가 살고 있는 지적 토양이 형성되고 거기에서 자양분을 공급받기까지, 언어와 종교, 철학에 있어서 얼마나 많은 과정을 거쳐왔는지를 모르더라도 좋은 시민은 될 수 있다.

하지만 언제나 고귀한 정신은 있는 법이어서, 그런 정신을 가진 사람들은 위에서 말한 것들을 모두 알고 있으면서, 또 우리가 지금 가지고 있는 최고의 것들의 근원을 추적해낸다. 비단 노르만족의 귀족, 스칸디나비아의 바이킹, 색슨족의 귀족들만이 아니라, 수천 년 전 구슬땀을 흘리며 우리를 위해 애쓴, 그들이 없었더라면 오늘의 우리가 결코 존재할 수 없는, 더 오래전의 조상과 은인들까지도 찾아낼 수 있다. 그들은 다름 아닌 모든 아리아족의 조상들, 우리말을 처음으로 만든 사람들, 우리 사상을 노래한 첫 시인들, 우리 법을 처음으로 제정한 사람들, 우리 신들을 대변한 첫 예언자들, 그리고 모든 신들 위에 있는 하느님의 예언자들이다.

눈에 보이는 것 저 너머의 사실들을 알고 있고, 또 알고자 하는 저 고귀한 정신 — di color che sanno(아는 자들의, 단테의 『신곡』 지옥편에서 아리스토텔레스를 이르는 귀절의 일부: 역자) — 은 그런 정신을 가지고자 하는 모든 사람에게 열려 있다. 단어가 뜻하는 바 그대로의 역사가, 다시 말해 지나가긴 했지만 잃어버린 것은 아닌 과거가, 과거를 위한 감각과 우리 사상의 계보에 대한 관심을 지니고 있고 우리 지성의 선조들에 대한 존경을 지닌 모든 이와 탐구자들에게 열려 있다.

　세 번째 강의에서 나는, 베다 시대의 고대 인도문학이 동양학 학자에게만이 아니라, 지금의 우리가 어떻게 해서 우리가 되었는지를 알고자 하는 19세기의 영국에 사는 교육받은 모든 사람들에게 주의 깊은 관심을 받아야 할 가치가 있음을 말하면서, 인도와 유럽이라는 서로 다른 토양에서 인간의 성격은 어떤 차이를 가지고 발전해나왔는가를 설명하고자 애썼다. 인도인들에게는, 우리가 가장 귀하게 여기는 실용적 성취와 인본적 덕목의 많은 부분에 있어서 부족한 점이 있음을 인정하지만, 명상과 초월 등, 인도인이 우리보다 더 우수한 부분이 있다는 점을 지적하고 싶다. 우리가 너무도 쉽게 무시하고 망각하는 인생의 어떤 교훈들을 그들로부터 배울 수 있는 곳이 바로 이 지점이다.

　이제 네 번째 강의에서는, 비록 나 스스로 베다 시대 인도인들의 지혜와 종교, 철학에 대해 너무 큰 기대를 불러일으키고 있는지도 모른다는 두려움이 있긴 하지만, 다음과 같이 덧붙이지 않을 수 없다. 베다의 종교는 어느 면에서 원시적이기는 하지만, 인류학적인 의미에서의 원시적 종교로 치부해서는 안 된다는 점이다. 다시 말해 이제 막 껍질을 깨고 나와 바깥세상을 두리번거리는 그런 존재로 보아서는 안 된다. 베다는 원시적이라고 불릴 수도 있다. 왜냐하면 그보다 더 오래된 문헌이 없기 때문이다. 하지만 베다에서 우리가 만날 수 있는 언어와 신화, 종교와 철학은 어느 누구도 감히 어느 한 시대에만 가

뒤놓을 수 없는 광활한 시야를 열어 보인다. 그렇다. 단순하고 자연스럽고 유치한 사고들 바로 곁에, 현대적인 아이디어들이, 내가 잘 말하는 바와 같이 이차적 삼차적 사고들이 자리하고 있는데, 그럼에도 불구하고 다른 어떤 문헌들보다 오래되었고, 베다를 발견하기 전까지는 전혀 알지 못했던 인간 역사의 한 장에 대한 신뢰할 만한 정보를 제공해준다.[1]

하지만 이런 우리 주장이 쉽게 받아들여지는 것은 아니다. 베다를 역사적 기록물로 보는데 대한 반대 의견도 많다. 그 중 몇몇은 때로 나 자신도 깊이 경청할 정도로 비중 있는 것들이다. 이밖에도 들어볼 만한 가치가 있는 의견들도 더러 있어서, 우리가 하는 주장의 근거를 시험해볼 수 있는 기회가 되기도 한다.

베다를 역사적 기록이라고 보는 우리 견해에 대해 반대하는 의견의 첫째로는, 베다가 그 성격상 전체 민족의 사상을 반영하는 것이 아니고 브라만 계급, 그것도 일부 소수의 브라만 계급의 사상만을 기록해놓은 전문적 사제 집단의 기록이라는 주장이다.

하지만 반대는 불합리한 자기주장에 근거해서는 안 된다. 성경이 유대인들을 대표하고 호머가 그리스인들을 대표한다

---

1. 바빌론의 원통 인장이나 이집트의 파피루스에 문학이라는 이름을 부여한다면, 이 문건들이야말로 『리그베다』 열 권의 책에 들어 있는 송가들에 지금까지 부여해 온 어떤 시기보다 더 고대의 것이라고 인정해야 할 것이다.

고 말하면서 베다의 노래가 고대 인도인 전체를 대표하고 있지
않다고 말하는 그들은, 정작 자신들의 의도가 무엇인지 스스로
알고 있는 것일까? 진정한 역사가는 베다가 고대 인도인 중 소
수의 사제 계급을 대표한다는 주장을 부정하려 하지 않는다.
다만 그런 진정한 역사가는 구약성서나 호머의 시에 대해서도,
베다에 반대하여 기울이는 의심과 주의를 똑같이 기울이려 들
것이다.

　물론, 구약성서를 구성하는 여러 책들은, 성스런 정전正典
으로 결집된 후에 유대인 대다수에게 널리 알려졌을 것이다.
이런 사실은 의심의 여지가 없다. 하지만 메소포타미아나 가나
안, 혹은 이집트 등지에 있었을 때의 유대인의 원시적 상태와
그들의 도덕적, 지적, 종교적 상황 등에 관해 말해야 할 경우,
구약성서를 구성하는 각각의 책들을 통해서 전체 유대인의 상
황을 알 수는 없다는 사실을 받아들일 수밖에 없다. 그것은 호
머의 시가 모든 그리스 부족들의 상황을 말해줄 수 없고 베다
의 노래가 인도인 모두를 표현할 수 없는 것과 마찬가지다. 그
리스나 로마의 역사를 말할 때 역시, 그 나라들 전체의 사회 종
교적 삶과 지적 삶의 완전한 모습을 찾을 수는 없다. 이런 사실
은 중세에도 마찬가지로 적용되며 오늘날에 대해서도 그대로
적용할 수 있다. 장군들에 대해서 사령관에 대해서 알 수 있을
뿐이지, 수많은 개인들에 대해서는 전혀 모른다. 그리고 왕이
나 장군, 대신 들에 대해서 안다고 해도, 그것들은 그런 기록을

남긴 소수의 그리스 시인이나 유대 예언자들의 생각에 불과하다. 그 시인이나 예언자는 수많은 동시대인들 중의 한 사람에 지나지 않았다.

하지만 또 이렇게도 말할 것이다. 글쓴이는 적었어도 독자는 많았을 것이라고. 정말 그랬을까? 오늘날 책을 읽는 사람들이 얼마나 적은가를 알면 여러분은 아주 놀랄 것이다. 나는 그렇게 믿는다. 더구나 고대에 책을 읽을 수 있었던 사람은 소수의 특권계급뿐이었다. 옛날에는 청중들이 있었다. 처음에 사적 혹은 공적 축제나 제사 등에서 이들을 찾아볼 수 있었고 나중에는 극장에서 찾아볼 수 있었다. 하지만, 우리들이 지금 사용하고 있는 뜻으로서의 독자층이라는 개념은 아주 최근에야 형성되었다.

오늘날과 같이 광범위한 영역에서 독서 행위가 퍼져 있었던 적은 없었다. 오늘날 모든 사람이 읽을 것이라고 생각되는 책 ―『맥콜리의 영국사』, 『콘서트 왕자의 일생』, 다윈의 『종의 기원』 등 ―이 얼마나 팔렸는지를 그 책의 출판사들에게 물어보라. 그러면, 3천2백만 인구 중에 그 책들을 가진 사람들이 백만 명도 안 된다는 사실을 알 수 있을 것이다. 근래에 가장 많이 판매되는 책은 아마도 개역 신약성서일 것이다. 하지만 영어를 사용하는 전체 인구를 8천만 명으로 볼 때 이 책의 판매 부수는 4백만 부 미만이다. 아주 성공을 거둔 일반 서적의 경우를 보더라도, 영국의 경우, 출판사나 저자 모두 3-4천 부가 팔리면 적게 팔린 것이 아니라고 여긴다. 하지만 다른 나라, 예를 들어 러시아의 경우를 보면, 그 나라 전체를 대표하는 책은 커녕 아주 작은 집단 정도를 대표하는 책조차도 찾아보기가 힘든 실정이다.

또한, 그리스나 이탈리아, 페르시아나 바빌로니아 등의 고대 국가들을 생각해보면, 호머의 시 등은 예외로 치더라도 수천 명 이상이 읽거나 혹은 듣거나 한 책은 과연 어떤 것들이 있었을까? 우리는 그리스나 로마인들을 문학적 민족이라 생각한다. 물론이다. 하지만 우리가 말하는 문학과는 전혀 다른 뜻으로서 그렇다. 우리가 여기서 말하는 그리스인이나 로마인은 주로 아테네나 로마 시민을 말한다. 그 시민들 중에서 플라톤의 『대화』나 호라티우스의 『서간시』 같은 작품 정도를 쓰거나 읽을 수 있었던 사람은 손으로 꼽을 수 있을 정도로 적은 수의 지적 귀족계급들이었다. 우리가 역사라고 부르는 것 — 과거에 대한 기억 — 은 언제나 소수의 작업이었다. 무수히 많은 사람들이 태어났다 사라져갔으나, 말과 생각을 결합하여 아름다운 형식으로 녹여낼 줄 아는 소수의 사람들만이 과거에 대한 증언자로서 살아남았다.

『리그베다』가 그려내고 있는 시대처럼 우리와 아주 먼 시대를 말하거나, 너무 희미한 나라, 다시 말해 3천 년 전의 인도처럼 아직 뚜렷하지 않은 나라를 말할라치면, 베다의 시들에서 우리가 볼 수 있는 것은 역사의 지평 너머 완전히 사라진 나라의 전체 산맥을 대표하는 소수의 눈 덮인 산꼭대기일 뿐이다. 이것은 조금만 생각해보아도 알 수 있는 사실이다. 베다의 노래를 3천 년 전 인도의 종교와 사고, 그리고 관습을 그려내는 것이라고 간주한다면, 우리에게 남은 유일한 대변자들인 베다의 시인들의 표현을 통해 그 옛 인도를 유추해볼 수 있는 것 이상의 인도는 알 수가 없다. 지금의 인도를 말하면, 인더스강과 갠지스강이라는 두 팔 사이에 벌어진 히말라야산맥으로부터 코모린곶과 실론에 이르는, 유럽 대륙과 맞먹는 광대한 반도에 살고 있는 세계 인구의 6분의 1인 2억 5천만의 인구를 생각한다. 베다에 그려진 고대의 왕들과 시인들이 활동한 무대는, 베다 시인들의 일곱 강이라는 뜻인 삽타 신다바로 불리는 오늘날의 인더스강과 펀자브의 계곡이었다. 당시에 갠지스강 유역은 잘 알려져 있지 않았고 데칸고원은 발견도 되기 전이었다.

다시 본론으로 돌아와서, 이 베다의 노래들을 인도 전체의 천재성의 결집이 아니라 소수 사제들의 노작努作의 결과라고 말한다면, 그것은 무슨 의미일까? 원한다면 베다를 지은 시인들을 사제라고 부를 수도 있음은 물론이다. 그리고 베다의 시가 그 전편에 걸쳐 종교적 신화적 철학적 표현뿐 아니라 희생제적 혹은 제의적인 기발한 표현들로 가득 차 있음을 부인할 수도 없다. 하지만 사제라는 것도 그 연원을 거슬러올라가 보면 단지 장로Presbyteros라는 의미이고, 저 베다의 시인들은 전체 계급을 대표하거나 그들이 속해 있던 마을공동체의 이름을 대표하여 말할 수 있는 권리를 완벽하게 가지고 있었다. 바시쉬타를 사제라고 부를 때, 그가 매닝 추기경 같은 존재였다고 생각하지는 말아야 한다.

대부분 순전히 가설일 뿐인 저들의 주장에 대해 가능한 모든 양보를 다 한 후, 우리는 다음과 같은 위대한 사실을 발견한다. 『리그베다』에는 신과 인간에 대해, 희생과 전쟁에 대해, 자연의 여러 모습과 변화하는 사회의 여러 조건에 대해, 의무와 열락悅樂에 대해, 철학과 도덕에 대해, 그 이전에는 어떤 소리도 들을 수 없었던 아득히 먼 곳으로부터 우리에게 와닿아 명료한 목소리로 말해주는, 완벽한 언어로 정교하게 만들어진 시들이 있다. 하나, 이런 거의 기적적인 발견에 기쁨으로 전율하는 대신, 비평가들은 결점만을 찾는다. 베다의 노래들이, 그 비평가들이 생각하는 바대로의 야생인들—나무에 올라가서 살며 거의 동물처럼 말하는 파푸아인이나 부시맨—을 그려내지 않고, 나무등치나 바위를 숭배하거나 주물呪物을 숭배하는 미개인으로도—콩트의 내적 의식에 의하면 마땅히 그러해야 할—그려내지 않기 때문이다. 여기서 고백하지 않을 수 없지만, 베다는 오히려 우리가 이해할 수 있고 부분적인 공감도 가능한 사람들로 그려내고 있으며, 우리는 그들을 인간 지성의 역사적 진전과정에서 고대 유대인이나 그리스인과 그리 멀지 않는 자리에 위치시킬 수 있다.

다시 말하거니와, 야생인[원시인]이라는 말을 빙하기가

161

끝나고 지구가 사람이 살 수 있는 땅이 된 직후에 살던 사람을 뜻하는 것으로 쓴다면, 베다의 시인들은 결코 야생인이 아니다. 야생인이라는 말을, 불을 사용하는 법을 모르고 타제(打製) 석기를 쓰며 날고기를 먹던 사람들을 가리키는 것으로 쓴다면, 베다의 시인들은 야생인이 아니다. 야생인이라는 말을 토지를 경작하지 않고 한 자리에 고정된 집을 가지지 못했으며, 왕이나 제의, 법을 갖지 못한 사람들을 뜻하는 것으로 쓴다면, 베다의 시인들은 야생인이 아니다. 하지만 이와는 반대로, 야생인을 이 땅에 살다간 흔적을 문헌적 유증으로 남긴 최초의 아리아인을 뜻하는 것으로 쓴다면, 나는 베다의 시인들을 야생인이라 부를 것이다. 베다의 언어를 야생의 언어라 부를 것이며, 베다의 종교를 야생의 종교라 부를 것이다. 그리고 이 모든 것을, 우리가 우리 종족의 전체 역사에서 되살려내려 하는 그어떤 것보다 더욱 야생적이라고 말할 것이다.

베다에 대한 이런 모든 폄훼의 시도가 실패하자 저들로부터 마지막 카드가 던져졌다. 고대 베다의 시가 인도 밖의 다른 나라에서 기원했다고 하기는 뭣해도, 그 타국의 것들에 너무 많이 오염되었고 특히 셈족의 영향을 많이 받았다는 것이 그것이다. 이런 주장에 대해 산스크리트 학자들은, 베다가 아주 초기의 종교적 사고에 대한 통찰을 우리에게 허용할 뿐 아니라, 베다의 종교가 외적 영향 없이 발전한 유일한 종교라는 점과 다른 어떤 종교보다 더 긴 세기 동안 지속되어왔다는 점이, 자신들이 베다문학에서 느끼는 중요 매력 중의 하나라고 늘 주장해왔다. 외부로부터의 영향을 받았다는 주장에 관해서 말한다면, 고대 로마의 종교의 경우 그것에 끼친 에트루리아나 페니키아의 영향은 말할 것도 없고, 로마 종교 안에서 이탈리아나 그리스적 성분을 구별해낸다는 것이 얼마나 힘겨운지를 우리는 알고 있다. 또한 그리스의 종교에서, 어느 것이 고유의 것이고 어느 것이 이집트나 페니키아, 스키타이에서 온 것인지를, 요컨대 외부 사고의 빛에 의해 채색된 것이 어떤 것인지를 가려내기가 어렵다는 것을 안다. 유대교에서마저도 바빌로니아나 페니키아, 더 후대로 오면 페르시아의 영향이 발견되어왔다. 현대로 오면 올수록 사고의 섞임은 더 광범위해지며, 공통의 지적 조류에 어느 국가가 얼마만큼 기여했는지를 구분하기가 더 어려워진다. 유독 인도를 두고 말한다면, 베다의 인도야말로 고유의 토양에서 고유의 공기를 숨 쉬며 자란 식물이라 할 수 있다. 베다의 종교는 모든 외래의 감염으로부터 완벽히 지켜져왔기 때문에 다른 어떤 종교에서도 배울 수 없는 종교적 교훈을 가득 담고 있다.

베다의 비판자들은 여기에 대해 무어라 말할까? 그들은 바빌로니아로부터 영향을 받은 흔적이 베다에 뚜렷이 남아 있다고 말한다.

좀더 세밀하게 살펴야 할 것으로 생각된다. 왜냐하면 이런 주장이 별것 아닌 것 같지만 아주 광범위한 의미를 내포하고 있기 때문이다.

『리그베다』 VIII장 78, 2절에는[2] 다음과 같이 번역되는 한 구절이 있다. '오 인드라여, 우리에게 빛나는 보석과 암소와 말과 장신구와 황금 마나를 가져다주오.'[3]

여기서 황금 마나는 무엇일까? 이 단어는 베다나 다른 곳을 통틀어 여기 외에는 다시는 사용되지 않았다. 베다 학자들은 이 단어를 라틴어의 미나$^{mina}$, 그리스어의 므나$^{mna}$(xvd), 페니키아어의 마나$^{manah4}$와 동일한 것으로 생각해오고 있다. 이 단어는 현재 우리가 대영박물관에 보관하고 있는 바빌로니아와 니네베의 보물 중의 하나로 잘 알려진 분동分銅을 가리킨다.[5]

만약 이런 생각이 맞다 해도, 인도인의 사고에 셈족이 영향을 미쳤다는 증거는 전혀 될 수 없겠지만, 아주 오래전부터 바빌로니아와 인도 사이에 교역이 있었음에 대해서는 피할 수 없는 증거가 될 것이다. 하지만 정말 그럴까? 만약 사카 마나

---

2. Ã nah bhara vyâñganam gâm ásvam abhyâñganam Sákâ manã hiranyáyâ.

3. Grassman translates, 'Zugleich mit goldenem Geräth;' Ludwig, 'Zusammt mit goldenem Zierrath;' Zimmer, 'Und eine Manâ gold.' The Petersburg Dictionary explains manâ by 'ein bestimmtes Geräth oder Gewicht' (Gold). mani와 monile 등과 연결될까? A. S. Meni.

4. Haupt 박사의 Die Sumerisch-akkadische Sprache, p. 272.에 의하면, mana는 아카드어$^{Accadian}$ 단어라고 한다.

5. 대영박물관에 보관 중인 사자와 오리 분동의 무게에 따르면 아시리아 미나는 7,747grain이다. 오늘날에도 그 차이는 유지되고 있는데, 쉬라즈와 바그다드의 만$^{man}$은 타브리즈와 부쉬르의 정확히 두 배이다. 전자의 평균은 14.0이고 후자는 6.985이다. Cunningham, Journal of the Asiatic Society, Calcutta, 1881, p. 163.

히라니야를 '황금 미나^mina'로 옮긴다면, 마나 히라니야는 무게를 재는 분동들이 될 것이다. 하지만 사카는 한 번도 이런 단어와 함께 쓰인 적이 없다. 따라서 이런 번역은 불가능하다. 『리그베다』에서 마나가 한 번도 다시 쓰인 일이 없기 때문에 이 구문을 옮기는 것이 어렵기는 하지만, '우리에게 한 쌍의 팔찌를 주세요.'처럼 마나 히라니야를 '한 쌍'으로 옮겨도 되지 않을까 하는 것이 내 생각이다. 이처럼, 베다 시인들이 이 단어 하나를, 이 무게 단위 하나만을, 바빌로니아에서 빌렸다고 가정하는 것은 역사 비평의 법칙에 어긋난다. 마나라는 단어는 산스크리트 문학 어디에서도 다시 발견되지 않는다. 또한 바빌로니아의 무게 단위 역시 산스크리트 전체 문학에서 다시 찾아볼 수 없다. 더구나 암소와 말을 청하던 시인이 갑자기 외국의 금 분동 ─ 오늘날의 금화 60파운드에 해당하는 ─ 을 들먹이는 것은 있을 법하지도 않다.

하지만 이것 외에도 인도가 바빌로니아로부터 빌려온 것이라고 생각되어온 것들이 더러 있다. 인도에서 태음력의 황도대로 쓰인 스물일곱 낙샤트라스, 다시 말해 스물일곱 별자리도 바빌로니아로부터 왔다고 여겨져왔다. 하지만 바빌로니아의 황도대는 태양력이었고, 여러 가지 많은 정보가 발견된 설형문자 비문에 대한 거듭된 연구에도 불구하고 태음력 황도대의 흔적은 찾아볼 수가 없었다. 설혹 태음력 황도대가 바빌로니아에서 발견되었다 하더라도, 베다문학과 고대 베다 의례에 대해 잘 알고 있는 사람이라면, 인도가 저 간단한 별자리표를 바빌로니아로부터 빌려왔으리라는 생각에 설득되지는 않을 것이다. 거의 모든 베다의 희생제가 해보다는 달을 기준으로 하고 있음은 잘 알려져온 사실이다.[6] '신은 계절을 위해 달을 지명했고, 해는 자신의 스러짐을 알고 있다.'라고 『리그베다』 X. 85, 18-19에서 작가는 쓰고 있다. 해와 달에 부친 다음과 같은 구절도 있다. '해와 달은 희생 제물을 가운데 두고 돌면서 노는 어린아이들처럼 스스로 차례차례(동에서 서로) 움직인다. 해는 세상을 지켜보고 있고 달은 계절을 결정하면서 거듭거듭 새로 태어난다.'

'태어날 때는 나날이 새로워지고, 하루의 전령처럼 새벽이 오기 전에 가버린다. 다가옴으로써 나날에 대한 신들의 몫을 결정하고 긴 일생을 시작한다.'

그러므로 달은 계절$^{ritus}$을 결정하고, 달은 몫, 신들을 위한 희생제물을 정한다. 고대 인도인들의 생각 속에 계절과 희생제는 실상 너무도 밀접히 연결되어 있어서 사제들의 이름 중 가장 흔한 것이 리트빅$^{ritvig}$인데 이것은 글자 그대로 계절 희생제를 주관하는 사람이라는 뜻이다.

매일 행해져야 하는 의식인 다섯 차례의 마하야그나스와 아침 저녁의 아그니호트라말고도, 베다 시대의 주요 희생제는

---

6. 『리그베다』 저자 판본 4권 서문, p. li.

보름달과 초승달 제사[다르사푸르나마샤]와 넉 달에 한 번씩 있는 계절 제사[카투르마샤],[7] 하지와 동지에 있는 반년 제사 등이 있었다. 또한 가을과 여름에 있는 제사[아그라야나 등]와 쌀과 보리의 수확 시기인 겨울과 봄에 있는 또 다른 제사들이 있었다.[8]

계절에 대한 파악은 고대 사회의 근본적인 요건 중의 하나인데, 실제로 계절의 보호자요 법과 질서의 수호자인 신들에 대한 경배와 아주 밀접하게 연결되어 있어서, 고대 베다 사제들의 마음속에 계절을 잘 파악하는 것과 신들에 대한 경배 중 어느 쪽이 더 우위를 점하는지 쉽게 말할 수가 없을 정도이다.

스물일곱 낙샤트라스는 달의 행로에 따라 명확히 정해졌다.[9] 날과 달과 계절을 세는 데 있어 달이 그 행로에 따라 반드시 같은 자리로 돌아가게 되는 스물일곱 곳을 관측하는 것보다 더 자연스런 방법은 없었다. 그것은 하루하루 혹은 한달 한 달 바뀌는 해의 위치를 정하는 것보다 훨씬 수월했다. 해가 떠 있을 때는 별들을 보기가 아주 어렵기 때문에 해와 별들의 상호 위치는 아주 열심히 관찰하는 사람이 아니면 알 수가 없었다. 이와는 대조적으로 달은 밤에서 밤으로 진행하고 또 다른

---

7. Vaisvadevam on the full-moon of Phalguna, Varunapraghâsâh on the full-moon of Ashâdha, Sâkamedhâh on the full-moon of Krittikâ, see Boehtlingk, Dictionary, s. v.

8. See Vishnu-smriti, ed. Jolly LIX. 4; Aryabhata, Introduction.

9. See Preface to vol. iv of Rig-veda, p.li(1862).

별들과 함께 계속해서 움직이므로, 둥근 원판을 돌고 있는 시계바늘과 같아서 하늘의 원판 내에서 하나의 모양에서 다른 모양으로 변해가는 것을 잘 관찰할 수가 있었다. 초승에서 초승까지의 스물일곱 별들과 함께 태음력 한 달의 삼분의 일이라는 부분은, 정밀한 계산이 힘들었던 옛날 사람들에게 혼란을 적게 일으킬 수 있었다. 달의 궤적을 한 번 따라간 다음 얻어지는 스물일곱 별자리는 징조와 계절, 날과 해를 결정하는데 중요한 지표가 될 수 있는 모든 별들의 운행 경로에 기준이 되었다. 옛사람들은 이 별자리에만 신경을 쓰면 되었다. 집 둘레의 같은 거리에 같은 간격으로 막대를 세우든지, 스물일곱 조각으로 나누게 되면, 그것 자체로 원시적 베다 천문대가 되었다. 매일 같은 자리에 서서 어느 막대들 사이에서 달이 뜨고 지는지를, 나중에는 해가 뜨고 지는지를 관찰하기만 하면 됐다.

날과 달과 해에 대한 계산이 처음 어떻게 시작되었는가를 알게 되면, 우리가 천문학에 대해 가지고 있는 개념이 그리 조악하거나 불완전하지는 않다는 것을 알 수 있다. 당시의 사람들에게서 오늘날의 목동들이 해나 달, 달과 계절에 대해 알고 있는 것 이상을 기대할 수 없다. 또한 원시사회의 실용적 필요성이 담보되지 않은 천문 현상에 대한 관찰 역시 기대할 수 없다.

따라서 인도에서 하늘에 대한 구획법이, 이런 새로운 용도로 쓰이기 훨씬 전부터 관찰되고 또 이름 붙여졌고, 각각의 조각이 거기에 딸린 별들에 의해 구분이 되는, 똑같은 크기의 스물일곱 개의 조각으로 나누는 것으로, 자연적이고 필수적으로 성장해간 것을 보게 된다면, 또한 이와는 대조적으로 달을 중심으로 한 별자리, 태음력 달, 태음력 계절에 관한 지식 없이는 인도의 제의의 성장과 발전을 이해하기 어렵다면, 베다의 목동이나 사제들이 인더스 강둑의 여느 목동들이 다 알고 있는 지식을 구하기 위해 바빌로니아까지 갔고, 인도인들은 도무지 알 수 없는 언어를 사용하는 그 나라로부터 돌아온 후 그들의 성스런 노래를 만들고 또한 그들의 단순한 제의를 정비했다고 상상하는 것은 어리석기 짝이 없는 가정이 될 것이다. 우리는 어느 한 곳에서 자연스런 것은 다른 곳에서도 자연스럽다는 사실을 잊어서는 안 된다. 또한 우리는 큰 모순의 두려움 없이, 베다 노래에서 발견되는 인도의 기본적 천문학 개념이 외국에 기원을 둔 것이라는 주장과 합치하는 어떤 단서도 없다는 것으로 결론지을 수 있다.[10]

잘 알려져 있다시피, 아랍인은 스물여덟 개의 태음력 자리, 만질을 가지고 있는데, 나는 모하메드를 포함한 베두인족이 인도의 베다 시인들과 동일한 관측을 어째서 하지 않았는지 그 이유를 알 수는 없다. 하지만 아랍의 만질이 적어도 그 과학적 적용의 경우, 인도의 자료를 차용한 것이라는 주장도 있다.

---

10. See Zimmer, Altindisches Leben, pp. lxx.

콜브룩의 이 주장은 그 근거가 명확해서 받아들이지 않을 수 없다.[11]

중국인들 역시 시우라 불리던 유명한 태음력 자리를 가지고 있었는데, 원래 스물네 개였던 것이 나중에 스물여덟 자리로 늘어났다.[12] 그러나 비오트나 라센의 주장처럼, 인도인들이 그들의 단순하기 짝이 없는 태음력 개념을 얻기 위해 중국까지 갔다는 사실을 받아들일 필요성이 느껴지지 않는다. 우선 중국에서는 스물네 자리로 시작했다가 스물여덟 자리로 늘어났다. 이에 반해 인도에서는 스물일곱에서 스물여덟으로 늘어났다. 다음으로, 중국의 스물여덟 별자리 중 열일곱 자리만이 인도의 별들taras과 동일하다. 만일 과학적 체계가 차용되었다면 완전한 차용이라야 자연스러울 것이다. 하지만 기원전 천 년에 중국의 천문학적 지식이 인도로 전해질 수 있었을 경로는 아무리 찾아보아도 찾을 수가 없다. 중국 문헌에 인도가 처음 언급된 것은 기원전 2세기 중엽이었다. 또한 확실치는 않지만 후대의 산스크리트 문헌에 나오는 키나스가 중국을 뜻한다면, 이 단어는 베다 문헌에는 한 번도 나오지 않는다는 사실에 주목해야 한다.[13]

---

11. Preface to vol. iv of Rig-veda, p. lxx.

12. L. c. p. xlvii.

13. 「마하바라타」나 다른 곳에서 키나스Kinas는 인도의 북쪽이나 동쪽에 있던 비아리아족, 즉 다슈스Dasyus들을 언급할 때 나온다. 바가닷다왕은 키나스와 키라타스

이렇듯 중국과 인도의 교류가 아주 이른 시기에 이루어졌을 가능성이 희박해지자, 또 다른 새로운 이론이 생겨났는데, 이 이론은 대략 다음과 같다. '중국 천문학 지식이 하늘을 스물여덟 구획으로 나누는 체계와 함께 중국에서 직접 인도로 간 것이 아니라, 기원전 1,100년경에 서아시아로 건너가서 우선 셈족이나 이란인들에 의해 수용되었다. 그들을 통해, 황도의 일반적 행성 궤적에 보다 가깝게 되도록 성수星宿의 제한적인 별들을 황도대 혹은 성좌의 별들로 변환하거나 어떤 경우에는 그 위치를 변화시키는 등의, 과학적으로 보면 약간 조악한 관찰법에 적응되도록 개조되는 변화를 겪는다. 행성의 위치와 운행을 대강 정하고 확인하는 수단으로 탈바꿈된 이런 모습으로, 중국 천문학 지식은 행성 자체에 대한 초기 지식과 함께 인도

---

의 군대를 가지고 있었다고 전해진다. 그리고 판다바스족은 키나스, 투카라스, 다라다스 나라들을 지나 쿨린다스왕의 마을과 접해 있었다고 한다. 이 모든 것은 인도 후기 서사시의 민족적 정보들이 일반적으로 그런 것처럼 불명확하다. 유일하게 진짜일 가능성이 있는 것은 키라타와 키나 병정들이 칸카나라고 불렸다는 것과 금색 혹은 누런색이었다는 것, 노란 꽃나무로 된 카르니카라스 숲과 비견되었다는 것이다. 「마하바라타」 VI. 9, v. 373, vol. ii. p. 344에는 키나스가 캄보나스와 야바나스와 함께 나오는데, 여전히 확실한 것은 전하지 않는다.

중국 학자들의 말에 의하면, China라는 이름은 근대에 생긴 것으로 진왕조에서, 기원전 247년의 유명한 시황제에서, 유래했다고 한다. 하지만 라센Lassen의 생각처럼, 그 이름 자체는 그보다 더 이른 문건에 나오고, 중국과 가까이 있는 서방 나라들에 알려져 있었다. 이사야Isaiah xlix 12에 언급되어 있는 시님Sinim이, 고대 저자들이 바빌론을 방문한 상인과 여행객들인 중국 사람을 언급한 것으로 받아들여지는 것 역시 야릇하기 틀림없다.

로 건네진 것으로 생각되며, 또한 그것은 인도 역사의 독립된 경력으로 편입된다. 중국 천문학은 이후 분다히쉬 등에 그 자취를 남기면서 자신의 자리를 지키는데, 서쪽으로 더 뻗어나가 결국에는 아랍인들에게 알려지고 그들에게 채용된다.' 이런 견해를 가진 사람들의 천문학 지식이 가상하긴 하지만, 내가 말할 수 있는 것은 이 모든 이론은 어떤 객관적 사실도 뒷받침되지 않은 소설일 뿐이라는 사실이다. 또한 알려진 몇몇 객관적 사실 역시, 여러 해 전 콜브룩에 의해 내려진 다음과 같은 결론 외의 것을 알려주지 못하고 있다. '인도인들이 아주 오랜 옛날부터 시간 산정을 위해 스스로 개발한 천문학을 발전시키고 있었다는 것은 의심의 여지가 없다. 그들의 역법曆法은 다른 것도 있긴 했지만 주로 달과 해에 의한 것이었다. 인도인은 이 두 발광체를 주의깊게 관찰했다. 그들은 자신들이 중점적으로 관심을 가졌던 달의 삭망월 회전주기를 알아내는 데 성공했는데, 그리스인이 알아낸 것보다 훨씬 정확했다. 황도를 스물일곱과 스물여덟 부분으로 나누었는데, 달의 회전주기의 날수와 뚜렷이 일치하며, 또한 이 방식은 그들 고유의 것으로 보인다. 아랍인들이 이 방식을 차용해간 것이 분명하다.'

베다문학에 바빌로니아로부터의 영향, 혹은 셈족으로부터의 영향이 발견된다는 의견을 지지하는 또 하나의 증거에 대한 주장이 계속되어왔다. 이것 역시 짧게라도 다루고 가지 않으면 안 되겠다. 다름 아닌 대홍수 이야기가 그것이다.

알다시피 이 이야기는 서로 사이에 교류가 있기 힘들었던 여러 민족의 전통 속에 공통적으로 찾아볼 수 있다. 그런데 놀랍게도, 베다의 노래에는 어떤 작은 홍수에 대한 얘기도 들어 있지 않다. 특히 베다보다 후대의 서사시나 또 더 후기의 『푸라나스』 등에는 여러 종류의 대홍수에 대해 매우 정교하게 기술하고 있고, 실상 이 대홍수 얘기가 인도인의 종교적 전통에서 아주 친근한 주제임을 감안하면 더욱 놀랍다.

세 아바타라스, 즉 비쉬누의 화신化身 중 셋이 대홍수와 연관되어 있다. 물고기와 거북, 수퇘지로의 화신이 그것으로 비쉬누는 물고기와 거북, 수퇘지의 형상을 취하여 사람들을 홍수로부터 구해낸다.

이제, 인도의 가장 오래된 문학에 대홍수에 대한 언급이 없다고 한다면, 저 대홍수의 전설이 후대에 외부로부터 유입되었다고 결론짓는 것은 지극히 자연스럽다고 할 수도 있겠다.

하지만 베다문학을 보다 광범위하게 알게 되면, 대홍수 이야기는 거기에서도 발견된다. 노래 형식이 아니고 산문 형식에 포함되어 있는데, 이 글은 통상 브라흐마나기期로 불리는 제2기에 속해 있다. 마누와 물고기의 얘기와 거북과 수퇘지의 얘기 등은 이런 글에서 보다 완성된 형식으로 발견되는데, 이런 발견을 통해 외부로부터의 유입이라는 설은 그 신빙성을 잃게 된다. 나는 이제 『사타파타 브라흐마나』에 들어 있는 대홍수에 대한 언급을 여러분에게 읽어주려 한다. 인도인이 대홍수에 대한 설화를 셈족들로부터 차용해왔다는 가설이 과연 맞는 것인지, 이것과 창세기에 있는 내용과의 유사성을 직접 판단해보기 바란다.

『사타파타 브라흐마나』 1장 8.1절에는 이런 글이 나온다.

'1. 아침에 마누가 세숫물 앞에 섰다.

'마누가 세수를 하는데, 작은 물고기 한 마리가 두 손에 들어왔다.

'2. 물고기가 이렇게 말했다. "나를 살려주세요. 그러면 제가 당신을 구해줄 것입니다."

'마누가 말했다. "무엇으로부터 나를 구해준다는 거냐?"

'물고기가 말했다. "대홍수가 나서 모든 살아 있는 것들을 쓸어갈 것입니다. 그때 제가 당신을 구해드리지요."

'마누가 말했다. "내가 너를 어떻게 살려주지?"

'3. 물고기가 말했다. "다 자라기 전까지는 다른 물고기에 잡혀먹을 수 있으니, 저를 우선 작은 병에 넣어서 키워주세요. 그런 다음에는 구덩이를 파고 거기에 옮겨주세요. 제가 완전히 자라면 바다로 풀어놓아주세요. 그때에는 다른 것들에게 잡아먹힐 위험이 없어질 겁니다."

'4. 원래 커다란 물고기 종자였기 때문에 얼마 지나지 않아 아주 큰 물고기(가샤)로 자랐다. 물고기가 말했다. "이러이러한 때가 되면 대홍수가 있을 것입니다. 그러니 큰 배를 만드십시오. 그러면서 저를 생각하시기 바랍니다. 홍수가 시작되면

배에 들어가십시오. 제가 홍수로부터 당신을 지켜드릴 것입니다."

'5. 이렇게 물고기를 길러준 뒤, 마누는 바다에 고기를 풀어주었다. 물고기가 일러준 해가 되자, 배를 만들었고 물고기를 마음속으로 떠올렸다. 홍수가 닥쳐왔다. 마누는 배에 올랐다. 그러자 물고기가 그에게로 다가왔다. 물고기는 등에 뿔이 나 있었다. 밧줄로 그 뿔과 자신의 배를 연결했고, 물고기는 급히 남쪽 산을 향해 나아갔다.[14]

'6. 물고기가 말했다. "이제 당신을 구했습니다. 배를 나무에 묶으세요. 산 위에 있는 한, 홍수가 당신을 해치지는 못할 것입니다. 홍수가 잦아지면 배와 함께 서서히 아래로 내려가게 될 것입니다." 그 말대로 마누는 물과 함께 서서히 아래로 내려오게 되었고, 이를 일러 남쪽 산에 있는 "마누의 비탈면"이라 부른다. 모든 살아 있는 것들이 다 쓸려갔으므로 남은 것은 이제 마누 혼자뿐이었다.

'7. 마누는 찬양의 노래를 불렀고 자손을 달라고 간구했다. 또한 파카 희생물로 희생제를 지냈다. 정결한 버터와 농축된 우유, 유장乳漿, 그리고 응유凝乳를 제주祭酒 삼아 물에다 부어넣었다. 그런 뒤, 어느 해에, 한 여인이 물로부터 생겨났다. 다가오는 그녀의 몸에서 물방울이 뚝뚝 듣는 듯하더니 그녀가 디딘

---

14. 나는 이제 다른 MSS의 atidudrava나 adhidudrava 대신에 Kanva-sakha, abhdudrava의 판본을 더 좋아한다. Weber, Ind. Streifen, i. p. 11 참조

발자국마다 정결한 버터가 엉겨났다. 미트라와 바루나가 나타나 그녀를 영접했다.

'8. 그들이 그녀에게 말했다. "당신은 누구입니까?" 그녀가 말했다. "마누의 딸입니다." 그들이 다시 말했다. "우리에게 오십시오." 그녀가 말했다. "아니오. 갈 수가 없소. 나는 나를 낳은 사람의 것입니다."

'그러자 그들은 자기들의 누이가 되어주었으면 했다. 확실한 대답을 주지 않은 채 여인은 마누에게로 갔다.

'9. 마누가 그녀에게 말했다. "당신은 누구입니까?" 여인이 말했다. "저는 당신의 딸입니다." 그가 말했다. "어떻게 당신이 나의 딸이란 말이오?"

'그녀가 말했다. "당신이 물에 부어넣었던, 정결한 버터, 농축된 우유, 유장, 그리고 응유 등의 제주가 변하여 제가 되었지요. 저는 축복이요 은총입니다. 희생제에서 저를 축복 예식에 써주십시오. 그리하면 당신은 자손이 번성하게 되고 가축이 넘칠 것입니다. 저를 써서 구하는 것은 어떤 것이든 당신에게 이루어질 것입니다." 그리하여 마누는 희생제의 중간에 그 축복 예식을 행하였다. 축복 예식은 희생제의 시작과 마지막 봉헌 사이에 행해지기 때문이었다.

'10. 이제 마누는 그녀와 함께 찬양의 노래를 부르고 애써 자손을 간구했다. 그녀와 더불어 자손을 얻게 되는데 그들을 일러 마누의 자손이라 한다. 또한 어떤 것을 구하든지 그녀와 함께 구하기만 하면 늘 이루어졌다. 그녀는 실로 이다ida였다. 누구든지 이런 사실을 알고서 이다와 함께 희생제를 드리면 마누가 얻었던 자손과 같은 자손들을 얻었고, 어떤 축복을 원하든지 모두 이루어졌다.'

이상이 대홍수에 대한 언급임은 의심의 여지가 없다. 여기서의 마누는 어느 면에서는 구약의 노아와 같은 역을 수행한다. 하지만 닮은 점들이 있는 반면, 다른 점도 있음을 봐야 한다. 또한 그 다른 점들이 어떻게 설명될 수 있을지도 생각해봐야 한다. 만약 이 얘기를 셈족으로부터 차용한 것으로 본다면 구약에서 차용한 것이 아님은 확실하다. 두 얘기의 다른 점들을 설명할 도리가 도무지 없기 때문이다. 우리가 모르는 어떤 알려지지 않은 셈족 자료로부터 차용했을지도 모른다는 설에 대해서는 물론 반박할 수 없다. 그런 반박의 근거가 될 확고한 설이 아직 없기 때문이다. 하지만 만에 하나라도 그 설이 사실에 근거한 것이라면, 이 대홍수의 얘기는 고대 산스크리트문학이 셈족에게 진 유일한 빚이 될 것이고, 우리는 이 지점에서 논의를 멈춰야만 할 것이다!

수퇘지와 거북의 얘기 역시 베다문학에까지 거슬러올라갈 수 있다. 타이티리야 삼히타에는 이런 구절이 나온다.[15]

'처음에 이것은 물이었다. 만물의 신인 프라가파티는 바

---

15. VII. 1, 5, 1 seq.; Muir, i. p. 52; Colebrooke, Essays, i. 75.
16. Note G 참조

람이 되어 물 위로 움직여 다녔다. 그는 이 땅을 보았고 수퇘지로 변해 땅을 차지했다. 만물의 창조자인 비스바카르만이 되어 땅을 청소했다. 땅은 퍼져나가 넓게 퍼진 지구가 되었고 이것이 지구가 프리티비라 불리게 된 까닭이다. 그 뜻은 넓게 퍼졌다는 뜻이다.'[16]

또한 『사타파타 브라흐마나』에는 거북이 신화를 넌지시 암시하는 다음과 같은 구절을 읽을 수 있다.[17]

'거북이(쿠르마)의 형상을 취한 프라가파티가 만물을 생겨나게 했다. 만들 수 있는 한 만물을[아카로트] 만들어냈고, 그가 만물을 만들었기 때문에 그를 거북이[쿠르마]라 불렀다. 거북이는 당시에 카샤파라고 불렸고 따라서 만물은 거북이의 이름을 따서 카샤파라 불렸다. 그 거북이는 실제로는 아디티아(태양)였다.'

카타카는 마누manu라는 이름이 그 속에 언급되어서 중요한 의미를 가지는데, 대홍수에 대해 암시하는 또 다른 자료로서 계속 주목받아왔다. 거기에는(XI. 2) 다음과 같은 문장이 나온다.[18] '물이 모든 것을 다 쓸어갔고, 마누 혼자만 남았다.'

이런 모든 것을 통해 볼 때, 홍수에 대한 얘기들 — 땅이 물에 잠기고 신의 도움에 의해 구원되는 — 은 후기에 여러 비쉬누 아바타라스에 구체적으로 나타나는데, 인도의 초기 전통에

---

17. VII. 5, 1, 5; Muir, Original sanskrit Texts, i, p. 54.
18. Weber, Indische Streifen, i, p. 11.

서도 전혀 없었던 것은 아님을 알 수 있다.

지구상의 거의 모든 나라에서 전해지고 있는 대홍수에 대한 얘기들을 확인해보면, 그것들이 어느 한 홍수에 대한 언급이 아니라 거의 해마다 반복되는 자연 현상, 다시 말해 우기나 겨울에 일어났던 홍수나 범람에 대한 언급임을 쉽게 알 수 있다.[19]

이런 사실은 바빌론에서 가장 명확히 드러난다. 헨리 롤린슨 경은 이즈두바르 혹은 님로드의 시 열두 편이 한 해의 열두 달을 가리키며 황도대를 나타내는 열두 상징임을 처음으로 밝혀냈다. 그후, 하우프트 박사는 두 번째 시편에 나오는 현명한 황소인간이 황도대에서 황소로 나타나는 둘째 달인 이자르 —4월과 5월 —와 짝 지워지고, 세 번째 시편의 이바니와 님로드의 결합이 황도대에서 쌍둥이로 나타나는 셋째 달 시반 — 5월과 6월 —에 해당한다고 밝혔다. 일곱 번째 편에 나오는 님로드의 질병은 태양이 기울기 시작하는 일곱 번째 달, 티쉬리 — 9월과 10월 —를 가리킨다. 열한 번째 시편의 홍수는 황도대에 물의 사람이 그려져 있는 열한 번째 달, 사바투에 해당하며 폭풍의 신 리몬에게 바쳐지고 있다.[20]

이럴진대, 다른 여러 나라들에서와 마찬가지로 인도에서도, 대홍수의 얘기는 인도 독자적으로 또 자연발생적으로 생겨

---

19. 제5강 참조.
20. Haupt, Der Keilinschriftliche Sintfluthbericht, 1881, p. 10.

난 것으로 봐야 할 것이다. 또한 비록 인도에서 발견되는 이런 전설에서 외부로부터의 영향의 흔적을 보여주는 것들이 확인된다 하더라도,[21] 그런 영향들은 비교적 후대의 문헌들에서 발견될 뿐,『리그베다』같은 고대의 노래에는 없다는 사실은 여전히 분명하다.

　　고대 인도의 시인들이 바빌로니아의 영향을 받았다는, 위에서 말한 설보다 더 약한 근거를 지닌 다른 가설들도 여럿 있어왔다. 중국은 물론, 우리가 지금 말하고 있는 아주 오랜 옛 시기에 인도가 전혀 접촉하기 어려웠던 나라들인, 페르시아, 파르티아, 박트리아 등의 영향도 들먹여지곤 했다. 나는 단지, 아프가니스탄으로 피난 갔을 것이라고 생각되어져온, 유대 부족 중 잃어버린 지파의 흔적이 베다에서 발견되지 않는다는 사실에 의아할 따름이다.

　　이렇듯, 여러 학자들에 의해 제기된, 외부로부터 유입된 갖가지 영향들의 흔적을 주의깊게 확인한 결과, 나는 고대 인도 베다문학에 남은 언어적 종교적 제의적 외래 문명의 흔적은 실제로 아무것도 없다고 말할 수 있다는 생각이 든다. 인도는 오늘 우리 앞에 그렇게 서 있는 것처럼 북으로는 산맥의 누벽에, 서로는 인더스강과 사막으로, 남으로는 인도양 바다에, 동으로는 갠지스강에 의해 차단된 채 성장해왔다. 인도는 스스로

---

21. M. M., Chips, vol. i. p. 158을 볼 것, 홍수의 시작을 위한 일곱 번째 날은 바가바타 푸라나에만 언급되어 있다.

길러낸 시와 스스로 자라난 종교를 우리에게 보여준다. 그리하여 역사는 최소한 하나의 유산, 베다를 우리에게 물려주었다. 다음의 것들을 인류에게 가르치기 위해서였다. 만일 지상에서의 삶을 낙원의 것으로 만들 수 있는 풍광과 조건에, 인간의 마음을 그것 그대로 놓아둘 경우, 어떤 것이 성취될 수 있는지가 그 하나이다. 또한 인간이 낙원조차도 참혹한 곳으로 만드는 이상한 재주를 부리지 않을 경우, 그 인간의 마음은 어떤 것을 성취해낼 수 있는지가 다른 하나이다.

제5강

---

# 베다의 종교

어느 학문 분야인들 고대 인도문학으로부터 새로운 빛과 새로운 생명을 받지 않은 분야가 있을까마는, 종교학과 신화학만큼 새롭고 중요하고 풍부한 빛을 받은 분야는 없을 것이다. 따라서 남은 강의에서는 이 주제에 치중할 생각이다. 이런 생각을 품는 것은, 아리아 종교의 근원을 연구할 수 있는 고대 베다문학 세계에서 나 스스로가 아주 편안함을 느끼는 것이 그 첫째 이유이고, 현대의 인도인이 가지고 있는 깊은 확신 — 혹은 어떤 이들이 말하듯 강한 편견 — 에 대한 바른 이해를 위해서는, 베다의 지식만큼 유용한 것이 없기 때문이라는 사실이 그 다음 이유이다. 현금의 브라만 종교에 대한 잘못된 이해로, 고대 베다문학이 아무런 변화도 없이 인도에서 3천 년을 흘러왔다고 생각하는 것보다 더한 것은 없을 것이다. 그런 생각은, 베다에서 쓰인 산스크리트어와 지금 말해지고 있는 벵골어에 아무런 차이가 없다고 말하는 것과 같은 잘못이다. 산스크리트어의 문법을 모르고서는 벵골어의 비밀스런 근원에 대한 학자적 지식이나 진정한 통찰력을 지닐 수 없고, 베다에 있는 진정한 자료들에까지 그 흔적을 추적하지 못하고서는 현대 인도인의 종교적 철학적 법적 사회적 의견을 이해할 수가 없다.

여러 해 전, 내가 『리그베다』의 원문과 해석을 처음으로 발간하기 시작했을 때, 베다에 조금은 관심이 있는 그룹으로부터 다음과 같은 주장을 들었는데, 지금도 생생하게 기억된다. 즉, 베다는 전혀 쓸모없고 아무리 교육받은 사람이라 하더라도 인도에서 그것을 읽을 수 있을 사람이 없을 것이며, 선교사뿐 아니라 원주민들의 마음을 연구하고 그것에 영향 주기를 원하는 사람들에게도 전혀 쓸모가 없을 것이라는 주장이었다. 대신, 후기 산스크리트어, 『마누법전』, 서사시들, 특히나 『푸라나스』를 연구해야 할 것이라고 했다. 베다 연구는 영국이 아니라 독일 학생들에게나 제격이라는 것이었다.

비록 30년 전이긴 하지만 그런 무지한 주장들에는 용서의 여지가 없다. 왜냐하면 그 책들, 『마누법전』, 「마하바라타」, 『푸라나스』 등에서 종교에 관계된 내용들은 그 가장 높은 권위를 베다에 의지하고 있기 때문이다.[1] 『마누법전』에서는 '성스런 경전에 무지한 브라만은 불 앞에 선 마른 풀처럼 순식간에 사라져 없어질 것이다.'라고 말한다. '베다를 배우지 않은 브라만, 크샤트리야, 바이샤 들은 환생하여 수드라로 떨어질 것이다. 살아 있는 동안에도 마찬가지이며, 그의 후손들 역시 수드

---

1. Wilson, Lecture, p. 9.

라가 될 것이다.'라고도 말한다.

저 교활한 사제들과 브라만들이 그들의 성스런 경전을 자신들의 계급 외에는 갖지 못하도록 해왔다고 뻔뻔스럽게 고발하면서 베다가 인도 사상의 역사적 연구에 중요하지 않다고 말하는, 앞서 말한 자칭 권위자들을 보면, 무지한 주장이 얼마나 광범위하게 퍼져 있는지를 알 수 있다. 갖지 못하게 한 것과는 판이하게, 브라만들은 수드라를 제외한 모든 계급들이 성스런 경전을 의무적으로 공부하도록 한결같이 노력해왔다. 또한 『마누법전』에는 크샤트리야와 바이샤의 아이들에게 브라만 경전을 교육시키지 않을 경우 가해지는 벌칙도 명시되어 있다.

베다를 모르는 — 아니 무시하려 든다는 표현이 나을 것 같은 — 산스크리트어 학자는 구약성서를 모르는 히브리어 학자와 다를 바가 없다. 브라만들 스스로가 현재도 염송하고 있고, 내가 발간한 『리그베다』[2]와 그에 대한 논평과, 베다문학 연구에 바치는 그들의 열성과, 자신들의 고대 종교문학의 쓰임새

---

2. 『리그베다』와 그 고유의 주석서 출판이 인도인의 종교적 삶을 소생시키는 데에 큰 의미를 지닌다는 사실을 의심하거나 혹은 부정하기까지 한다. 인도로부터 받은 감사의 말들 중 하나를 여기서 밝혀야만 할 것 같다. 람 모훈 로이가 세운 아디브라흐마협회로부터 온 것이다. 이 협회는 현재 세 개의 지부로 되어 있는데, 아디브라흐마협회, 인도브라흐마협회, 사다라노브라흐마협회가 그것이다. '아디브라흐마협회의 위원회는 지난 사반세기를 바쳐 귀하가 이룩한 거대한 업적에 마음으로부터의 뜨거운 감사를 드리고자 합니다. 베다에 대한 공부가 그 태어난 고장에서 비운의 멸절 상태에 빠진 바로 이때에, 『리그베다』를 발간함으로써 귀하는 우리 인도에 은혜를 베푼 것입니다. 우리는 영원히 감사하지 않을 수 없습니다.'

에 대해 토론하는 그들의 열정으로 미루어볼 때 충분히 그렇게 말할 수 있다.

이제 『리그베다』에서 종교적으로 또 시적으로 특징적인 예들을 들어보려 한다. 수가 적을 뿐만 아니라 『리그베다』의 삼히타<sup>Samhita</sup>(베다나 후대의 힌두 경전에서 기도 및 주문<sup>呪文</sup> 등으로 이루어져, 운율을 넣어 염송할 수 있는 텍스트 묶음; 역자)라 불리는 1,017수의 노래 결집에 어떤 통일성이 있는 것도 아니어서, 우리의 베다 조상들이 지상의 삶을 살다가면서 남긴 지적 세계의 총체적 모습을 이를 통해 보여줄 수 있을지는 약속할 수가 없다.

베다의 종교가 다신교인지 일신교인지 묻는다면 그것조차도 대답할 수가 없다. 비록 구약이나 신약 혹은 코란에서와 같이 신의 일체성을 전혀 두려움 없이 주장하고 있는 베다의 노래가 여럿 있기는 하지만, 일반적으로 쓰이는 의미의 유일신이라는 단어는 베다와는 전혀 거리가 멀다. 따라서 시인은 이렇게 말한다.(『리그베다』 I. 164-46) '하나로 존재하는 것, 그것을 현자는 여러 이름으로 부른다. 아그니, 야마, 마타리스반 등이 그 이름들이다.'

또 다른 시인은 이렇게 말한다. '현명한 시인들은 그들의 말로 아름다운 날개를 지닌 그분을 여러 갈래 다른 식으로 표

---

3. Rig-veda X. 114, 5.

현한다.'[3]

　또한 우리는 황금 씨앗이란 뜻의 히라냐가르바[hiranyagarbha] 라는 존재(대체 그 존재가 과연 실제로 어떤 것인가는 차치하고)에 대해 듣는다. 시인은 말한다.[4] '태초에 히라냐가르바가 생겨났다. 그는 원래부터 만물의 주인이었다. 그가 땅과 하늘을 만들었다. 우리가 마땅히 제물을 바쳐야 할 분이다.' 시인은 말한다. 그 히라냐가르바는 '모든 신들 위에 홀로 있는 신이다.'(yah deveshu adhi devah ekah asit) 신의 일체성에 대한 주장으로, 그 힘에 있어서 구약성서의 어떤 구절과 견주어봐도 손색이 없다.

　하지만 이런 구절들은 그리 많지 않다. 반면에, 여러 다양한 신적 존재에 대한 찬양과 기도가 담긴 구절들은 차고 넘친다. 신들의 숫자는 세 종류의 열한 가지 신,[5] 서른셋 신 등으로 나타나는데, 어떤 시인은 하늘에 열한 신, 땅에 열한 신, 물에 열한 신 등으로 신들을 배분했다.[6] 여기서의 물은 대기와 구름을 다 포함한 의미다. 이들 서른셋 신에게는, 비록 고유한 이름

---

4. Rig-veda X. 121.

5. Muir, iv. 9.

6. Rig-veda I. 139. 11.

7. Rig-veda III. 6, 9.

8. 바이타나 수트라 XV. 3(Garbe 편집))에는 신들의 아내[Devapatnis] 이름을 다음과 같이 들고 있다: Prithivi, the wife of Agni, Vâk of Vâta, Senâ of Indra, Dhenâ of Brihaspati, Pathyâ of Pûshan, Gâyatrî of Vasu, Trishtubh of Rudra, Gagati of Aditya, Anushtubh of Mitra, Virâg of Varuna, Pankti of Vishnu, Dîkshâ of Soma.

을 갖는 영예를 지닌 경우는 드물었지만[7], 각각에게 딸린 아내까지 있었다.[8]

하지만 이 서른셋 신들만 베다에 있는 것이 아니다. 불의 신인 아그니, 비의 신인 소마, 폭풍의 신들인 마루트들, 아침과 저녁, 물과 새벽, 그리고 태양의 신들인 아스빈들과 같은 다른 중요한 신들은 따로 개별적으로 언급되고 있다. 그렇다고 해서, 신들의 수를 33이 아니라 3339이라 선언하면서, 과장하고 호기를 부리는, 덜 떨어진 구절은 베다에는 없다.[9]

따라서 『리그베다』의 종교에 이름을 붙여야만 한다면 다신교가 일견 가장 적합한 것으로 보일 수 있다. 하지만 다신교라는 말에는 베다의 종교에는 도무지 적용될 수 없는 어떤 뜻이 담겨 있다.

우리가 지니고 있는 다신교에 대한 생각은 주로 그리스와 로마에서 비롯되었다. 다신교라는 말에서 우리는 힘과 서열에서 서로 다른 어떤 조직화된 신들의 체계를 떠올리게 되고, 모든 신들은 최고의 신인 제우스나 주피터에 복속된다고 생각한다. 베다의 다신교는 그리스나 로마의 다신교와는 다르며, 우랄알타이, 폴리네시아, 아메리카나 거의 대부분의 아프리카 부족 등의 다신교와도 다르다. 이들이 서로 다른 것은 군주제와 마을공동체 연합이 다른 것과 동일하다. 공화정과 군주

---

9. Rig-veda III. 9, 9.

정에는 마을공동체의 흔적이 남아 있고, 이런 예는 신의 세계에서도 마찬가지여서 특히 그리스에는 제우스의 단일 체제 이전에 여러 신들에 의한 칠두七頭 체제가 선행되었던 것은 잘 알려져 있다. 튜턴 국가들의 신화에도 동일한 언급이 가능하다.[10] 하지만 베다에서의 신들은 서로 동등하게 일곱 신들이 각각 최고의 신들로 숭앙되었다. 어느 한 신도 늘 첫째가 아니었고, 어느 신도 늘 끝이 아니었다. 때때로 모자라고 열등한 신들이 시인의 정열에 의해 다른 신들보다 오히려 더 윗자리에 자리하는 일도 있었다.[11] 따라서 개개의 신들에 대한 숭앙을 명확히 구별하여 표현하는 종래의 다신교와는 다른, 새로운 이름이 필요하다. 각각의 신들은 일정 기간 동안 최고의 자리를 차지하는데, 나는 교체신교交替神敎라는 뜻의 카테노시이즘Kathenotheism이나 택일신론이란 뜻의 헤노시이즘Henotheism이란 이름을 제안했다. 후자의 헤노시이즘이, 단일 신만을 숭배하는 일신교와 신들을 교체해서 숭배하는 택일신론과의 차이를 보다 분명히 전달해서

---

10. Grimm에 의하면, 토르는 어떤 때는 최고의 신으로 혹은 어떤 때는 오딘의 아들로 나온다. 이것은 짐머 교수의 정확한 지적대로, 디아우스나 티르의 경우처럼 어떤 혁명이나 점진적인 쇠퇴의 결과로 볼 필요는 없을 듯하다. 오히려, 단순히 다신교 발생 초기의 내재적인 특징으로 볼 수 있을 것이다. Zeitschrift für D. A., vol. xii. p. 174. 참조.

11. '문명화되지 못한 종족들 사이에서는 어떤 특별한 목적으로 어떤 신에게 기도가 바쳐진다. 어떤 특수한 영역에서 최고의 힘을 지닌 신이라고 생각되는 신이다. 그 신은 그런 동안 모든 다른 신들이 자리를 내주는 최고의 신이 된다. 최고의 신, 혹은 유일한 신으로 떠받들려지는 것이다.' Zimmer, l. c. p. 175.

일반적으로 더 잘 수용되었는데, 정확하게만 정의된다면 이 말이 의도하는 목적을 달성할 것으로 보인다. 그러나 이런 종류의 연구에서는 용어 구사들에 대해 아주 주의하지 않으면 안 된다. 그 용어들은 필수불가결하다. 하지만 그것들은 우리로 하여금 예외 없이 오류를 범하게 했다. 예를 들어, 인더스강과 거기로 흘러드는 작은 강들에 대한 노래가 있다. 이 강의의 뒷부분에서 이 노래의 번역문을 제시할 것인데, 베다의 시인들이 삶을 보낸 지리학적 풍경을 아주 정확히 그려내고 있기 때문에 이 노래에서의 번역 문제를 말하고 싶다. 인도 학자들은 이 강들을 신들이란 뜻의 데바타$^{devatā}$로 부르고, 유럽 번역자들 역시 신들과 여신들로 옮긴다. 하지만 우리는 이 신들과 여신들이란 말을 그리스인들이 강의 신, 강의 여신, 님프, 나자드, 혹은 뮤즈라고 부른 것들과 아주 다른 것으로 새겨야 한다. 그럴 때라야 베다 시인이 인더스강과 그 지류를 표현하기 위해 사용한 말들을 신과 여신들로 옮기는 것의 정당성이 조금이라도 확보될 것이다.

그리고 강에 적용되는 이런 원리는 베다의 모든 예배 대상에게도 어느 정도 마찬가지로 적용된다. 예배의 대상은 감각과 환상에 의해 그려진 것과 이성에 의해 도출된 것 사이를 계속 오가고 있다. 그것은 시인의 의향에 따라 사물이 되기도 하고 사람이 되기도 하며 어떤 다의적 존재가 되기도 한다. 따라서 우리가 그것들을 신이나 여신들로 부른다면, 신이라는 뜻의 데바타는 노래 속에서 기리는 대상에 불과하고 현자라는 뜻의 리시$^{Rishi}$ 역시 노래를 만드는 사람에 불과하다는 것을 우리에게 상기시킨, 고대 인도 신학자의 언급을 반드시 기억해야만 한다.

베다에 나오는 이른바 신들을 어떤 주어진 체계에 따라 획일적으로 취급하는 것은 곤란하다. 왜냐하면 그 신들의 개념이나 그들에게 바친 노래는 어떤 사전 계획에 따른 것이 아니라 저절로 생겨난 것이기 때문이다. 이 점에 관해서는, 기원전 400년경에 살았던 것으로 생각되는 고대 브라만 작가 한 사람의 말을 살펴보는 것이 우리에게 가장 좋을 것으로 생각된다. 그는 자기 시대 이전의 베다 학자들이 오직 세 가지 신들만을 인정했다고 말한다. 다시 말해 지상에 있는 불의 신인 아그니, 대기 중에 있는 바람과 천둥의 신인 바유 혹은 인드라, 하늘에 있는 태양의 신인 수리야가 그 신들이었다. 여러 제사에서 수행하는 기능에 따라 한 사제가 여러 이름을 부여받듯이, 신들도 그 위대성과 기능의 다양성에 따라 제각기 많은 이름을 가지고 있었다고 그 학자는 주장했다.

이것이 베다의 신들에 대한 하나의 관점이며, 비록 그 시야가 아주 좁긴 해도 그 속에 어떤 진실이 담겨 있음을 부정할 수는 없다. 이렇게 되면 베다 신들에 대한 유용한 분류가 가능해지는데, 실제로 야스카$^{Yaska}$는 베다의 신들을 땅의 신, 대기의 신, 하늘의 신 등으로 구분했다. 만약 이 구분이 자연에 나타난 모든 신적 힘들을 하늘, 대기, 땅에 있는 세 개의 중심으로 그 근원을 추적할 수 있음을 뜻하는 것이라면, 이 고대 인도의 신학자는 그 총명함을 인정받아야 마땅하다.

하지만 그는 이 일반화가 모든 신에게 적용되는 것은 아님을 스스로 분명히 파악하고 있었고, 다음과 같이 이어간다. '이 신들은 모두 제각기 다르다. 그들에게 바치는 찬양이 다르고 그들에게 붙인 이름 역시 다르기 때문이다.' 이 의견은 아주 옳다. 갖가지 자연력의 나타난 현상에 대해 각각 다른 개별성을 부여하기 위해 각기 다른 신들의 이름이 붙은 것이다. 이름을 부여받은 대상들이 개별성을 지니고 있긴 했지만, 철학자와 고양된 시인들은 이 이름들은 단지 이름일 뿐임을 깨닫고 있었다. 하지만 베다의 리시들 대부분은 그렇게 생각지 않았고, 더구나 축제나 장터에서 노래를 듣는 대중들은 말할 것도 없었다. 베다에서 우리가 연구하지 않으면 안 되는 것이 바로 이런 특수한 종교적 사고의 단계이다. 여기서는 신성이 다중적으로 파악되고 표현되며 많은 기능들이 여러 신들에게 함께 공유된다. 신들이 서로서로 명확히 분리되면서, 한 신을 다른 신의 아래에 놓고, 결국에는 신들을 어떤 최고신에게 복속시키는, 신들의 전체적 모습을 체계화하려는 어떤 시도도 이 시점까지는 행해지지 않았다.

저 고대 인도 신학자가 제안했던, 베다의 신을 땅과 대기 하늘에 따라 구분하는 방식을 좇아, 우리는 땅에 연관된 신으로부터 시작하는 것이 좋을 듯하다.

그렇게 하기 전에 우선, 고대의 종교에서 숭배 대상이었던 하늘과 땅 혹은 땅과 하늘이라는, 하나의 쌍으로 존재하는 개념에 대해 생각해보지 않을 수 없다. 인도뿐만 아니라 야생 혹은 반야생 혹은 문명국을 막론하고 우리는 하늘과 땅을 하나의 숭배 대상으로서 만나게 된다. 하늘과 땅에 대해, 시인들은 이리저리 생각에 따라 변형시키면서 거기에 생명을 불어넣었고, 초기 철학자들은 보다 분명하게 표현했다. 이런 과정들이 당연한 것처럼 여겨진 것은 사실 놀라운 일이다. 왜냐하면 땅과 하늘을 각각 하나의 독립된 것으로 보고, 그런 후 땅과 하늘을 모든 우주를 껴안는 신적 쌍으로 개념화하는 것은 불이나 비, 천둥이나 해와 같은 여타의 다른 신적 힘들의 개념화보다 훨씬 더 크고 대단한 추상화의 노력을 거쳐야 하기 때문이다.

이런 사실을 상기하게 할 뿐 아니라, 베다에서 보는 바와 같이 하늘과 땅에 대한 생각을 이해하는 데 도움이 되는 동시에 아리아족의 신화와 진정한 야만인들의 신화 사이에 존재하는 강한 대조(설명하기가 아주 어렵지만 대단히 중요한 대조이다.)를 보여줄 수도 있을 것 같아서, 나의 친구인 윌리엄 와이어트 길이 쓴 책에서 몇 대목을 인용해보려 한다. 그는 지구 둘레의 4분의 1을 형성하고 있는 폴리네시아제도[12] 중의 한 섬인 망가이아에서 아주 성공적인 선교 활동을 한 사람이었는데, 폴리네시아는 서로 동일한 언어와 종교, 신화와 관습을 공유한다. 책의 이름은 『남태평양의 신화와 노래』로 신화학과 종교학을 공부하는 사람에게는 아주 흥미로운 책이다.[13]

　　그가 원주민에게 들었던 이야기는 다음과 같다.[14]

　　하늘은 단단한 청색 돌로 만들어졌다. 언젠가 하늘은 거의 땅에 닿을 만큼 내려와서, 단단한 잎과 넓고 화살 같은 뿌리와 1미터가 되는 둥치를 지닌 테브나무(키가 2미터나 되었다.)의 커다란 잎 위에 앉았다. … 세상 사람들은 하늘과 땅 사이의 이 좁은 공간에 갇혔다. 그늘이란 뜻의 아바이키에 살던 루가 잠시 동안 우리가 사는 이 세상으로 올라와 있었다. 낮고 좁은 공간에서 고생하고 있는 사람들을 보자 그는 하늘을 조금 들어 올려주려 했다. 각기 다른 종류의 단단한 나무를 잘라 섬의 중간인 랑기모티아의 땅에 나무들을 단단하게 박았고 그 한가운데에 자신이 섰다. 그러자 사람들은 제대로 설 수가 있었고 불편 없이 다닐 수가 있어서 아주 편리해졌다. 루는 '하늘을 받치는 이'로 불렸고, 따라서 테카는 이렇게 노래했다(1794):

---

12. '파편화된 아메리카나 아프리카의 얘기가 아니라, 태평양 전체와 나아가 미크로네시아와 멜라네시아[말레이까지]를 두루 포함한 지역의 놀라운 유사성에 관한 사안이다. 경도 약 120도 위도 70도(적도 부근의 경위도 1도는 대략 110km이다; 역자)로 이 행성 둘레의 4분의 1에 해당하는 아치형 띠에 하나의 단일한 사고 구조가 자리하고 있다고 말할 수 있는 것이다.' Bastian, The Holy Legend of the Polynesians, p. 57.

13. Henry S. King & Co., London, 1876.

14. p. 58.

"하늘을 위로 밀어올려라, 오, 루!
  하늘과 땅 사이를 더 넓혀라!"

'언젠가 루가 자신의 일을 챙기고 있었는데, 루의 버릇없
는 아들 마우이가 그에게 "대체 거기서 무얼 하고 있어요?"라
고 오만하게 물었다. 루가 대답했다. "이 어린놈이 대체 누구
더러 이 따위로 묻고 있는 것인가. 조심하라. 그러지 않으면 이
땅에서 내던져져서 죽을지도 모른다."

"한번 그렇게 해보시지." 마우이가 소리쳤다.

'루는 자신의 말을 지키는 이였다. 조그만 몸뚱이의 마우
이를 잡아서 하늘 높이 던져버렸다. 하지만 마우이는 떨어지면
서 새의 몸으로 모습이 바뀌어 아무 상처도 입지 않고 가볍게
땅에 내려앉았다. 복수심에 불탄 마우이는 이내 자신의 원래
몸으로 돌아왔는데 이번에는 몸집이 장대한 거인이 되었다. 그
리고는 루에게로 달려가 말했다.

"여러 하늘을 받치는 루여,
  세 번째의 존재여, 높이 높이 솟아올라라!"

마우이는 자신의 머리를 루의 두 다리 사이에 넣고 있는
힘을 다해 밀어올렸다. 루는 하늘 위로 멀리멀리 까마득하게
밀려올라갔고 푸른 하늘은 다시는 돌아올 수 없게 멀어져 가버
렸다. 하늘 위로 높이 솟았던 루는 불행하게도 별들 사이에 목
이 끼어 다시 땅으로 돌아올 수가 없었다. 빠져나오려 애를 썼

지만 허사였다. 마우이는 지금의 높이로 하늘을 밀어올린 후
즐거운 마음으로 제자리로 돌아갔다. 하지만 그의 아버지는 몸
과 두 다리가 하늘과 땅 사이에 비참하게 매달려 있게 되었다.
그렇게 하여 루는 서서히 죽어갔다. 몸은 썩어갔고 뼈들은 점
차 무너져내려 많은 조각으로 땅에 흩어졌다. 루의 뼈는 흩어
져 망가이아의 여러 언덕과 계곡이 되었고 해안가도 만들어졌
다.'

　　원주민들은 구멍 뚫린 화산석 조각을 '루의 뼈(테 이비 오
루)라고 부른다.

　　우선, 폴리네시아제도 전체에 걸쳐 약간씩 변형된 형태로
퍼져 있는[15] 이 얘기가 전혀 허튼소리인지, 아니면 어떤 의미가
있는지를 한번 생각해보자. 여기서의 허튼소리라는 것은 어디
에서나 찾아볼 수 있는 어린아이들의 유치한 감각 같은 것으로
생각된다. 불행히도 어린 마우이 같은 많은 아이들이 자신들이
그들의 아버지보다 훨씬 현명하다고 생각하고, 때로 그 아버지
들을 축출하는 데에 성공한다.

　　늘 일어나는 일상의 일을 어쩌다 한 번 일어나는 일로 표
현하는 것은 고대 신화의 특징이라면 특징이다.[16] 낮과 밤 사이
에 일어나는 매일의 싸움이나 겨울과 봄 사이에 일어나는 매년

---

15. 망가이아의 작은 한 섬에서조차도 이 얘기의 다른 판본이 있다. Myths and
Songs, p. 71. 참조.
16. See before, p. 158.

반복되는 싸움 등은 역사적 사건으로 표현되고, 이런 항상 일어나는 자연의 싸움에 속한 에피소드나 접촉들이 어떤 특정한 시간에 일어난 싸움으로, 예를 들어 트로이전쟁 등으로 바뀌어서 나타난다. 역사에서는 잊힐지라도, 밤과 아침, 겨울과 봄 사이에 있었던 고대의 싸움은 전설로서 늘 우리 가까이에 있다. 오늘날에도 고대와 똑같은 방식으로 용감하고 대담한 행위에 걸맞은 사람의 얘기를 어릴 적부터 되풀이하여 들려주고 있다. 원래 태양에 대해 일컬어져 왔던 말인 '암울한 밤을 물리친 동방의 정복자'는 '제2의 주피터니 제2의 마르스니, 제2의 헤라클레스'가 될 법한 영웅들을 일컫는 말로 전이되어갔다.

예를 들어, 거의 어디서나 발견되는 대홍수에 관한 얘기 역시 원래는 고대의 마을 단위에 살던 음유시인의 시야에 비치던 좁은 세계에서 해마다 반복되던 비나 눈의 범람이나 사태에 대한 회억回憶이라는 데에, 나는 의심이 없다. 하늘과 땅이 산산이 부서지고 갈라지는 등의 표현 역시 매일 아침의 해돋이에서 원래 기원했던 것이다. 캄캄한 밤에는 하늘이 땅을 덮고 있는 것처럼 보인다. 둘은 하나처럼 보이고 둘을 따로따로 구별할 수가 없다.[17] 이윽고 새벽이 오고 새벽의 밝은 빛은 어두운 밤의 장막을 어느만큼 들어올린다. 그리하여 마침내 조그만 몸집의 개구쟁이 마우이가, 다시 말해 아침의 해가 나타나 자신의

---

17. Note G 참조.

몸을 밀어올린다. 지평선 아래로부터 그 첫 햇살을 하늘로 비추고 다시 그 빛은 땅으로 새처럼 떨어진다. 또한 그 장대한 형상이 아침 하늘 위로 떠오른다. 이제 새벽은 물러가고 하늘은 땅 위 저만치로 높이 들어올려진다. 그리고 마우이 즉 해는 높은 하늘 위에서 즐겁게 제 갈 길을 간다.

화산석을 루의 뼈라고 부르게 된 연유는 우리가 지금 지니고 있는 망가이아 언어에 대한 지식으로는 알 수가 없다. 그것은 아마도 처음에는 서로 무관하게 만들어진 말로서, 나중에 루와 마우이의 얘기와 합쳐진 것 같다.

이제 매닝 판사가 기록한 마오리족의 전설 몇 개를 인용하려 한다.[18]

'뉴질랜드 사람들의 창세기다.'

'위로는 하늘이 있고 아래로는 땅이 있다. 이 둘이 사람을 만들었다. 그리고 세상 만물을 만들었다.'

'원래 하늘과 땅은 맞닿아 있어 모든 것이 암흑이었다.'

'하늘과 땅의 자식들은 빛과 어둠의 차이가 무엇인지 낮과 밤의 차이가 무엇인지 알아내려 했다.'

'그래서 랑기[하늘]의 아들들과 파파[땅]의 아들들이 모여 이렇게 말했다. "하늘과 땅을 부수든지 서로 갈라놓든지 방도를 찾아보자."'

---

18. Bastian, Heilige Sage der Polynesier, p. 36.

'그때 투마타우엔가[전쟁의 신]가 말했다. "하늘과 땅 둘 모두를 부숴버리자."'

'타네-마후타[숲의 신]가 말했다. "그러지 말고 서로 갈라놓기만 하자. 하나를 밀어올려 우리에게 멀어지게 하고 다른 하나는 우리 아래에 그대로 두어 우리의 부모가 되게 하자."'

'신들 넷이 하늘과 땅을 갈라놓으려 했지만 실패했고 다섯째 신인 타네가 성공했다.'

'하늘과 땅이 갈라진 후 큰 폭풍이 몰아쳤다. 혹은 시인의 표현대로라면, 그 하늘과 땅의 다른 한 아들인 바람의 신 타우히리-마테아가 형제 신들에 대해 내린 응징이었다. 형제 신들이 부모에게 감행한 악행을 벌준 것이었다. 그리하여 어둡고 불길한 날들이 이어졌고 하늘은 차가운 비를 뿌렸고 여기저기서 불길이 터져올랐다. 모든 신들이 서로 싸웠고 마침내 전쟁의 신 투가 최종 승리를 거두었다. 그는 폭풍의 신만 남기고 자신의 형제들을 모두 잡아먹었다. 싸움은 계속되었고 땅의 많은 부분이 바다에 잠겨 마른 땅은 조금만 남게 되었다. 그런 후로 빛이 점점 커져갔고 빛이 커감에 따라 하늘과 땅에 감추어졌던 사람들 역시 많아져갔다. … 세대와 세대가 늘어났고, 이윽고 죽음의 신인 마우이-포티키가 세상에 죽음을 데려왔다.'

'이제 이런 세상이 되어 하늘은 그의 아내 땅으로부터 멀리 떨어져 있다. 하지만 아내의 사랑은 한숨 속에 남편에게로 솟아오르기도 한다. 이것이 바로 산꼭대기로부터 하늘로 날아오르는 안개구름이다. 그리고 또한 하늘이 그의 아내 쪽으로 흘려보내는 눈물도 있다. 그것이 바로 이슬방울이다!'

이것이 마오리의 창세기다.

이제 베다로 돌아가서, 위에서 말한 약간은 조악하고 이상한 전설들과 고대 아리아 시인들의 언어를 비교해보자. 『리그베다』의 시에도 역시 하늘과 땅의 분리와 멀어짐은 여러 차례 암시되어 있고 다음과 같은 곳에서도 가장 영웅적인 신들의 과업으로 표현되어 있다. I. 67, 3에서는, 불의 신 아그니가 땅을 잡고 하늘을 받치고 있다. X. 89, 4에서는, 인드라가 하늘과 땅을 갈라놓았다. IX. 101, 15에는 소마가 앞과 같은 행위로 찬양되고 있다. 그리고 III. 31, 12에는 다른 신들이 같은 영예를 나누고 있다.[19]

아이타레야 브라흐마나에는 다음과 같이 씌어져 있다.[20] '이 두 세계[하늘과 땅]는 한때 서로 함께 있었다. 그러다가 두 조각이 났다. 비도 안 오고, 해도 비치지 않았다. 다섯 부족들이 서로 반목했다. 신들이 하늘과 땅을 다시 붙였다. 서로 함께 된 하늘과 땅은 신들의 결혼식을 주관했다.'

여기서 우리는 짧은 형식에 담긴 동일한 생각을 본다. 처음에 하늘과 땅은 같이 있다가 나중에 분리되었다. 그들이 분리되자 세상에는 전쟁이 휘몰아쳤고, 비도 내리지 않고 해도

19. Bergaigne, La Religion Védique, p. 240.
20. Ait. Br. IV. 27; Muir, iv. p. 23.

나오지 않았다. 이윽고 하늘과 땅이 다시 하나가 되었고 성대한 결혼식이 벌어졌다.

그리스나 이탈리아에서 하늘과 땅의 결혼이라는 이 개념을 얼마나 쉽게 찾아볼 수 있는지는, 그리스나 로마문학에 익숙한 사람들은 잘 알고 있을 것이다. 그리스에서는 하늘과 땅을 겨울에는 별거하고 봄에는 화해한다는 등으로, 좀더 상세하게 언급하고 있는 듯하다. 하지만 하늘과 땅의 우주적 분리에 언제나 등장하는 것이 있다. 밤의 어둠에서는 어떤 것도 분간할 수 없으니, 이에 따라 반드시 빛이 필요하다는 요구였다. 해가 올라 푸른빛 하늘이 들어올려지는 그런 상황에 대한 필요성이었다.[21]

호머의 시에서는 땅에 대해 이렇게 말한다.[22]

'신들의 어머니요, 별 가득한 하늘의 아내.'[23]

하늘과 에테르는 종종 아버지로 불린다. 예를 들어 에우리피데스는 그들의 결혼에 대해 다음과 같이 쓰고 있다.

'강력한 땅이 있고 주피터의 하늘이 있다.

---

21. See Muir, iv. p. 24.
22. Homer, Hymn xxx. 17.
23. [Greek: Chaire theôn mêtêr, haloch Onranon asteroentos.]
24. Euripides, Chrysippus, fragm. 6 (edit. Didot, p. 824):
[Greek: Gaia megistê kai Dios aithêr,

그(하늘)는 사람과 신을 만든 창조자이다.
땅은 촉촉이 젖은 빗방울을 받아들여
인간을 낳고
음식과 동물의 족속들을 낳는다.
그러므로 땅을 모든 것의 어머니라
여기는 것은 마땅하다.'[24]

여기서 더욱 흥미를 끄는 것은 에우리피데스가 이런 가르침을 그의 스승이었던 철학자 아낙사고라스로부터 전수받았다는 증거가 존재한다는 사실이다. 역사가인 할리카르나소스[25]의 디오니소스에 의하면 에우리피데스는 아낙사고라스에 대해 여러 차례 강의했다고 한다. 저 철학자의 이론에 의하면, 만물은 처음에는 모두가 한 덩어리였는데 나중에야 분리되었다고 한다. 만년에 소크라테스와 교유하여 이 이론에 의심을 품게 된 에우리피데스는 멜라니페의 입을 빌어 다음과 같이 고대의 한 교의敎義를 전하는 입장을 택하고 있다.

'원래 하늘과 땅이 하나였다는, 그러다가 서로 갈라졌고

---

o men anthrôpôn kai theôn genetôr,
hê d' ugrobolous stagonas notious
paradexamenê tiktei thnatous,
tiktei de Boran, phula te thêrôn,
hothen onk hadikôs
mêtêr pantôn nenomistai.]
25. Dionysius Halic., vol. v. p. 355; Muir, v. p. 27.

나무와 빛과 새와 짐승들과 물고기와 인간의 종족들이 그들로 부터 만들어졌다는 이 얘기[신화]는 나의 것이 아닙니다. 나의 어머니로부터 내려온 것일 뿐입니다.'

이제 우리는 그리스와 인도, 폴리네시아 등에서, 하늘과 땅이 원래 하나였다가 갈라졌으며 다시 재결합하게 된다는, 동 일한 생각과 만나게 됨을 알았다.

그렇다면 베다의 시인들은 이 두 존재, 하늘과 땅을 어떻 게 표현하고 있을까?

그것들은 대개 하나의 개념을 이루는 두 개의 존재로서 이원적인 모습으로 그려지고 있다. 하지만 우리는 땅을 그것 자체로서 그리고 있는 산문 또한 만날 수 있다. 거기에는 땅이 '가시 돋은 것 없이 친절하고 살기에 즐거운 곳'으로[26] 나타나 고, 이에 반해 하늘인 디아우스는 한때 가장 높은 신이었다고 말한 흔적이 분명한 노래도 있다.[27] 둘을 함께 불러낼 때는 디 아바프리티비아우라 불린다. 여기서 디아바는 하늘이고 프리 티비는 넓은 땅을 말한다.

표현된 형용사들을 점검해보면 대다수가 하늘과 땅의 물 리적 측면을 단순히 반영하고 있다. 넓다는 뜻의 우루, 넓게 퍼 져 있다는 뜻의 우루비아카스, 멀리 떨어져 있다는 뜻의 두레 — 안테, 깊다는 뜻의 가비라, 뚱뚱해지다는 뜻의 그리타바트,

---

26. Rig-Veda I. 22, 15.
27. Science of Language, vol. ii. p. 537. 참조.

꿀이나 이슬이 만들어진다는 뜻의 마두두가, 젖이 가득하다는 뜻의 파야스바트, 씨앗이 많다는 뜻의 부리 — 레타스 등이 그것들이다.

또 다른 종류의 형용사들은 어떤 인간적 혹은 초인간적 성격을 이미 부여받고 있다. 여기에는 결코 지치지 않는다는 뜻의 아사스카트, 불멸이라는 뜻을 강하게 시사하는 썩지 않는다는 뜻의 아가라, 다치게 하지 않는다는 뜻 혹은 속이지 않는다는 뜻의 아드루, 선견지명이 있다는 뜻의 프라케타스, 아버지 어머니라는 뜻의 피타-마타, 자손들을 위한 신들이라는 뜻의 데바푸트라, 리타 즉 옳은 것의 보호자요 영원한 법의 수호자란 뜻의 리타브리드 혹은 리타바트 등이 있다.

여기서 아주 재미있는 현상을 보게 된다. 베다에서는 물질적인 것에서 정신적인 것으로, 감각적인 것에서 초감각적인 것으로, 인간으로부터 초인간 혹은 신성으로 점진적으로 나아간다. 하늘과 땅을 보았다. 그리고 우리의 개념에 의하면 그것들은 단순히 눈에 보이고 유한한 존재로 분류된다. 하지만 고대의 시인들은 스스로에게 보다 정직했다. 그들은 하늘과 땅을 볼 수 있었다. 하지만 결코 완전하게 볼 수는 없었다. 그들은 순수하게 유한한 존재 저 너머에 무엇인가가 있다고 느꼈고, 그리하여 그것들에 대해 생각하기 시작했다. 돌이나 나무, 개에 대해 생각할 때와 달리, 무언가 유한을 초월해 있으면서 눈으로 볼 수도 알 수도 없으며, 자신들에게 소중하고 자신들을 수호해줄 수 있을 만큼 강력하면서 동시에 해를 줄 수도 있는 어떤 것으로 생각했다. 하늘과 땅 사이에 있는 모든 것은 하늘과 땅의 것이고 그들의 자산이며 영역이고 그들의 지배 아래 있었다. 하늘과 땅이 모든 것을 붙잡고 있었고 모든 것을 껴안고 있었다. 모든 것을 만들어낸 것처럼 보였다. 빛나는 존재들인 데바들, 태양, 새벽, 불, 바람, 비, 이 모든 것이 그들의 것이었고 따라서 하늘과 땅의 자손이라 불렸다. 이렇게 하늘과 땅은 우주적 부모가 되었다.

하면, 우리는 즉시 이렇게 묻게 된다. '이 하늘과 땅은 그렇다면 신神이란 말인가?' 여기서의 신은 어떤 뜻에서의 신인가? 우리 쪽에서 알아온 바의 신인가? 우리는 왜 신이라 하면 단수만을 생각하고 복수의 신을 생각할 수 없는가? 그렇다면 그리스적 신은 어떤가? 전혀 맞지 않다. 왜냐하면, 그리스인들이 신이라 부른 존재는 인도나 베다와는 전혀 다른 지적 성장의 결과물이기 때문이다. 고대 인도신화에서의 신들은, 이것이 다 저것이다 단정할 수 있을 만큼 실체가 있고 살아 있는 존재이거나 개별적인 존재가 아니라는 사실을 잊어서는 안 된다. 우리가 신이라고 옮기는 데바는 원래 하늘과 땅, 해와 별, 새벽과 바다가 공통으로 가지고 있는 어떤 성질, 구체적으로 말해 <u>빛난다</u>는 것(밑줄: 역자)을 나타내기 위한 하나의 형용사일 뿐이었다. 고대 인도에서 신이라는 개념은 이런 모든 빛나는 존재들이 공통으로 가지고 있는 성질을 가리키는 것 외의 다른 것이 아니었다. 이것은 다시 말해 신이라는 개념은 그것이 가진 추상적 순수성으로서, 하늘이나 땅 혹은 그 밖의 다른 존재들에 적용할 수 있는 어떤 기성의 개념이 아니라, 하늘이나 땅 혹은 다른 존재들로부터 자라나오는 개념이다. 개념을 적용시키려는 대상들로부터 서서히 분리되기도 하고 또 다소간 서로 얽혀 있기는 해도, 그 대상들에 포함되어 있는 것들 이상의 개념은 결코 가질 수 없다.

또한 일단 하늘과 땅이 썩지 않고 영원한 존재, 신적인 어버이, 법의 수호자의 자리에 올라간 경우라도, 그 하늘과 땅이 그런 식으로 사람들의 종교적 의식 속에 변하지 않고 확고한 것으로 남아 있다고 생각해서도 안 될 것이다. 그것과는 아주 거리가 멀다. 분명하고 능동적인 인격적 신 개념을 말할라치면, 베다의 리시들은 전혀 머뭇거림 없이 이렇게 묻는다. 그렇다면 대체 하늘과 땅은 누가 만들었다는 말인가? 앞에서 생각해본 그런 하늘과 신이 아니라, 일상으로 보고 있는, 대자연과 우주의 일부인 그런 하늘과 신은 누가 만들었다는 말인가?

이에 대해 시인은 말한다.[28]

'만물을 기쁘게 해주는 저 빛나는 두 존재[하늘과 땅]를 만든 이는 가장 영리하고 빼어난 일을 한 신들 중의 하나임에 틀림없다. 그 두 존재[하늘과 땅]를 자신의 지혜로써 가늠하고

---

28. Rig-veda I. 160, 4.
29. Rig-veda IV. 56, 3.

영원한 받침대 위에 확고히 했다.'

다시 이렇게도 말한다.[29] '그는 하늘과 땅을 만든 훌륭한 일꾼이다. 자신의 힘으로 바다 없는 공간에 넓고 깊고 보기 좋은 이 둘(하늘과 땅)을 만든 현자이다.'

곧이어 다른 여러 역작들과 마찬가지로 하늘과 땅을 만든 이 일 역시 신들 중의 가장 강력한 신인 인드라에게 돌아간다. 우리는 우선 주피터 플루비우스 혹은 비의 신에 불과했던 인드라가 마치 큰 짐승의 가죽처럼 하늘과 땅에까지 자신을 펼치는 것을 볼 수 있다.[30] 그는 하늘과 땅을 자신의 손에 움켜쥔다.[31] 그리고는 하늘과 땅을 높이 들어올린다.[32] 그리고는 자신을 숭배하는 자들에게 하늘과 땅을 내준다.[33] 그리하여 그후 곧바로, 인드라는 하늘과 땅을 만든 자로서 찬양받는다.[34] 시인은 그 하늘과 땅이 다른 곳에서는 신들을 만든 어버이로, 또 보다 특정하여 인드라의 어버이로 찬양받았던 것을 잘 알고 있지만, 조금도 망설이지 않고 다음과 같이 말한다.[35] '우리 앞에 살았던 시인들은 인드라 당신의 위대함의 궁극에 가 닿았다! 당신 자

---

30. L. c. VIII. 6, 5.
31. L. c. III. 30, 5.
32. L. c. III. 32, 8.
33. L. c. III. 34, 8.
34. L. c. VIII. 36, 4.
35. L. c. X. 54, 3.
36. Cf. IV. 17, 4, 여기에는 디아우스가 인드라의 아버지로 나온다; 하지만 Muir, iv. 31, note. 참조.

신의 몸으로부터 당신의 아버지와 어머니를 함께[36] 창조했다
고 시인은 말하고 있기 때문이다.'

　　이것은 대단히 강력한 본보기가 된다. 한 번 그렇게 할 수
있었던 신은 다음부터는 어떤 일이라도 할 수 있다. 인드라가
하늘이나 땅보다 위대하다는 이 같은 생각은 또 다른 시인에
의해 보다 부드러운 방식으로 다음과 같이 표현된다. 인드라는
하늘과 땅보다 더욱 위대하고 이 둘을 합한 것이 인드라의 반
정도에 불과하다.[37] 혹은 이렇게도 표현되고 있다. '신성한 디
아우스가 인드라 앞에 머리를 숙인다. 인드라 앞에 땅이 드넓
은 공간과 함께 머리를 조아린다.'[38] '당신의 장대함 앞에 디아
우스가 몸을 떨고, 당신의 분노 앞에 땅이 공포로 몸을 떤다.'[39]

　　그러므로 어떻게 보면, 하늘과 땅은 가장 위대한 신들이
자 만물의 어버이며, 따라서 인드라나 다른 신들의 어버이이기
도 하다.

　　그러나 다른 면으로 보면, 때에 따라 돌아가면서 가장 높
은 신으로 간주되는 모든 신들은 하늘과 땅을 만든 장본인이
될 수밖에 없고, 그럴 경우, 어떻든 하늘과 땅보다 더 위대하

---

37. Rig-veda VI. 30, 1.
38. L. c. I. 131, 1.
39. L. c. IV. 17, 2.]
40. L. c. II. 40, 1.]
41. L. c. X. 121, 9.]
42. L. c. X. 190, 3.]

며, 그런 이유로 자식이 아버지보다 더 큰 존재가 되는 결과가
야기된다. 그렇다. 자식이 자신의 아버지의 아버지가 되는 셈
이 되는 것이다. 하늘과 땅을 만든 신은 인드라만이 아니다. 어
떤 노래[40]에서는 전혀 보잘것없는 소마나 푸샨이 만들었다고
도 되어 있고, 또 다른 노래[41]에는 히라냐가르바(황금 씨앗)가,
또 어떤 노래에는 창조자라는 뜻의 그저 다트리라고 불리는 신
이,[42] 만물을 만든 이라는 뜻의 비스바카르만이, 하늘과 땅을
만들었다고도 되어 있다.[43] 태양을 이르는 이름인 미트라나 사
비트리라는 다른 신들도 하늘과 땅을 만든 신으로 찬양되고 있
다. 오래된 신인 바루나 역시 같은 일을 한 것으로 때때로 언급
된다.[44]

이 모든 것에서 우리가 주목해야 할 것은, 이런 모든 이른
바 신들, 혹은 데바들이 다루어지는 방식의 완벽한 자유로움이
다. 특히, 이런 혼란스런 신들의 계보학에서, 어떤 때는 이 신
이 또 어떤 때는 다른 신이 최고신이 되는 것의 용이함과 자연
스러움이다. 이것이 그리스와 유대 종교에서 볼 수 있는 다신
교나 일신교와는 완전히 다른 고대 베다 종교의 독특한 성격이
다. 그리고 베다가 우리에게 가르치고 있는 것이 다른 게 아니
라 바로 이 헤노시이즘henotheistic phase의 단계라면, 이 단계는 그리

---

43. L. c. X. 81, 2.]
44. Rig-veda VI. 70, 1.]

스나 로마 혹은 여러 다른 곳에서 볼 수 있는 보다 고도로 조직
화된 다신교의 전 단계로서 그 다신교가 분명히 거쳐갔을 것이
기 때문에 베다에 대한 우리의 연구가 그리 헛되지는 않을 것
이다.

우리의 언어적 감각에서 볼 때, 베다의 시가 그리 아름답
지도 않고 또 아주 심원하지도 않음은 명백하다. 하지만 배울
것은 있다. 한동안 영향력을 갖다가 보다 젊고 보다 적극적인
다른 신이 나타나면 사라져버리는, 베다 종교 뒤에 자리하고
있는 두 거대한 정령인 하늘과 땅을 보면, 다른 곳에서는 배울
수 없는 교훈을 배우게 된다. 신들은 어떻게 만들어지고 또 사
라져가는가, 초월자나 영원자가 인간의 마음에 가깝게 다가가
려면 또 한동안만이라도 이해될 수 있게 하려면 어떤 다른 이
름들로 불려야 하는가 하는 물음으로부터 시작하여, 마침내 이
름과 이름은 아무런 의미가 없는 것으로 드러나고, 이름 없는
신만이 인간의 가슴속에 자리한 하릴없는 갈구에 대한 최선의
해답이 될 수 있음을 알게 한다.

전에 내가 강[江]에게 부치는 노래라고 말했던 노래 하나를
이제 번역해보려 한다. 만약 강을 신으로 간주한다면 땅에 속
한 신이 될 것이다. 내가 이 시를 택한 이유는 이 시가 신적 계
보학의 과정에 새로운 빛을 던져주기 때문이 아니라, 고대 베
다 시인과 그들의 상황에 대해 우리가 가지고 있는 어떤 모호
한 개념에 현실감을 줄 수 있을 것이기 때문이다. 여기에 나오

는 강은 펀자브 지방의 실제 강이며, 시골 음유시인의 노래라
고는 믿기 어려운 광대한 지리학적 스케일을 보여준다.[45]

1. '시인이여, 외쳐라, 오 물이여, 너의 위대함이여, 여기
비바스바트에 닿았구나.[46] 일곱 개울이 일곱 번 더해져 세 개의
강을 이루었네, 하지만 신두[인더스강]는 그 모든 강들보다 더
뛰어나시다네.'

2. '당신이 지침 없이 달려나갈 때, 바루나가 당신이 걸어

---

45. Rig-veda X. 75. Hibbert Lectures, Lect. iv. 참조.

46. 비바스바트는 해의 이름이다. 비바스바트의 자리 혹은 집은 땅이다. 해의 집, 혹은 더욱 특별한 뜻으로 제물이 바쳐지는 곳으로서의 땅 아닌 다른 것이기는 어렵다.

47. 나는 일전에 yát vågân abhí ádravah tvám을 '당신이 상을 타기 위해 달려갈 때'라고 번역했다. 그라스만은 이와 비슷하게 '오 신두여, 당신이 전투에서 상을 향해 달려갈 때'라고 했고, 루트비히는 '오 신두여, 더 큰 힘을 향해 흘러갈 때'라고 썼다. Vaga는 vegeo, vigeo, vigil, wacker 등과 더불어(Curtius, Grundzüge, No. 159 참조) 베다에 나오는 여러 어려운 단어 중의 하나로, 그냥 일반적인 뜻을 짐작할 뿐, 많은 곳에서 그 정확한 뜻이 확정되지 않고 있다. Vaga는 단수 혹은 복수로 아주 자주 쓰이고 몇몇 경우의 의미는 명확하게 밝혀져 있다. 『피터스버그사전』에는 신속함, 경주, 경주의 상, 획득, 보물, 경주용 말 등의 의미가 나열되어 있다. 이 모든 의미들이 유래하는 공통의 원천을 추적하기가 어려울 것이라는 사실을 직감할 수 있다. 힘, 투쟁, 경쟁, 경주 등의 의미에서 시작해서 경주나 전쟁, 전리품, 보물 등으로 진행하고, 마침내는 vagah를 보다 보편적인 의미에서 획득, 물건, 나아가서 선물로 수여된 물건을 뜻하는 식으로 진행될 수 있겠다. 그리스어에서도 비슷한 의미 변환의 경우를 볼 수 있다. athlos는 경쟁, 상을 타기 위한 경쟁이며, athlon은 경쟁의 상, 보상, 선물을 뜻하고 복수형인 ta athla는 경쟁, 전투 장소 등을 의미한다. 베다의 바감바라(vâgambhara)는 실제로 그리스어 athlophoros로 바가사티 vâgasiti는 그리스어 athlosynê로 번역될 수 있다.

싸움에서 상賞으로의 전변은 다음과 같은 경우에 보인다: Rig-veda VI. 45, 12, vågân

---

갈 길을 파냈네.[47] 당신은 모든 흐름의 선두에 선 주인으로 험난한 협곡을 따라 앞으로 나아갔네.'

3. '소리는 땅을 떠나 하늘에까지 올라갔네, 한량없는 힘을 장대하게 펼치네.[48] 구름으로부터 장대비가 내리고 신두는 황소처럼 크게 포효하며 다가오네.'

4. '오 신두여, 저 여러 다른 강들은 마치 새끼들에게 음매하고 울면서 젖을 주려 달려가는 어미 소처럼 당신에게 달려갑니다.[49] 마치 전장의 왕처럼 이렇게 달려 내려오는 강들을 맞아들여 두 날개처럼 이끕니다.'

5. '받아들인다, 오! 강가[갠지스강], 야무나[줌나강], 사라스바티[수르수티강], 파루쉬니[이라바티강, 라비강]여, 나의 기쁨이여![50] 아시크니[아케시네스강], 마루드리다,[51] 비타스

---

indra sravāyyân tvâyâ geshna hitám dhánam, '오 인드라여, 당신의 도움으로 영광스런 싸움에서 이기게 하소서, 상을 취하게 하소서.'(그리스어 athlothetês 참조)

Rig-veda VIII. 19, 18, té it vâgebhih gigyuh mahát dhánam, '전투에서 큰 부를 획득했다.'

이 연(聯)을 바르게 이해하기 위해 필요한 것은 지금 여기에 나오는 바와 같이 복수형의 vagas로 나아가는 문맥이다. 그런 문맥은 드물다; 예를 들어: X. 53, 8, átra gahâma yé âsan âsevâh sivân vayám út tarema abhí vâgân, '저 불행한 이들(죽은 이들)은 여기 버려두고 행운의 투쟁[상]으로 나아가자.' 여기서의 vâgân은, 신두가 산맥을 가로질러 다른 강들과 경주하고 싸우고 투쟁하는 것을 더 이상 의미한다고 할 수는 없을 듯하다.

48. On sushma, strength, see Rig-veda, 번역본, vol. i. p. 105. subhrám sushmam II. 11, 4; & iyarti with sushmam IV. 17, 12.

49. Muir, Santkrit Texts, v. p. 344. 참조.

타[히다스페스강, 베하트강]와 함께 귀를 기울이자. 오! 아르기키아여,[52] 수쇼마여,[53] 함께 귀를 기울이자!

6. '처음에 신두 당신은 트리쉬타마, 수사르투, 라사[람하강, 아락세스강?[54]], 스베티와 함께 여행을 시작했고, 쿠바[코펜강, 카불강]와 함께 고마티[고말강]로 향했고 메하트누와 함께 크루무[쿠람강]로 향했으며, 그 강과 함께 앞으로 나아갔다.'

7. '힘차고 밝게 그리고 반짝이면서 평원을 가로질러 흘

---

50. 'O Marudvridhâ with Asiknî, Vitastâ; O Ârgîkîyâ, listen with the Sushomâ,' Ludwig. 'Asiknî and Vitastâ and Marudvridhâ, with the Sushomâ, hear us, O Ârgîkîyâ,' Grassman.

51. 마루드리다는 일컫는 일반적 이름이다. 로스에 따르면 히드라오테스와 합류되기 전까지의 아케시네스와 히다스페스가 함께 흐르는 수로였다; 루트비히에 따르면, 히드라오테스와 합류 후의 강을 말한다. 짐머(Altindisches Leben, p. 12)는 로스를 키이페르트의 지도는 루트비히의 의견을 따르고 있다.

52. Yâska에 의하면, 아르기키아는 비파스라고 한다. Vivien de Saint-Martin은 메가스테네스의 소아노스, 수완 등에 의해 물을 공급받는 나라로 간주한다.

53. Yâska에 의하면 수쇼마는 인더스이다. Vivien de Saint-Martin은 수완과 같은 것으로 간주한다. Zimmer는 (l. c. p. 14) Arrian, Indica, iv. 12에서 Soanos를 Soamos로 읽는 경우가 많다고 지적한다.

54. Chips from a German Workshop, vol. i. p. 157.

55. Vâginîvati는 결코 쉬운 단어가 아니다. 모든 번역자들이 다 다르다. 아무도 그 뜻을 정하지 못하고 있다. Muir는 '음식물을 산출하다'라고, 짐머는 '빠른 말(馬)을 많이 가지다'라고, 루트비히는 '강한 암말처럼'으로 번역한다. 바긴은 의심없이 강한 말, 경주마를 가리킨다. 그러나 바기니는 『리그베다』에서 한 번도 암말이라는 뜻으로 쓰이지 않는다. 그리고 본문에는 바기니바트가 아니라 바기니바티로 되어 있다. 만일 바기니가 암말을 의미한다면 암말이 풍성함으로 번역하는 것이 좋으리라. 하지만 그렇게 되면 좋은 말을 가진 것을 단순히 반복하는 것에 지나지 않는다. 바

렀네, 아름다운 암말처럼 가장 날쌔고 정복할 수 없는 신두여, 장관이여!'

8. '말과 마차, 휘황한 옷과 금, 그리고 전리품[55]과 양모[56], 밀짚[57]에 둘러싸여 신두는 젊고 아름다운 모습으로 달콤한 꽃들로[58] 옷을 해 입고 있네.'

---

기니바티는 사라스바티의 우샤스에 주로 해당된다. 하지만 여기는 신두강이다. 바게비하와 연결된다.(Rig-Veda I. 3, 10.) 여기서 바기니를 암말로 생각하면, '말들을 통해 암말이 풍성한'을 의미한다. 또한 Rig-Veda I. 48, 16.의 sám (nah mimikshvâ) vâgaih vâginîvati도 있는데, 이것을 '암말을 가진 당신이여, 말을 주소서'라고 번역하기는 어렵다. 또한 Rig-veda I. 92, 15의 'yúkshva hí vâginîvati ásvân'도 '암말을 많이 가진 당신이여, 마구들을 채우소서'로 번역하긴 어렵다. 바기니바티가 나오는 대부분 구절들의 경우, 여신들은 부유함으로 표현되고 부를 내려달라고 요청받는다. 따라서 나는 바기니를 집합적 추상 명사로 보고 싶다. 트레티니처럼, 원래 전리품으로 부를 나타내는 것으로서. 바기니바티를 그 단어가 나타나는 모든구절들에서 잘 적용되는 부유함으로 번역하고 싶다. Vedic Hymns, vol. i. p. 442. 참조.
56. 우르나바티, 양모가 풍부한, 아마도 양떼가 많은 것으로 유명한 인도 북서부의 양떼를 가리키는 것으로 여겨짐. Rig-Veda I. 126, 7. 참조.
57. 실라마바티는 『리그베다』에서 다시는 나타나지 않는다. Muir는 '식물이 우거진;'으로 번역한다. 짐머는 '물이 풍부한;'으로 옮기고, 루트비히는 그 단어를 그대로 쓴다. 사야나는 실라마를 밧줄을 만드는 식물이라고 한다.
실라마바티의 뜻은 아타르바 베다 III. 12, 2 에서 실라마바티를 대체해서 순리타바티가 쓰인 것에서, 또 산카야나 그리하 수트라, 3, 3에서 보존된 것에서 보는 것처럼 아주 이른 시기에 잊혀졌다. 나는 실라마가 짚을 뜻한다고 생각한다. 어떤 식물에서 나왔든 간에, 이것은 집이나 버팀 재료, 인더스강 등 어디에라도 이 말을 쓸 수 있을 것이다. 루트비히가 추측하는 것처럼 아주 오래된 지방 사투리일 가능성이 있고, 그럴 경우, 후대에 술레이만 영역에 주어진 이름으로 설명될 수 있을 것이다.
58. Madhuvridh는 『리그베다』에 단 한 번 나오는 단어이다. 사야나는 니르군디 (nirgundi, chaste tree)나 그 비슷한 식물로 설명하지만 과연 어떤 나무인지는

9. '신두는 자신의 마차에 말들을 맸네. 우리를 위해 경주에서 이기기를. 그녀의 마차는 진정으로 위대한 마차였고, 스스로의 영광과 엄청난 힘에서 난공불락의 마차였네.[59]

우리의 언어 감각에 의하면 이 시는 그리 시적이지 않다. 하지만 이 시를 지은 시인의 생각을 이해하려 노력해보면 어떤 대담하고 강한 개념이 자리하고 있음을 알게 된다.

템스 강가에 사는 현대의 농부를 한번 생각해보자. 만약 그 농부가 템스강을 여러 강들의 선두에 서서 경주나 전쟁을 이끌고 있는 일종의 장군처럼 본다고 하면 그를 예사롭지 않은 사람으로 인정할 수밖에 없다. 하지만 오늘날의 영국을 여행하면서 이 나라의 강이 어떤 모습으로 흐르는지 전체적 관점을 얻는 일은, 3천 년 전에 인도 혹은 이 시에서 나타난 인도의 한 지역을 여행하는 것보다는 쉬운 일이다. 시인은 한 문장을 통해 일거에 거대한 세 강 무리들, 혹은 그의 표현을 빌면 세 위

---

확실치 않다. 군다는 풀의 한 종류이며 따라서 마두브리드하는 사탕수수 비슷한 식물일 수 있다. 달콤한 즙을 제공한다. 인더스 상류는 사탕수수로 유명하다. Hiouen-thsang, II. p. 105. 참조. 나는 '강이 스스로 옷을 입었다.'는 말을 하듯이, '스스로 옷을 해 입는다.'는 뜻이라는데 로트와 견해를 같이한다. Muir는 '강이 달콤함을 만들면서 땅을 가로지른다.'로 번역한다. 짐머는 '강이 마두브리드하로 스스로 옷을 입었다.'로, 루트비히는 '실라마바티가 자신을 꿀-달콤한 이슬이 풍성하게 피어오르는 곳으로 던져 넣는다.'로 번역하고 있다. 이 모든 것을 보면, 베다학의 현단계가 개개의 단어들에 대한 완벽하고 정당한 의미 규정도 못하고 단어나 연(聯)에 대한 단순 번역에 머물고 있어, 얼마나 진전이 없는가를 알 수 있다.

59. Petersburg Dictionary, s. v. virapsin. 참조.

대한 강들의 군대를 일컫고 있다. 북서쪽으로부터 인더스강으로 흘러들어가는 강 무리, 북동쪽으로부터 인더스강과 합쳐지는 강 무리, 그리고 멀리 갠지스강과 줌나강, 그리고 그 지류들이 그것이다. 지도를 한번 들여다보라. 이 세 강 무리가 얼마나 분명히 드러나 있는지를 알 수 있을 것이다. 하지만 우리의 시인에게는 그런 지도가 없었다. 그는 높은 산에 올라 그 위에서 삼각측량법을 수행할 자신의 날카로운 눈밖엔 가진 것이 없었다. 나는 진군하는 세 개의 강 무리를 처음 볼 수 있었던 그 사람을 일러 시인이라 부른다.

이 노래에서 다음으로 놀라운 것은 등장하는 모든 크고 작은 강에 그 고유의 이름이 붙어 있다는 사실이다. 이것은 문명 생활이 상당할 정도로 발전되어 있었고, 당시의 북인도를 차지하고 있던 여러 부족들 사이에 작지 않은 통일성, 프랑스인들이 즐겨 말하는 연대성이 있었다는 증거가 된다. 강둑에 거처를 정하고 사는 정착민들 대다수가 그 강들을 그것 자체의 고유한 존재로 일컫고 있었다. 물론 강에는 여러 이름이 있었다. 달리는 이,[60] 비옥케 하는 이, 포효하는 이, 혹은 시적 은유가 약간 덜한 화살, 말, 젖소, 아버지, 어머니, 지키는 이, 산[山]의 자식 등이 그것들이었다. 강들은 흐르는 지역에 따라 여러

---

60. '호텐토트인들에게, 쿠네네강, 오카방고강, 오렌지강, 이들 모두는 가리브라는 이름, 다시 말해 달리는 자[the Runner]라는 이름을 가지고 있다.' Dr. Theoph. Hahn, Cape Times, July 11, 1882.

이름을 가지고 있었다. 각 정착민들 사이의 교류가 빈번해져서 어떤 통일된 용어의 필요성이 제기되었을 때에라야 한 나라의 강들은 제대로 된 이름으로 등록될 수 있었다. 이런 과정은 이 시가 만들어지기 전까지 이미 모두 이루어져 있었다.

이제 우리는 또 다른 사실을 숙고하지 않으면 안 된다. 그리고 내 생각에는 이것이 가장 놀랄 만한 일이다. 기원전 천 년의 단 한 사람의 시인에 의해 노래된 그 이름들 덕분에 우리가 이토록 많은 강의 이름을 알게 되었다는 사실이다. 우리는 알렉산더대왕 시대가 되기 전까지는 인도에 대해 아무것도 듣지 못하다가, 인도에 대해서는 그저 이방인일 뿐인 알렉산더대왕의 동반자들에 의해, 그것도 이상한 언어와 낯선 문자로 표현된 인도의 강 이름을 대하게 되었다. 그러자 우리는 별 어려움도 없이 고대 베다의 모든 이름과 만나게 된 것이다.

이런 측면에서 보면 인도의 강 이름은 인도 마을의 이름보다 훨씬 큰 이점이 있다. 우리가 현재 딜리 혹은 델리로 부르고 있는 지역의 이름은 고대에는 인드라프라스타로, 근대에 이르러서는 샤자하나바드로 불렸다. 오우데는 아요디야이고, 사케타의 옛 이름은 잊히고 없다. 그리스인에게 팔림보트라로 알려졌던 파탈리푸트라 마을은 지금은 파트나[61]로 불리고 있다.

베다에서의 강 이름이 변치 않고 지속된 것은 너무도 놀

---

61. Cunningham, Archaeological Survey of India, vol. xii. p. 113.

라운 일이어서, 나는 가끔 결코 이럴 수는 없고 무언가가 잘못 되었을 것이라고 스스로에게 말하곤 한다는 사실을 고백치 않을 수 없다. 나는 인더스나 갠지스가 원래부터 그 이름이었을 것이라는 데에는 의심이 없다. 인더스강은 육로든 해로든 고대의 무역상들에게 알려져 있었다. 아프가니스탄 사람들이 오늘날 푸쉬투스라 부르는 팍티에스의 한 나라로부터, 스키락스라는 인더스강 입구에까지 항해해왔다. 다리우스 히스타스페스(BC 521~486) 치하의 일이었다. 그 시절 이전에도 인도와 인도인은 지금의 이름으로 불렸는데, 그들 나라의 국경을 이루는 강의 이름인 신두로부터 따온 이름이었다. 이란어를 쓰는 인접 부족들은 페르시아와 마찬가지로 s를 h[62]로 발음했다. 따라서 신두는 힌두가 되었고 고대에도 h 발음은 탈락되었기 때문에 힌두는 인두가 되었다. 페르시아를 통해 처음으로 인도에 대해 듣게 된 그리스 사람들은 이처럼 강은 인도스로, 사람은 인도이로 불렸다.

원래 신두는 막다 떼어놓다라는 뜻의 시드로부터 온 말로 나누는 이, 지키는 이, 방어자 등을 의미했던 듯하다. 여성형 단어가 되기 전에는 남성형이었다. 호전적인 부족들의 침입과 야생 동물들의 공격으로부터 평화로운 주민들을 지키는 넓은 강에 주어질 이름으로 이보다 더 적절한 것은 없을 것이다. 인도

---

62. Pliny, Hist. Nat. vi. 20, 71: 'Indus incolis Sindus appellatus.'

에 살던 고대 아리아 주민의 공통된 이름은 '일곱 개의 강'이라는 뜻의 '삽타 신다바'였다. 비록 신두라는 말이 강 일반을 가리키는 보통명사로 쓰이기는 했어도(『리그베다』 VI.19,5, 사무드레 나 신다바 야다마나, '바다를 그리는 강들처럼' 참조), 이 단어는 인도 역사 전체를 통틀어 인도를 지키는 강력한 수호자로서의 강인 인더스의 이름으로 남아 있었다.

『리그베다』에는 신두가 '바다'로 번역되는 것이 더 적합하게 여겨지는 대목이 여럿 있는데, 만일 그렇게 번역될 수 있다면 그런 의미 변화는 이 나라의 지형적 조건에 의해 잘 설명된다. 인더스강은 헤엄쳐 건널 수 있는 곳도 있고, 강으로 불러야 할지 바다로 불러야 할지 모를 정도로 끝이 보이지 않게 까마득히 넓은 곳도 있다. 모든 항해자들이 아는 대로 강과 바다, 이 둘은 서로를 향해 달린다. 그리하여 자연스럽게 강으로서의 신두는 바다의 의미로서의 신두에게로 달려간다.

---

63. 이 이름들의 역사는 Lassen 교수의 'Indische Alterthumskunde'에 취급되어 있다. 최근에는 Kaegi 교수의 아주 주의 깊은 에세이 'Der Rig-veda,' pp. 146-147에서 다루어져 있다.

64. Ptol. vii. 1, 29.

65. Arrian, Indica, viii. 5.

66. Rig-veda III. 33, 1: '산골짜기로부터 비파스와 수투드리가 그들의 강물과 함께 마치 두 마리의 건강한 암말이 그들을 묶은 줄에서 놓여나 히힝거리며 내닫는다. 마치 두 마리의 어미 소가 제 새끼들을 핥듯이 내닫는다. 인드라의 명에 따라 바다를 향해 달리라는 허락이 떨어지기를 기다리면서, 마치 두 사람의 전차를 모는 사람처럼 함께 달리며 강물이 솟구치면 하나가 다른 하나의 안으로 치고 들어간다. 너희, 밝고 씩씩한 강들아.'

하지만 이 두 큰 강, 인더스와 갠지스 — 산스크리트어로 '강가'는 가고 간다는 뜻이다. — 외에도 작은 강들이 있고 그것들의 여러 이름 역시 알렉산더대왕의 동반자들이 우리에게 남겨준 이름과 일치한다.[63]

줌나강, 즉 야무나강은 프톨레마이오스에게는 디아모우나[Diamouna] [64]로 알려져 있었고, 플리니우스에게는 조마네스, 아리안에게는 약간 오염된 형태인 조브레스로 알려져 있었다.[65]

수투드리, 혹은 나중에 사타드루라고 불린 강은 '백 개의 지류로 흐른'이란 뜻을 지녔는데 프톨레마이오스에게 자다르데스[Zadardès]로 알려져 있었고, 플리니우스는 시드루스[Sydrus]라고 불렀다. 메가스테네스 역시 이 강을 자다르데스로 알고 있었다. 베다에는[66] 이 강이 비파스강과 함께 펀자브 지방의 경계선을 형성하고 있었고 당시 아주 격렬한 전투가 있었다고 되어있다. 1846년 휴 고프 경과 핸리 하르딘지 경이 지휘한 수트릿지 전투가 벌어진 곳이 바로 이 자리였던 것 같다. 수트릿지강의 서북쪽 지류인 이 비파스[후일에 비파사]강이 아마도 알렉산더대왕의 군대가 회군한 곳인 것 같다. 당시에 이 강은 하파시스라고 불렀다.[67] 플리니우스는 히파시스로 불렀다. 그러고 보면 비파스의 원래 뜻 '속박되지 않은'에 아주 근접한 단어다. 현대에는 비아스 혹은 베자로 불린다.

---

67. 다른 전통적인 이름들은 히파니스, 비파시스, 비바시스 등이다. 야스카는 아르기키아와 같은 것이라고 했다.

베다에 나오는 서쪽 지방의 그 다음 강으로는 이라바티로 더 잘 알려진 파루쉬니강이 있다.[68] 스트라보Strabo(기원전 1세기의 그리스의 여행가, 지리학자; 역자)는 히아로티스라 불렸고, 아리안은 보다 그리스풍으로 히드라오테스라 불렀다. 현재는 라위강이라 불린다. 수다스 치하의 트리트수스를 침공한 열 명의 왕들이 물길을 막아 건너려 했던 곳이 바로 이 강이다. 하지만 그들의 계략은 실패했고 모두 강물에 휩쓸려갔다.(『리그베다』, VII. 18,8-9)

다음으로는 '검다'는 뜻의 아시크니강이 있다. 칸드라바가라는 다른 이름도 있는데 '달의 줄무늬'라는 뜻이다. 그리스인들은 이 이름을 산다로파고스Sandarophagos라 발음했고, 이것은 약간 기분 나쁜 느낌을 주는 '알렉산더대왕을 먹어치운 이'라는 뜻이 된다. 헤시키우스에 의하면, 알렉산더는 불길한 저주를 막기 위해 이 강의 이름을 '치유자'라는 뜻의 아케시네스Akesinês으로 바꾸었다고 하는데, 헤시키우스는 정작 이 아케시네스라는 이름이 같은 강의 다른 이름, 즉 아시크니의 그리스식 차용이라고 하는, 그리하여 알렉산더가 아스크니를 아케시네스로 부르게 하는 근거를 제공했다는 베다의 전언은 우리에게 전하지 않고 있다. 오늘날 이 강은 키나브라 불린다.

베다에는 그 다음으로 아케시네스강이 있고 또 펀자브의 마지막 강인 비타스타강이 있다. 그리스어로는 히다스페스강

---

68. Nirukta IX. 26. 참조.

으로 바뀌었다. 알렉산더대왕이 함대를 인더스강 아래로 보내 자신의 군대를 바빌로니아로 돌려보내기 전 철수를 시작한 곳이 바로 이 강이었다. 오늘날엔 베하트 혹은 질람이라 부른다.

　　베다에 나오는 다른 강들도 있다. 예를 들어 쿠바강으로, 그리스어에는 코펜강으로 되어 있고 오늘날엔 카불강[69]이다.

---

69. '인더스강이 쿠바강과 카불강을 만나기 전까지 그 상류에서 인더스강에 합류하는 지류들은 특정할 수가 없다. 이 북부 지역들을 여행한 모든 여행객들은 끊임없이 강들의 이름이 바뀌는 것에 대해 불만을 지녀왔다. 하지만 3천 년 내지 4천 년의 세월이 지난 지금, 베다 시절 거기 있었던 강들을 베다에서 그 이름의 흔적을 찾는 일은 거의 불가능하다. 사우육, 라다, 압바신, 부린두, 그리고 네 강 중의 하나인 라사 등등의 이름이 거명되지만, 베다 안에 나오는 거의 전설적이고 가공적인 느낌을 준다. 쿠바강과 카불강과 합류한 후에는 고마티와 쿠루무라는 두 이름이 나오는데, 이 이름들을 현대의 고말강과 쿠룸강과 동일한 것으로 확인한 사람은 내 생각에 내가 최초가 아닌가 한다. (Roth, Nirukta, Erläuterungen, p. 43, Anm.) 고말강은 데라 이스마엘 칸과 파하르포레 사이를 지나 인더스강으로 들어간다. 엘핀스톤은 우기에만 강으로 부를 수 있다고 말하지만 클라프로스는 위쪽 방향으로의 흐름이 훨씬 크고 수량이 많다고 한다. "시르마가의 약간 동쪽으로 고말강은 솔리만산맥을 가로지르고 라그지의 앞을 지나 다울렉카일 부족과 간데푸르 부족이 사는 지역을 기름지게 한다. 강은 페주의 길게 난 좁은 땅에서 바닥을 드러내고 우기 외에는 물을 찾아볼 수 없게 된다. 우기에만 파하르푸르시의 남동쪽을 향하여 인더스강의 오른쪽 강변으로 연결된다." 쿠룸강은 고말강의 북쪽에서 인더스강에 합류한다. 시인의 말에 따른다면 고말강의 남동쪽에서지만 말이다. 시인은 지리학자와는 다른 법칙에 매여 있는 것 같다. 바로 좀 전의 시인의 말에서 보듯이 말이다. 하지만 그 시인이 박박 우겨서 정말 그 말을 진지한 것으로 받아들여야만 할 경우가 생긴다면, 쿠루무 대신 고마티를 포기하는 것이 나을 것이다. 쿠루무가 둘 중 더 큰 강이고, 우리는 쿠루무의 말뜻인 "소가 많은"이라는 형용사에서 보는 것처럼 그 소가 많은 고마티를 택한 것이 될 것이기 때문이다.'-커닝엄 장군의 인도의 고지리학의 한 보고서에서, in Nature, 1871, Sept. 14.

제5강

하지만 베다로부터 알렉산더대왕까지, 혹은 알렉산더대왕으로부터 오늘날까지 훑어본 이제까지의 강 이름들만으로도 베다가 지니는 진정한 역사적 성격을 충분히 인식할 수 있을 것으로 생각된다. 베다가 위작이라고 생각해보자. 그래, 만에 하나 알렉산더대왕 이후에 결집된 것이라고 가정해보자. 이 이름들을 어떻게 설명할 수 있는가? 거의가 산스크리트어에서 의미가 비롯된 이름들이고, 산스크리트어를 모르는 사람들에 의해 발음되고 적힌 그리스식으로 오염된 이름에 상응하는 이름들이다. 이럴진대 어떻게 위조라는 발상이 가능하겠는가?

내가 이 노래를 택한 것은 두 가지 이유가 있다. 우선, 이 노래는 베다 시인이 가질 수 있는 가장 넓은 지리적 지평을 우리에게 보여주기 때문이다. 북으로는 눈 덮인 산맥, 서로는 인더스강과 술라이만산맥, 남으로는 인도양, 동으로는 줌나강과 갠지스강 계곡으로 둘러싸여 있다. 이보다 넓은 이상의 세계는 비록 실제로 열려 있었긴 해도 시인에게 알려져 있진 않았다. 그 다음 이유로는 이 노래를 통해 베다 시대의 역사적 배경을 알 수 있기 때문이다. 오늘날 우리가 보는 이 강들은 알렉산더와 그의 마케도니아인들도 보았고 베다의 시인들도 보던 강이었다. 여기서 우리는 역사적 연속성을 갖게 된다. 살아 있는 증언을 만난다. 그토록 기묘하게 또 그토록 기적적으로 우리에게 전해진 그 노래를 지녔던 사람들이 실제로 살았던 사람들이었고, 씨족과 사제, 아니 신들의 종들과, 무리를 이끄는 목자와 함께 이 언덕 저 계곡에 점점이 박혀 이곳저곳에 울타리를 두르고 또 필요할 경우 성채를 만들면서, 지상에서의 짧은 삶을 살았던 그런 지주地主였다는 사실을 증언하는 산증인을 만나게 되는 것이다. 봄과 여름 가을과 겨울이 해마다 그들을 이끌었고, 동에서 떠올라 하늘에 걸린 태양은 그들이 사랑하던 초원과 과일밭으로부터 그들이 비롯했던 동쪽 세상으로 마음을 추스르게 했고, 또 그들이 바삐 가야 했던 서쪽 세상으로도 마음을 기울이게 했다. 그들은 아직 교의에까지 이르지는 못해서 아주 단순한 것이긴 해도, 종교라고 부를 수 있는 것을 지니고 있었다. '저 너머에 무언가가 있다.' 그들은 이것을 절실히 느꼈고 알았다. 그런 저 너머의 것에 이름 붙이려 했고, 또 그럴 수도 있었다. 그리하여 하나의 종교로 형상화할 수도 있었다. 그들은 우리의 언어 감각에 맞는 신의 이름이나 신들에 대한 일반적 이름도 아직 갖지 못하고 있었다. 하지만 그들은, 자연에서 그 존재를 느낄 수 있는 힘들을, 비록 그것들의 진정하고 완전한 본질은 우리에게서와 마찬가지로 그들에게도 눈으로 볼 수 없고 불가해 하긴 했지만, 겉으로 드러나고 눈에 보이는 징후로써 파악하고 이해할 수 있게 하는 여러 이름들을 만들어냈다.

제6강
---
# 베다의 신들

베다에서 땅의 신으로 일컬어지는 또 하나의 자연 현상은 불*
로서, 산스크리트어로 아그니$^{Agni}$, 라틴어로는 이그니스$^{ignis}$다.
불에 대한 숭배와 아그니에 바쳐진 찬양을 보면, 인간이 생활
해나가는 데 꼭 있어야 할 안온함뿐만 아니라 인간의 삶 자체
가 불을 만드는 지식에 의존하고 있었던 인류 역사의 한 단계
를 분명히 파악할 수가 있다. 오늘의 우리는 불에 너무도 익숙
해져 있어서 불이 없는 삶에 대해서는 생각조차 할 수가 없다.
하지만 고대인들은 어떻게 불을 지배하고 또 불을 소유하게 되
었을까? 베다의 시인들은 말한다. 불은 처음 번개의 모습으로
하늘로부터 와서 이내 사라졌다고. 그런 후 프로메테우스와 유
사한 존재라 할 수 있는 마타리스반이 불을 다시 가져와 브리
구스[플레기아스] 부족에게 안전하게 보관하도록 맡겼다.[1] 다
른 시$^{詩}$에서는 나무 조각을 문질러서 불을 만들었다는 얘기도

---

1. Muir, iv. p. 209. 참조.

나온다. 그런 용도로 쓰인 나무의 이름이 산스크리트어로 프라
만타[Pramantha]인데, 쿤이 지적한 것처럼 이 단어가 그리스어로 프
로메테우스의 이름과 아주 유사한 것은 놀랄 만한 일이다. 제
단의 노爐에 불을 신성하게 모시거나 불놀이를 위해 불을 만들
거나 간에, 불의 소유는 초기 문명의 족적에서 커다란 비약이
었다. 사람들은 불을 이용하여 날고기를 익혀서 먹을 수 있었
다. 밤에도 일을 할 수 있었다. 추운 날씨에는 얼어 죽는 것을
면하게 했다. 따라서 불이 최고의 신으로 또 가장 가까운 신으
로 추앙받은 것은 당연한 일이다. 불은 하늘로부터 땅에 내려
온 유일한 신으로, 인간의 친구로, 신의 사자使者로, 신과 인간
사이의 중재자로, 죽어가야 할 것 가운데 있는 죽지 않는 자로
추앙을 받았다. 불은 아리아인을 보호하고 피부 검은 그들의
적들을 놀래주어 달아나게 했다고 씌어져 있다.

　　이후 베다의 시인들은 불을 보다 일반적인 빛이나 열기
로 인식하기 시작했고, 노와 제단에서만 아니라, 새벽과 태양,
태양 저편의 세상에도 있는 아그니라는 존재를 형상화하게 된
다. 그와 동시에 아그니의 힘은 땅의 과실들을 익게, 그들의 말
을 빌면 요리하게 하고, 인간 육체의 열기와 생명을 지켜주는
것으로 인식되었다. 이런 관점에서 아그니는 다른 여러 힘들
과 마찬가지로 최고신의 자리에 오르게 된다.[2] 하늘과 땅에 자

2. Muir, iv. p. 214. 참조.

신을 확장해나갔다고 씌어져 있는데, 빛이 없다면 하늘도 땅도 보이지 않고 구별되지도 않기 때문이다. 그 뒤를 이은 시인은 아그니가 자신의 빛으로 하늘을 높이 들어올려 하늘과 땅의 두 세계를 갈라놓았다고 썼다. 마침내 아그니는 창조자로 하늘과 땅의 아버지로 또 땅 위에서 날고 걷고 서 있고 움직이고 하는 모든 것들을 만들어낸 존재로 묘사되었다.

여기서 우리는 다시 한 번 동일한 과정을 목격하게 된다. 인간의 마음은 나무를 때리고 숲 전체를 태워버리는 번개에 놀라기 시작하고, 나무를 문지르거나 수레바퀴에서 튀는 불꽃, 혹은 나중에는 불놀이를 위해 일부러 만든 불꽃을 보고 놀라움을 느끼기 시작한다. 그런 후 인간은 자신이 기적으로 여기는 것에 대해 경이하게 된다. 그리할 수밖에 없는 것은 그것이 사실이고 명확하며, 자연 속에서 일어난 일이기 때문이다. 어떤 힘의 결과를 보지만 그것의 원인은 유추할 수 있을 뿐이다. 그런 원인에 대한 추구는, 하나의 대리인으로서, 혹은 인간 대리인과 같은 것으로서, 혹은 어떤 면에서 정작 인간이 아니라면 인간 혹은 초인간이 아닌 다른 어떤 것으로서 말함으로써 할 수 있을 뿐이다. 이런 식으로 불에 대한 개념이 자라났고, 개념이 일반화되면 될수록 보다 높은 차원으로 승화되고 보다 불가해하게 되어갔으며 보다 신적인 상태로 바뀌어갔다. 아그니가 없이는, 불과 빛과 온기가 없이는, 생명은 불가능할 것이다. 따라서 아그니는 식물과 동물, 사람의 생명, 그 생명의 작가가 되었고 생명의 제공자가 되었다. 또한 빛과 생명 그리고 만물들의 존재를 위해서 그의 호의가 꼭 필요했고 모두가 그것을 간청했다면, 시인들의 마음속에서 또 이 마을 저 마을의 전통 속에서 아그니가 최고 지배자의 반열에, 모든 신들 중의 신의 반열에, 그들의 진정한 신의 반열에 올라가는 것이 무엇이 놀라운가?

지금 우리는 고대의 시인들이, 공기 중에서나 구름 가운데서 발견한 힘, 또한 천둥, 번개, 어두움, 폭풍, 폭우 등 대기 상의 여러 충돌 현상 중에서 발견한 힘들을 통해, 사람들에게 아주 중요한 교훈, 다시 말해 이 세상에는 인간만이 홀로 있는 것이 아니라는 교훈을 가르쳤을 것이 틀림없다는 생각을 진행해 나가고 있다. 알다시피, 많은 철학자들은 모든 종교가 공포와 두려움에서 생겨났다고 믿고 있고, 또한 천둥과 번개가 없었다면 그것들에 의한 가르침이 없었다면, 어떤 신에 대한 믿음도 일어나지 않았을 것이라고 믿고 있다. 하지만 이런 견해는 일방적이고 과장된 견해다. 뇌우는 두말할 것도 없이, 두려움과 공포를 일으키고 인간의 나약함과 무언가에 의존해야 하는 처지에 대해 생각하게 한다. 베다에서마저 인드라는 이렇게 말한 것으로 소개되고 있다. '그렇다, 내가 천둥과 번개를 내려보내면 너희들은 나를 믿는다.' 하지만 우리가 종교라고 부르는 것은 결코 두려움과 공포에서만 기원하지는 않는다. 종교란 믿음

227

이다. 그리고 그 믿음은 자연의 질서와 지혜에 의해, 인간의 마음과 가슴에 새겨진 인상에서 비롯된다. 보다 특정해서 말한다면, 만물을 통해 서서히 발견되는 현상들, 규칙적으로 일어나 종국에는 모든 원인들 중의 궁극적 원인으로 귀결되는 현상들, 즉 태양의 회귀, 달의 부활, 계절의 질서, 인과의 법칙 등에 의해 인간에게 새겨진 인상에서 비롯되는 것이다.

또한 대기 현상이 고대 신들의 형성에 중요한 분깃을 가지고 있었음은 의심의 여지가 없다. 베다 현자들의 시에서 그런 대기 현상은 아주 두드러진 위치를 차지한다. 베다 시대의 주신主神이 누구였냐는 질문을 받는다면, 우리가 지금 가지고 있는 남겨진 시詩에 의해 판단할 때, 창공의 신, 인도의 제우스, 구름을 모으는 이, 비를 내리는 이, 천둥 번개를 휘두르는 이, 어둠과 어둠의 모든 세력의 정복자, 빛을 가져오는 이, 신선함과 활력과 생명의 원천, 온 세상의 지배자요 주인인 인드라라고 대답할 수밖에 없을 것이다. 베다의 인드라는 이렇게 묘사되는데 이것말고도 다른 많은 묘사가 있다. 그는 여러 시인들의 노래에서 최고신이었고, 많은 고대 부족과 시골 마을에서 바쳐져온 기도 속에서도 최고신이었다. 그와 비긴다면 다른 신들은 노쇠한 늙은이에 불과했다. 모든 신들의 아버지요, 인드라 자신의 아버지이기도 했던 하늘, 저 옛 하늘의 신인 디아우스도 그 앞에서는 머리를 숙인다. 땅도 그가 다가오면 몸을 떤다. 하지만 인드라가 제우스나 주피터처럼 다른 신들에게 충성을 명했던 적은 결코 없었다. 그렇다. 우리는 베다 그 자체를 통해, 인드라 같은 신이 있을 수 있을까 하는 의문을 품으면서 그 존재를 부인하는 회의주의자가 그 오랜 고대의 시대에서조차 있었음을 알고 있다.[3]

인드라의 곁에, 전쟁에서 그와 함께하는, 그리고 때로는 그와 분간하기가 쉽지 않은 바타 혹은 바유라 불리는 바람의 신과, 또한 보다 혹독한 폭풍의 신인 '깨부수는 이'라는 뜻의 마루트 등을 발견할 수 있다.

바람의 신에 대해 시인은 이렇게 말한다.[4] '그는 어디서 태어났는가? 그는 언제 솟아났는가? 신들의 생명이며 세상의 씨앗인 그는! 저 신은 자신이 바라는 곳으로 자신의 목소리가 들리는 곳으로 움직여 다닌다. 하지만 모습을 볼 수는 없다.'

마루트는 바람인 바타보다 더 두려운 존재다. 그들은 인도에서 잘 알려진 폭풍들의 대표자다. 그런 폭풍이 일면 공기는 먼지와 구름에 의해 캄캄해지고, 나무는 순식간에 잎을 잃어 앙상해지며 가지들은 떨고 둥치는 부러지며, 땅이 둘둘 말리고 산들이 흔들리며 강물은 포말을 일으키고 분노로 들끓는다. 그런 때 시인은, 황금 투구를 쓰고 어깨에는 표범 가죽을 두르고 황금 창과 도끼를 휘두르고 날카로운 화살을 쏘아대며 천둥과 번개 사이로 채찍을 휘두르면서 마루트들이 다가오는

---

3. Hibbert Lectures, p. 307. 참조.
4. Rig-veda X. 168, 3, 4.

것을 본다. 그들은 인드라의 동료이다. 혹은 때로는 인드라처럼 하늘의 신인 디아우스의 아들들이며, 또한 동시에 많은 노래가 바쳐진 또 다른 두려운 신인, 싸우는 신이자 부르짖는 이인 루드라의 아들들이다. 시간이 지남에 따라 그에게는 새로운 성격이 주어지는데 치유자와 구원자의 성격이 그것으로, 이런 전환은 인도에서 아주 자연스럽다. 독한 기운을 몰아내고 건강을 회복하며 인간과 짐승에게 새로운 활력을 불어넣는 것으로는, 여러 주일의 혹서와 가뭄 뒤에 오는 뇌우만큼 강력한 것이 없기 때문이다.

이들과 다른 여러 신들, 이를테면 파르가니아와 리부스 등은 고대 시인들의 환상에 등장하는 가장 적극적이고 가장 극적인 대기大氣의 신들로, 여러 경우에서 후대 영웅들의 원형이며 인도 서사시에서 유명한 신들이다. 특히 전쟁에서 이 하늘의 싸움 신들은 어김없이 사람들의 기원의 대상이 된다.[5] 인드라는 전쟁의 우두머리이고, 영민한 아리아족의 보호자이자, 피부색 검은 인도 원주민들을 쳐부수는 신이었다. 시인은 말한다. '인드라신이 검은 족속 오만 명을 넘어뜨렸네. 그들의 성채는 낡은 넝마처럼 짓이겨졌네.' 좀 이상하게 들릴지 모르지만, 인드라가 적들로부터 자기 백성들을 구원하여 찬양받는 모습은 야훼신이 유대 사람들에게 찬양받는 것을 연상케 한다. 이

---

5. See Kaegi, Rig-veda, p. 61.

와 같이, 트리트수스의 경건한 왕 수다스가 전쟁에서 열 명의
왕들에게 궁지에 몰렸을 때, 인드라가 홍수를 작은 여울로 만
들어 수다스를 구한 일화가 담겨 있는 시가 발견되기도 한다.

또 다른 시도 있다.[6] '당신은 투르비티 바야를 위해 커다
란 강을 제압한다. 홍수는 당신에게 복종하고 강은 건너기 좋
도록 변한다.' 이는 성서에 나오는 시편 작가의 시와 그리 다르
지 않다.(1 xxviii.13) '그는 바다를 갈라 건널 수 있도록 했네,
물을 마치 산더미처럼 일어서게 했네.'

또한 베다에는, 원수에게 복수를 끝낼 때까지, 해도 멈추
고 달도 멎었다는 여호수아의 전쟁 장면을 연상케 하는 대목도
있다.[7] '인드라가 낮을 늘여 밤에까지 이르게 했다.'든지, '해가
한낮에 자신의 마차에서 마구를 끌러냈다.'는 구절들이 그것이
다.[8]

인드라에게 바치는 노래에서는, 그가 원래 하늘과 뇌우
등과 맺고 있었던 연관성은 깡그리 잊힌 듯도 보인다. 거기서
그는 영적인 신이 되고, 모든 것을 보고 모든 것을 듣는, 온 세
상과 모든 사람의 유일한 왕이 된다.[9] 그렇다. 사람들로 하여금
지고의 생각을 하도록 고무하는 그런 왕이 된다.[10] 어느 누구도

6. Rig-veda II. 13, 12; IV. 19, 6.
7. Joshua x. 13.
8. Rig-veda IV. 30, 3; X. 138, 3.
9. L. c. VIII. 37, 3.
10. L. c. VIII. 78, 5.

그와 견줄 수 없고 어느 누구도 그보다 뛰어날 수 없다.

인드라라는 이름은 인도에 고유한 이름이다. 대아리아족의 분열 이후에 만들어진 이름이 틀림없다. 왜냐하면 그리스어나 라틴어, 독일어 어디에서도 이 이름을 발견할 수 없기 때문이다. 이미 언급한 대로, 그 분열 이전에 이미 그 이름이 만들어졌음이 분명한 베다 신들도 있다. 따라서 신의 성격은 아주많이 변형되었을지라도, 때론 그리스어로 때론 라틴어로 또 때론 켈트어, 튜턴어, 슬라브어 등의 지역어에서 그 이름을 만날수가 있다. 예를 들어 디아우스는 제우스나 주피터와 같은 말이고, 우샤스는 에오스, 나크타는 닉스, 수리아는 헬리오스, 아그니는 이그니스, 바가는 옛 페르시아어의 바가와 옛 슬라브어의 보구, 바루나는 우라노스, 바크는 복스와 같은 말이다. 또한폭풍의 신 마루트의 이름에서는 이탈리아의 전쟁의 신 마르스의 씨앗을 찾아볼 수 있다. 이런 직접적인 일치 외에도 간접적인 일치도 눈에 띄는데 헤르메스와 사라메야, 디오니소스와 디우니샤, 프로메테우스와 프라만타, 오르페우스와 리부, 에리니스와 사라뉴, 판과 파바나 등이 그것이다.

하지만 뇌우의 신으로 또 비의 제공자로 알려지기도 한하늘의 신의 이름인 인드라는 아리아족의 서북쪽 구성원들에게는 알려져 있지 않았다. 인드라 이전에는, 인드라가 지니게되는 속성 중 일부[인드라 파르가냐트마]를 이미 수행했던 다른 신, 베다에서는 아주 드물게 나오는 이름인, 이를테면 파르가니아가 존재했음이 틀림없다. 왜냐하면, 우리가 앞으로 볼 것처럼 독일이나 발틱 연안 등, 아리아어 중 적어도 두 언어에서 이 말을 가지고 있기 때문이다.

때로 이 파르가니아가 하늘의 신인 디아우스의 자리에 서기도 한다. 그래서 아타르바-베다 XII.1,12에는[11] '땅은 어머니요, 나는 땅의 아들이다. 파르가니아는 아버지다, 우리를 도와주시기를!'이라고 씌어져 있다.

또 다른 곳에서는(XII.1.42) 땅이 하늘 혹은 디아우스의 아내가 되는 대신, 파르가니아의 아내로 불리고 있다.

그렇다면 이 파르가니아는 누구인가? 이에 대해서, 그가 디아우스 혹은 하늘과 동일한 존재인지 아니면 디아우스의 후계자인 인드라와 동일한 존재인지, 혹은 하늘의 신인지 아니면 구름이나 비의 신인지에 대해 오랜 논란이 있어 왔다.[12]

내게는 하늘의 신이니 구름의 신이니 하는 바로 이런 표현들이 너무도 완벽하게 시대착오적인 것으로 여겨져서, 문법적인 잘못을 범하지 않고서는 베다식 산스크리트어로 번역조차 할 수 없을 것 같다. 당연한 말이지만, 고대 세계의 사상을 표현하고자 할 때는 현대의 우리가 말하는 방식을 쓸 수밖에 없다. 하지만 그 고대 단어를 제대로 반영하고 있는 사전적 대

---

11. Muir, iv. p. 23.
12. Ibid. p. 142. 파르가니아에 관한 빼어난 논문 하나가 1862년 Bühler에 의해 출간되었다. Orient und Occident, vol. i. p. 214.

표어를 받아들이지 않을 수도 없다. 데바가 '신들' 혹은 '신'을 의미하는 것은 틀림없다. 그리고 파르가니아는 '구름'을 의미한다. 하지만 어느 누구도 산스크리트어로 '구름의 신'이란 뜻의 파르가니아샤 데바라고는 말하지 않는다. 신 혹은 신성, 혹은 초월적 요소 등은 구름이나 하늘 혹은 땅에 덧보태지기 위해 외부로부터 부여되는 것이 아니다. 그것은 구름이나 하늘 혹은 땅, 그 자체로부터 솟아나 점차 독립적인 개념으로 완성된다. 고대 언어에서는 많은 단어들의 의미가 하나로 정의되지 않고 화자의 의도에 따라 다양한 목적으로 운용되기 때문에 신들의 이름 역시 이런 신축적이고 가소성可塑性 있는 고대 언어의 특징을 가지고 있다. 파르가니아는 어떤 구절에서는 구름을 의미하고 또 다른 구절에서는 비를 의미하기도 한다. 어떤 구절에서는 하늘의 신인 디아우스가 차지하던 자리를 대신하는 경우도 있고, 대기의 힘센 신인 인드라의 자리를 대신하는 경우도 있다. 과학적인 신화학자들에게 이런 예들은 아주 그릇되고 비과학적일 수 있다. 하지만 그런 것은 어쩔 수 없다. 비과학적인 것은 고대 사고와 고대 언어의 본성이라 할 수 있다. 우리는 우리 조상들의 잘못을 발견하고 우리가 하는 것처럼 정확하게 논증하지 못한 것을 불평하는 대신, 그것에 완전히 익숙해져야 하고 또 익숙해지기를 배워야만 한다.

　　베다의 노래에는 파르가니아가 최고신으로 나타나는 구절들이 있다. 거기서는 하늘의 신인 디아우스처럼 아버지라 불린다. 생명을 주면서 살아 있는 신, 그리고 가장 오래고 가장 위대한 신인 아수라라고 불린다. 어느 시인은 말한다.[13] '그는 온 세상의 신으로서 다스린다. 모든 피조물이 그 안에서 쉰다. 모든 움직이고 휴식하는 것들의 생명[아트마]이다.'

이런 식의 파르가니아에 대한 언급은 최고신에 대한 가장 풍부한 묘사가 되기도 할 것이다. 하지만 여기에 그치지 않고 또 다른 구절들도 있는데, 그 구절들에서 그는 당시의 가장 높은 신이며 하늘과 땅의 가장 강력한 지배자인 미트라와 바루나의 지휘 아래 땅에 비를 내려주는 임무를 수행하는 이로 그려지고 있다.[14]

다시 어떤 글에서는 파르가니아가 인격적인 속성과는 전혀 무관하게 단순히 비나 구름으로 나타나고도 있다.

이렇게 씌어져 있다.[15] '낮임에도 불구하고 폭풍의 신인 마루트들은 비를 품고 온 구름으로 암흑을 만들었고 비는 땅을 적셨다.' 여기서 구름은 바로 파르가니아인데, 이 이름은 고유명사가 아닌 보통명사임이 분명하다. 이 단어는 복수형으로도 나오는데 땅에 생기를 주는 많은 수의 파르가니아들, 다시 말해 구름들로 읽을 수 있다.[16]

데파티가 그의 형제를 위해 비를 내려달라고 기도하면서

---

13. Rig-veda VII. 101, 6.
14. Rig-veda V. 63, 3-6.
15. L. c. I. 38, 9.
16. L. c. I. 164, 51.

이렇게 말한다.[17] '나의 기도를 들어주시는 주여! 당신이 미트라든 바루나든 푸샨이든 간에 나의 이 제물로 내려오소서! 당신이 아디티아와 함께든 바수스와 함께든 아니면 마루트와 함께든 간에 산타누를 위해 구름[파르가니아]더러 비를 내리게 하소서.'

다시 이런 글도 있다. '비구름[파르가니아]을 일게 하라.'

파르가니아를 구름으로 옮기든 비로 옮기든 별 차이가 없다. 비를 위해 기도를 하든 구름을 위해 기도를 하든, 그런 기도를 하는 사람들에게 비가 가져다주는 혜택이 무엇이든 간에 그것들 모두는 구름의 혜택이라고 말할 수 있기 때문이다. 예를 들어 비가 오기 시작하자 마른 연못에서 나와 서로 부둥켜안고 지절거리는 개구리에게 바치는 흥미로운 노래가 하나 있다. 시인은 개구리들을 희생제에서 노래하는 사제들과 비교하고 있는데, 그 자신이 사제이기도 했을 듯한 시인이 한 비유로는 그리 경건치 않은 언급이다. 개구리들의 지절거림은 파르가니아에 의해 다시 활력을 되찾았고, 우리는 이 파르가니아를 아주 자연스럽게 비로 옮긴다. 물론 시인은 구름을 의미했을 수도 있고 혹은 파르가니아신 자신을 의미했을 수도 있지만 말이다.

이제 나는 파르가니아에 바쳐진 노래 하나를 번역하려 한

---

17. L. c. X. 98, 1.

다. 신으로 상정된 파르가니아를, 혹은 최소한 인류의 지적 성장 단계 중 그 즈음의 단계에 가능한 신으로 상정된 파르가니아를 노래하고 있다.[18]

1. '이 노래들을 통해 저 강한 신에게 빌라! 파르가니아를 찬양하라. 그를 경배하라. 울부짖는 황소와도 같은 그는, 비를 뿌리며 들의 나무들에게 씨앗을 품은 과일을 내려준다.'

2. '나무를 산산이 찢어 놓는다. 나쁜 영들을 죽여 없앤다. 온 세상이 그의 강력한 무기 앞에서 몸을 떤다. 천둥과 함께 파르가니아가 악을 행하는 자들을 내려치면, 죄 없는 자도 저 엄청난 힘 앞에서 달아난다.'

3. '채찍으로 말들을 때리는 마차몰이꾼처럼, 그는 자신의 전령인 비를 몰아친다. 파르가니아가 하늘을 비로 가득 채우면, 저 멀리서 사자의 으르렁거림이 일어난다.'

4. '바람이 불고 번개가 날아간다.[19] 초목은 솟아나고 하늘은 비를 퍼붓는다. 파르가니아가 자신의 씨앗으로 땅을 축복하면 온 세상을 위해 양식이 만들어진다.'

5. '오 파르가니아여! 당신의 역사役事 앞에 세상은 고개를 숙인다. 당신의 역사 앞에 단단한 발굽의 동물들이 흩어진다.

---

18. Rig-veda V. 83. See Bühler, Orient und Occident, vol. i. p. 214; Zimmer, Altindisches Leben, p. 43.

19. Bühler (Orient und Occident, vol. i, p. 224)와 Zimmer (Z. f. D. A. vii. p. 169) 두 사람 공히, Rig-veda VII. 101, 1.에 번개가 파르가니아의 아들로 표현되어 있다고 말하고 있다. 의심스럽다.

당신의 역사 앞에 초목들은 온갖 모양으로 몸을 바꾼다. 당신은 우리를 보호하소서!'

6. '오 마루트들이여! 우리에게 하늘의 비를 내리소서. 강건한 말의 내달림처럼 내려오게 하소서. 비를 퍼부으며 당신의 천둥과 함께 이리로 내려오소서. 당신은 살아 있는 신이며 우리의 아버지이기 때문입니다.'

7. '우르릉거리며 천둥을 울리소서. 그리고 풍성함을 내리소서. 당신의 마차에 비를 가득 싣고 우리 주위로 날아 내리소서. 당신의 물 부대를 아래를 향해 열고 물을 부어내려 높은 곳은 낮아지고 낮은 곳은 높아지게 하소서.'

8. '커다란 두레박으로 물을 길어올리고 그 물을 부어 물길이 마음대로 흐르게 하소서. 하늘과 땅을 비옥함으로 적시소서. 그리하여 암소들이 여유롭게 목을 축이는 장소가 되게 하소서.'

9. '오 파르가니아여, 당신은 천둥치고 으르렁거리며, 악을 행하는 자를 죽여 없애니, 땅 위에 살고 있는 모든 이들은 그로 인해 기뻐합니다.'

10. '비를 내린 당신이여, 이제 그만 그치소서. 당신은 사막을 사람이 지나다닐 수 있는 곳으로 만들었고, 초목들이 자라나 곡식을 영글게 했고, 사람들은 당신을 찬양합니다.'

이것이 베다의 노래다. 고대의 노래가 어떤 것인지를 보여주는 아주 적절한 보기라 할 수 있는데, 장대하거나 시적인 것은 그리 찾아볼 수가 없다. 하지만 오늘날 삶을 비에 의존하고 있는 많은 시골 사람들을 생각해볼 때, 비에 대한 이런 기도문을 작성할 수 있는 사람은 그리 많지 않을 것이다. 인도에서 파르가니아에게 첫 기도를 바친 지 3천 년이 지난 지금에도 말이다. 또한 이 노래가 전적으로 시적 개념과 표현을 결합하고 있는 것도 아니다. 더운 여름날 실제로 천둥 번개와 함께 내리는 비를 바라보고 있노라면, 누구나 앞서 표현된 '바람이 불고 번개가 날며 식물들이 솟고 발굽 달린 가축들이 흩어진다.'는 문장의 진실을 알 수가 있다. 파르가니아가 그의 하늘 샘에서 두레박으로 물을 푸고 물 부대를 하나하나 풀어 땅으로 물을 내리는 표현 역시, 어떤 생생한 실재감을 담고 있다.

도덕적 소회마저도 이 노래에서 느껴진다. '천둥이 우르릉거리고 번개가 치며 비가 퍼부으면 죄 없는 사람조차도 몸을 떨고 악인들은 쓰러진다.' 여기서 우리는 시인이 폭풍우를 단순한 자연 현상의 폭력으로 보지 않고, 죄 없는 사람도 두려워할 수밖에 없는 어떤 높은 의지와 힘을 지닌 것으로 보고 있음을 분명히 볼 수 있다. 누가 죄에서 완벽히 자유로울 수 있느냐고 묻고 있는 듯하기 때문이다.

이제 우리는 다시 묻는다. 파르가니아는 누구인가? 파르가니아는 무엇인가? 우리는 그것이 비를 내려주는 것인 한, 원래처럼 구름을 뜻한다고 대답할 수 있다. 하지만 수여자라는 생각이 일단 떠오르면 눈에 보이는 구름은 단지 겉으로 드러나

는 모습이거나 그 수여자의 형상에 불과할 뿐, 그 수여자 자체
는 우리가 모르는 어딘가 다른 곳에 있게 된다. 어떤 글에서는
파르가니아가 하늘 신인 디아우스의 자리를 차지하고, 땅의 신
인 프리티비가 그의 아내가 되기도 한다. 하지만 다른 곳에서
는[20] 디아우스의 아들로 나온다. 따라서 저 고대 적에는 파르가
니아가 자신의 어머니의 남편이 될 수도 있음에는 전혀 개의치
않았다. 인드라가 자기 아버지의 아버지가 되는 사실조차도,
고대 시인들로 하여금 아주 멋진 일이라는 경탄에 머물게 할
뿐, 전혀 놀라게 하지 못했음을 우리는 보았다.

때로 파르가니아는 베다의 주피터 플루비우스라 할 인드
라의 역할을 수행하고,[21] 때로는 바람의 신인 바유의 일을, 또
때로는 비를 주는 신인 소마의 일을 수행한다. 하지만 이런 모
든 것들에도 불구하고, 그는 디아우스도 인드라도 마루트도 바
유도 소마도 아니다. 그는 모든 오래된 아리아 신들 중의 하나
로, 독립된 인격으로 독립된 신으로, 그 자신으로 서 있다.

파르가니아란 이름은 파르그[parg]란 어근에서 나왔는데, 이
어근은 유사어인 파르스 혹은 파르쉬와 마찬가지로 물을 흩뿌
리다, 관개灌漑하다, 적시다는 의미를 가지고 있음이 분명하다
고 나는 생각하고 있다. 어미 g, s와 sh가 상호 교체되는 것이
흔한 일은 아니지만, 산스크리트어에서 유례가 없지는 않다.

---

20. Rig-veda VII. 102, 1.
21. L. c. VIII. 6, 1.

예를 들어 문질러 닦다는 뜻의 ping, pingere, pish에서의 어미, 꾸미다(pesas에서처럼, 그리스어 poikilos 등)는 뜻의 pis, 문지르다는 뜻의 mrig, 닦아 없애다, 잊다는 뜻의 mrish, mris, mulcere 등의 어미가 있다.

이 mrig라는 어근의 분사형은 mrish-ta로, yag의 분사형이 ishta, vis의 분사형이 vishta인 것과 같다. druh와 같이 설음과 후두음의 어미를 선택적으로 사용하여 분사형이 dhrut 혹은 dhruk로 되는 어근도 있다.[22]

따라서 파르가니아의 parg를 '얼룩덜룩한'과 물방울이라는 뜻의 prishata, prishati와 비교해볼 수 있다.[23] 또한 구름이란 뜻의 parsu, 얼룩덜룩한, 구름, 땅이라는 뜻의 prisni와도 비교해볼 수 있다. 그리고 그리스어로는 prox(ô), perknos 등이다.[24]

만약 파르가니아가 물을 흩뿌리다는 뜻의 parg에서 기원했다면, 이 파르가니아의 원래 뜻은 '물을 대주고 비를 내려주는 이'가 될 것이다.[25]

아리아족이 서로 다른 족속들로 갈라질 때, 인도인의 조

---

21. L. c. VIII. 6, 1.

22. Max Müller, Sanskrit Grammar, § 174, 10. 참조.

23. Gobh. Grihyà S. III. 3, 15, vidyut-stanayitnu-prishiteshu. 참조.

24. 욱발라다따[Uggvaladatta]는 우나디수트라 iii. 103.에 대한 자신의 주석에서 파르가냐의 어근으로서의 동사 prish의 sh가 g로 변환되는 것을 받아들인다.

25. 다른 어원론을 보려면, Bühler, Orient und Occident, i. p. 214; Muir, Original Sanskrit Texts, v. p. 140; Grassmann, in his Dictionary to the Rig-Veda, s. v.; Zimmer, Zeitschrift für Deutsches Alterthum, Neue Folge, vii. p. 164. 등 참조.

상과 그리스와 켈트인의 조상, 튜턴과 슬라브인의 조상들은 저마다 구름을 뜻하는 이 이름을 가지고 흩어졌을 것이다. 하지만 고대 언어의 공통적 기원에서 비롯된 단어라 하더라도, 후손들 모두에게서 죄다 보존되어 있지 않은 경우란 아주 흔하다. 일곱 주요 후손들 중 때론 여섯에서, 때론 다섯, 넷, 셋, 두 부족에게서만, 혹은 단지 한 후손에게서만 보존된 경우도 있다. 우리가 역사라고 부르는 시기가 시작되기 훨씬 전에 그들이 일단 나뉜 후, 다시 서로 접촉한 경우를 역사에서 찾아볼 수 없기 때문에, 아리아어 중의 둘에서 같은 단어가 같은 뜻을 최종적으로 지니고 있는 것이 확인되면, 그 단어는 가장 고대의 아리아의 사상을 담고 있는 보물에 속하는 것임이 충분히 증명되는 것이다.

현재 그리스어나 라틴어 혹은 켈트어, 혹은 튜턴어에서까지도 파르가니아의 흔적은 찾아볼 수가 없다. 적어도 그것의 적확한 흔적은 없다. 슬라브어에서도 마찬가지지만, 이 언어의 거의 잊힌 곁가지라 할 수 있는 레틱어 — 구어체 리투아니어어와 레티쉬어, 그리고 지금은 없어진 옛 프러시아어로 구성된다. — 에서 우리는 무언가 예외적인 것을 발견할 수가 있다. 리투아니아는 지금(19세기 현재; 역자)은 독립국이 아니지만 6세기 전만 해도 러시아와 폴란드에 속하지 않은 독립 대공국이었다. 첫 대공은 링골트로 1235년부터 나라를 다스리기 시작했는데 그의 후계자들은 러시아를 상대로 한 전쟁에서 연속적으로 승리했다. 1368년에 이들 대공들은 폴란드의 왕들이 되었고, 1569년에 두 나라는 연합국이 되었다. 폴란드가 러시아와 프러시아 사이에서 분할되자, 리투아니아 역시 일부는 러시아에 일부는 프러시아에 속하게 되었다. 지금도 러시아와 프러시아에는 대략 백오십만 명의 사람이 리투아니아어를 쓴다. 또한 레티쉬어를 쓰는 사람들이 쿨란드와 리보니아에 백만 명 가량 있다.

리투아니아어는 지금도 일상생활에서 쓰이고 있는 언어지만, 아주 극단적으로 원시적인 문법 형태가 남아 있는데, 그것들 중 어떤 것은 산스크리트어와 거의 동일하다. 이 문법 형태들은 아주 흥미로운데, 그 수가 적을 뿐 아니라 수세기에 걸친 마멸을 겪고서 지금까지 살아남은 것이기 때문이다.

우리는 우리의 옛 친구 파르가니아가 저 아득한 리투아니아어에서 피난처를 구했던 것을 발견한다. 인도에서조차 적어도 구어에서는 자취를 감춘 이 말이 리투아니아에서 오늘까지 살아 있는 것이다. 리투아니아에서도, 내가 『리그베다』에서 번역해서 여러분에게 들려준 것과 그리 다르지 않는, 비를 바라는 기도가 있었고, 그것은 기독교화되거나 거의 기독교화한 사

---

26. 페르쿠나스와 파르가니아가 동일한 것임을 확인키 위해서는 몇 걸음 뒤로 물러나서 g와 파크[park]에서의 원래 k가 약해진 것으로서의 어원 파르그의 g를 살펴야 한다. 이것은 흔하게 보는 음성학적 과정의 하나다. Bühler, in Benfey's Orient und Occident, ii. p. 717. 참조.

람들 사이에서 여러 세기를 뒤돌아가지 않아도 들을 수가 있을
것이다. 리투아니아어에서는 비를 천둥의 신인 페르쿠나스로
불렀고,[26] 지금도 여전히 같은 단어가 그 뜻으로 쓰이고 있다.
옛 프러시아어에서는 천둥이 페르쿠노스였고, 레티쉬어에서
는 오늘날까지 페르콘스가 천둥의 신이란 뜻으로 쓰인다.[27]

내가 믿기로, 베다의 파르가니아를 옛 슬라브어의 페룬,
폴란드어의 피오룬, 보헤미아어의 페라운과 같은 것이라고 처
음으로 확인한 사람은 그림[Grimm]이었다. 나는 이 단어들이 도브
로프스키 등에 의해 페루[peru]라는 어근에서 비롯되었음이 밝혀
진 사실을 알게 되었다. 그림은(튜턴 『신화학』, 영역본, p.171
에서) 완성된 형태인 페르쿠나스, 페르콘스, 페르쿠노스 등이
리투아니아어, 레티쉬어, 옛 프러시아어에 존재했다는 사실과,
심지어 모르도바인들이 그들의 천둥신으로 포르구이니란 단
어를 채용했음을 밝혔다.

1521년 자신의 역사서를 완성한 시몬 그루나우는 그 책에
서 옛 프러시아인들이 경배한 세 신들인 파톨로, 파트림포, 페
르쿠노를 적고, '적기에 비를 내려주고 좋은 날씨를 베풀며 천
둥과 번개가 사람들을 해치지 않도록' 페르쿠노에게 빌었다고
말하고 있다.[28]

라시츠키가 우리에게 전해주고 있는 리투아니아의 기도

27. Lituanian perkun-kulke, thunder-bolt, perkuno gaisis, storm. Voelkel, Die
lettischen Sprachreste, 1879, p. 23. 참조.

는 다음과 같다.[29]

　'오 페르쿠나여! 나의 들판에 불운이 오지 않게 살피소서! 그러면 나는 이 고기를 바치겠습니다!'

　렛족의 이웃인 에스토니아인들에게는, 비록 비#아리아어를 사용하기는 했지만, 그들의 아리아 이웃으로부터 많은 것을 배워 다음과 같은 기도가 남아 있다.[30] 늙은 농부가 천둥과 비의 신인 피케르와 피켄에게 바치는 기도로, 17세기까지도 행해진 것이다.[31]

　'경애하는 천둥신이여[보다 피케르woda Picke], 두 뿔과 네 발굽을 가진 황소를 당신께 바칩니다. 우리의 밭갈이와 씨뿌리기를 축복하여 짚이 구리처럼 붉고 낱알이 황금처럼 누렇게 되게 해주십시오. 검고 두터운 구름장들을 넓은 습지와 높은 숲, 황

---

28. "Perkuno, war der dritte Abgott und man in anruffte umbs gewitters willen, damit sie Regen hätten und schön wetter zu seiner Zeit, und in der Donner und blix kein schaden thett." Cf. "Gottesidee bei den alten Preussen,"(페르쿠노는 세 번째 신으로 천둥 번개에 관해 소원을 들어주었다. 사람들은 시기에 맞게 비와 맑은 날을 주고, 천둥 번개로 피해를 입지 않게 해달라고 빌었다.) '옛 프러시아 사람들의 신관,' Berlin, 1870, p. 23. 참조. 삼위일체 신은 Triburti, Tryboze로 불렸다; l. c. p. 29. 참조.

29. Grimm, Teutonic Mythology, p. 175; and Lasitzki (Lasicius) Joannes De Russorum, Moscovitarum et Tartarorum religione, sacrificiis, nuptiarum et funerum ritu, Spiræ Nemetum, 1582; idem De Diis Samagitarum.

30. Grimm, l. c. p. 176, Joh. Gutslaff의 (리플란트 뵈한다에 있는, 잘못 이름 붙여진 성스러운 시냇물로부터의 짧은 보고서 및 교훈)으로부터 인용, Dorpat, 1644, pp. 362-364.

31. 현대 에스토니아어의 Pitkne, 핀란드어의 Pitcainen.

무지 쪽으로 밀어내십시오. 그러나 우리 밭 갈고 씨 뿌리는 이들에게는 풍성한 계절과 단비를 내려주십시오. 성스런 천둥신이여[쾨하 피켄], 우리의 씨 뿌린 밭을 보호하소서. 아래로 짚을 안고 위로 귀를 열며 그 속에 좋은 낱알을 품는 그런 밭으로 만드소서.'[32]

이제 다시 말한다. 나는 당신들이 이 원시적인 시들을 존중하고 좋아하기를 바라는 것이 아니다. 우리와 가까운 기원후 17세기의 에스토니아 습지에서 다시 노래되었든, 아니면 기원전 17세기에 인더스강 계곡에서 노래되었든, 원시적인 것만은 틀림없다. 이런 투박한 시들에 대한 기호嗜好 여부는 미학자들에게 맡겨두자. 나는 단지 여러분에게 이 여러 시들을 통해 다음과 같은 사실이 확정될 수 있는지를 이렇게 묻는다. 알렉산더대왕에 의해 발견되기 천 년 전의 인도에서 예배되던 구름과 천둥, 번개와 비의 신인 파르가니아[Parganya]가 지금으로부터 이백 년도 넘지 않는 가까운 과거에 동프러시아와 러시아 국경지대에 살던 리투아니아 농부들 사이에서 기억되고 또 신앙의 대상이 되었던 사실과, 그 파르가니아신이 산스크리트어로 '비를 뿌리다'는 뜻의 옛 이름 그대로, 페르쿠나라는 형태로 아무런 어원학적 의미가 전혀 없이 이름 그 자체만으로 옛 이름 파르가니아를 보존하고 있다는 사실, 또한 일단의 학자들이 우리

---

32. 에스토니아 민담에 미친 외국의 영향에 대해서는 T. Kreutzwald의 Ehstniche Märchen(진짜 동화), 1869, 서문(by Schiefner), p. iv. 참조.

를 믿게 하는 바대로 대부분의 슬라브 방언들, 다시 말해 옛 슬
라브어에서는 폐룬으로, 폴란드어에서는 피오룬으로, 보헤미
아어에서는 폐라운으로, 모두가 천둥 혹은 천둥과 폭우의 뜻을
지니면서 축약된 형태로 살아남았다는 사실이 그것이다.[33]

이런 사실들은 마치 오래된 미라의 혈관으로 갑자기 피가
다시 흐르기 시작하는 것을 보는 것 같은 충격을, 혹은 이집트
의 검은 대리석 석상이 우리에게 말을 건네는 것 같은 충격을
내게 준다. 현대 과학의 빛줄기에 닿자 옛것 — 미라와 석상에
붙여진 이름인 — 은 다시 살아나기 시작하고, 신들과 영웅들
의 옛 이름들은 다시 말을 시작한다. 모든 옛것은 새로워지고
모든 새로운 것은 옛것이 되며, 저 파르가니아라는 단어가 마
치 하나의 부적처럼 우리 눈앞에 우리 자신들의 아버지인 아리
아족의 조상들 — 그들이 발트해에 살든 인도양에 살든 — 이 수
많은 파르가니아를 피해 함께 모여 있는 모습이 보이는, 동굴
혹은 움집을 열어 우리 눈앞에 드러내준다. 그들은 말한다. '이
제 그만 멈추시오, 파르가니아여. 당신은 우리에게 비를 주었
고, 사막을 건너게 했으며 곡식이 자라게 했으니 우리는 당신
을 찬양합니다.'

이제 우리는 땅과 대기의 신들에 더해 제3의 신의 무리까
지 생각지 않으면 안 된다. 그것은 가장 높이 있는 하늘의 신들

---

33. 노트 H

로, 싸움도 하면서 적극적인 대기와 구름의 신에 비해 더욱 신성하고, 사람의 시야로부터 더욱 멀리 있으며, 따라서 대기나 땅의 신들보다 그 힘의 운용에 있어 더욱 신비로운 신들이다.

여기의 주신主神은 빛나는 하늘 그 자체인 옛 디아우스임은 말할 것도 없다. 이 신은 우리가 아는 대로, 여러 다른 민족과 다른 언어로 분열되기 이전의 아리아족에 의해 경배되었다. 그리스에서는 제우스로, 이탈리아에서는 아버지-하늘인 주피터로, 튜턴족에게서는 티르와 티우로 살아남았다. 베다에서 디아우스는 땅과 연결되어 하늘과 땅으로서의 디아바-프리티비로 경배되었다. 또 홀로 경배받기도 했지만, 어쨌건 디아우스는 사라져간 신으로, 대부분의 베다 시에서 그의 자리는 보다 젊고 보다 적극적인 인드라가 대신하고 있다.

높은 하늘의 신들을 대표하는 또 다른 신으로, 만물을 덮고 껴안고 보호하는 바루나Baruna가 있다. 그리스 신 오우라노스에 짝하는데 덮는다는 뜻의 어근 바르로부터 파생된 이름이다. 이 신은 인도의 심성으로부터 나온 가장 흥미로운 창조물 중의 하나이다. 왜냐하면 이 신이 비롯된 물리적 바탕이 넓고 별빛 비치는 광대한 하늘 공간이라는 것을 모르는 바 아니지만, 다른 어떤 베다의 신보다 더욱 완전한 변환을 단행할 수 있어서, 세상을 굽어보면서 악을 행하는 자를 벌주는 신으로뿐만 아니라 그에게 용서를 비는 자의 죄를 용서해주는 신으로도 우리 앞에 서기 때문이다.

그에게 바치는 시 한 편을 여러분에게 읽어주려 한다.[34]

1. '오 바루나여, 당신의 자비 안에서 우리를 축복하소서. 새벽이 다가오면 우리는, 제단 위의 불꽃처럼 언제나 당신을 생각하고 당신을 찬양하며 날마다 당신에게 감사하기 때문입니다.'

2. '오 바루나여, 우리의 길잡이시여, 당신의 붙잡음 안에 우리가 있게 하소서, 영웅들로 가득하고 끝없고 광대하게 찬양받는 당신이여! 정복되지 않는 아디티의 아들들이여, 우리를 당신의 친구로 받아들이소서, 오 신들이여!'

3. '이 강들을 만든 지배자 아디티아여, 강들은 바루나의 법을 따릅니다. 그들은 어느 곳으로든 빨리 날아가는 새들처럼 지침이 없고 그침이 없습니다.'

4. '내게서 차꼬와 같은 죄를 가져가주소서, 그러면 우리는 자라날 것입니다. 오 바루나여, 당신의 법의 샘물이여. 내가 내 노래의 피륙을 짤 동안 실을 끊지 마소서! 때가 이르기 전에 일꾼의 몸을 해치지 마소서!

5. '오 바루나여! 이 공포를 제게서 멀리하소서. 오, 의로운 왕이여, 제게 긍휼을 베푸소서. 송아지를 묶은 줄을 풀듯이, 제 죄를 제게서 없애소서. 당신이 없으면 한 번의 눈깜박임도 제 마음대로 할 수 없기 때문입니다.'

---

34. Rig-veda II. 28.

6. '악인을 벌할 무기로 우리를 때리지 마소서, 바루나여. 빛이 없는 곳으로 우리를 가게 하지 마소서! 우리의 적을 흩어 우리를 살리소서.'

7. '오 바루나여, 과거에도 현재도 또 미래에도 우리는 당신에게 찬양의 노래를 부릅니다, 오! 강력한 이시여! 모든 조상影像들이 바위 위처럼 굳건히 의지하는 당신은 정복되지 않는 영웅이기 때문입니다.'

8. '제 스스로가 행한 죄를 제게서 지우소서. 오 왕이시여, 다른 이들이 행한 일로 고통 받지 않게 하소서! 오, 바루나여, 많은 새벽이 앞으로도 밝을 것입니다. 우리를 그 새벽에 살게 하소서.'

이 노래의 여러 구절에서 바루나가 아디티의 아들 아디티아로 불리는 것을 볼 수 있다. 아디티는 묶였다는 뜻의 디타에서 나온 말로 아니다라는 뜻의 '아'가 앞에 붙어, 묶이지 않는, 제한이 없는, 절대적인, 무한한이라는 뜻을 지닌다. 베다에는 저 너머의 분, 땅과 하늘, 해와 달 저 너머에 있는 분으로서의, 아디티에게 바치는 기도가 심심찮게 나오는데 종교적 사고의 초기 단계에서는 아주 희귀하고 놀라운 개념 중의 하나다. 하지만 아디티보다 더 자주 아디티아들을 만나게 되는데, 말 그대로 아디티의 아들들로 또한 눈에 보이는 땅과 하늘 너머의 신들로서, 어떤 의미에서는 무한의 신들이다. 그들 중의 하나가 바루나이고 미트라와 아리아만[바가, 닥샤, 암사]도 있다.

250

비록 처음에는 하늘이나 하늘의 태양 빛을 가리키는 뜻이 있긴 했지만, 그들 이름의 대부분이 추상명사이다.

미트라와 바루나가 함께 말해질 때, 우리는 그것들이 원래 뜻했던 바가 낮과 밤, 빛과 어둠이라는 생각을 어렴풋이 하게 된다. 하지만 보다 인격적이고 드라마적인 면을 생각해보면, 낮과 밤은 베다 신화에서 두 사람의 승마자, 두 아스빈들을 가리킨다.

무한이라는 뜻의 아디티 역시, 원래 지니고 있었던 끝없는 새벽이라는 뜻의 흔적을 여전히 보여준다. 하지만 보다 인격적이고 보다 극적인 성격이 부여될 때면, 베다의 시인들은 이 새벽의 신을 아스빈들에 의해 사랑받고 태양에 의해 사랑받지만 태양이 그의 황금빛으로 껴안으려는 그 순간 사라지고 마는 아름다운 아침의 여인인 우샤스로 찬양한다. 우샤스는 그리스에서의 에오스다. 이미 여러 번에 걸쳐 대기와 하늘과 땅의 신적 인격화를 통해 우리에게 소개된 태양 그 자체는 수리아[헬리오스], 사비트리, 비쉬누, 혹은 여러 다른 이름 아래, 하늘의 해로서 완전한 인격신으로서의 모습을 다시 한 번 드러낸다.

이 모든 것을 통해, 아리아 신화학 전체를 태양 개념으로 혹은 태양 개념만으로 환원하는 것이 얼마나 큰 실수인가를 알 수 있게 된다. 우리는 땅과 대기와 하늘, 그 각각이 베다 시대 아리아인들이 가지고 있던 최초의 종교 신화적 유산에 얼마나 큰 영향을 끼쳤는지를 보아왔다. 하지만 그럼에도 불구하고, 우리가 신화라고 부르는 저 아리아인의 사고의 오래된 집적 속에는 태양이라는 존재가 각기 다른 여러 이름으로 중심적이고 으뜸 되는 자리를 차지하고 있으며, 현대의 우리 사고 속에서도 여전히 그런 위치를 차지하고 있다.

우리가 아침이라고 부르는 것을 옛 아리아인들은 태양 혹은 새벽이라 불렀다. '그리고 제대로 생각하는 인간에게 새벽의 장엄만큼 깊은 장엄은 없다.' (이것은 내가 한 말이 아니라, 우리의 위대한 시인이자 가장 진실한 자연 숭배자의 한 사람인 존 러스킨의 말이다.) 우리가 한낮, 저녁, 밤이라고 부르는 것, 우리가 봄, 겨울이라고 부르는 것, 우리가 연*, 시간, 인생, 영원이라 부르는 것, 이 모든 것들을 고대 아리아인들은 태양이라 불렀다. 하지만 영리한 사람들은 어째서 아리아인들은 그토록 많은 태양 신화를 가지고 있는 것인지에 대해 의문을 품는다. 어째서 우리는 '좋은 아침'이라고 말할 때마다 태양 신화에 참여하고 있는 것일까? '들판으로부터 다시 겨울을 몰아내는 5월'이라고 노래하는 시인들은 모두가 태양 신화에 참여하고 있는 것이다. 지금 우리 신문들의 '크리스마스 특집판'은 모두가 묵은해를 뒤로 하고 새해로 들어가면서 태양 신화로 가득 채워져 있다. 태양 신화를 두려워하지 말기 바란다. 하지만 고대 신화에서 엄격한 발음 법칙에 따라(왜냐하면 이것이 필수 조건이므로) 해나 새벽, 아침, 밤, 봄, 겨울 등을 의미하는 단어에 이어질 수 있는 이름을 만나게 될 때면 언제나, 태양의 원조 이름을 언급하는 그 얘기가 원래 태양 신화라면, 그것이 의미했던 바 그대로를 받아들이면서 크게 놀라지 말기 바란다.

모든 것을 태양 신화로 환원해버리려는 비교신화학자들의 지나친 방종에 나만큼 강하게 반발해온 사람도 없을 것이다. 하지만 이 새로운 학문 자체에 대해 반대하는 주장을 읽어보노라면, 수세기 전 대척점의 존재에 반대해서 나온 주장들이 무엇보다 가장 먼저 연상된다! 당시의 반대론자들은, 상식적으로 대척점이란 것은 그 자리에 붙어 있을 수 없고 떨어져나가버리므로 도무지 존재할 수 없다고 사람들에게 호소했다. 이에 대해 천문학자들이 해줄 수 있었던 최선의 대답은 '가서 눈으로 보라.'였다. 나 역시 비교신화학을 조롱하려드는 저 학식 있는 회의론자들에게 '가서 보라.'는 대답보다 더 나은 대답을 해줄 수가 없다. 그것은 가서 베다를 읽으라는 말인데, 만일 그렇게만 한다면 인도에서든 그리스에서든 이탈리아에서든, 혹은 정작 태양은 거의 볼 수 없고 날씨 일반에 관해서만 얘기하는, 다시 말해 태양 신화에 관해 말로만 얘기하는 영국에서마저도, 첫 만다라 염송을 끝내기도 전에 태양 신화에 대해 더 이상 그 현명한 고개를 내젓는 일은 하지 않게 될 것이다.

우리는 『리그베다』 안에 보존되어 우리에게 전해진 노래와 기도로부터, 이른바 데바들로 불리는 밝고 빛나는 존재들이, 다시 말해 신들이 어떤 식으로 존재하게 되었는지, 또 어떻

게 하여 온 세상이 그들과 그들의 대행자에 속한 모든 자연 현
상들 — 땅 위든, 대기 속이든, 가장 높은 하늘에서든 — 로 채워
지게 되었는지를 보아왔다. 우리가 천둥친다고 말하면, 그들은
인드라가 천둥친다고 했고, 비가 내린다고 하면 파르가니아가
물통을 퍼붓는다고 했고, 새벽이 온다고 하면 아름다운 우샤스
가 화려함을 뽐내면서 무희처럼 나타난다고 했고, 어두워진다
고 하면 수리아가 자신의 말에서 안장을 내린다고 했다. 베다
의 시인에게는 모든 자연이 살아 있었다. 신들의 현존은 어디
서나 느껴졌다. 그리고 그런 신들의 현존에 대한 감각 속에, 사
람들의 눈앞에서 부끄럽게 생각되는 것을 마치 신들의 눈앞에
서처럼 부끄럽게 생각하여 행동을 조심하게 하는, 종교적 모럴
리티의 싹이 있었다. 바루나에 대해 말하면서 시인은 하늘의
옛 신에 대해 이렇게 쓰고 있다.[35]

　‘이 세상의 위대한 주인, 바루나는 마치 곁에 함께 있는
것처럼 보고 있다. 어떤 사람이 서고 걷고 숨을 때, 눕고 일어
날 때, 두 사람이 마주앉아 속삭일 때, 이런 모든 것들을 바루
나는 안다. 마치 곁에서 따라다니는 제3의 동반자처럼 거기에
있다.[36] 이 땅도 바루나왕에 속하고 가없는 하늘 역시 바루나에
속한다. 두 바다[하늘과 대양]는 바루나의 허리이며, 작은 물

---

35, Atharva-veda IV. 16.
36. 시편 139편. 1, 2, ‘여호와여 주께서 나를 살펴보셨으므로 나를 아시나이다. 주
께서 내가 앉고 일어섬을 아시고 멀리서도 나의 생각을 밝히 아시오며’

방울 하나에도 바루나는 존재한다. 하늘 멀리 날아가버리더라
도 왕이신 바루나에게서 벗어날 수 없다.[37] 그가 보낸 감시자들
이 하늘로부터 땅으로 내려와 천 개의 눈들로 이 땅을 굽어보
고 있다. 바루나왕은 하늘과 땅 사이, 또 그 너머에 있는 이 모
든 것을 본다. 그는 사람의 눈깜박임까지도 다 세고 있다. 놀이
꾼이 주사위를 일단 던지면 돌이킬 수 없듯이, 그는 만물을 되
돌릴 수 없게 결정해버린다. 가로 세로 일곱 올무를 세 겹으로
놓은 당신의 그 엄중한 올무 그물로 거짓을 말하는 이를 잡아
내고 진실을 말하는 이는 빠져나가게 하소서.'

실제적 사실도 다소간 포함되어 있는, 마치 시편의 것들
에서처럼 아름다운 구절들이다. 우리는 바루나 같은 존재나,
데바 혹은 신이 결코 있지 않았음을 알고 있다. 또한 바루나라
는 것은 별들이 빛나는 가시적 공간인 저 하늘에 붙여진 이름,
'덮고 모든 것을 껴안는다.'는 뜻을 지니는 이름에 불과한 것
임을 알고 있다. 그 이름은 후에 완벽한 지적 과정을 거쳐 별이
빛나는 하늘 저편의 어떤 존재 — 인간적이면서 초인간적인 성
격을 부여받는 — 의 이름으로 발전해간다.

그리고 바루나의 이런 성격은, 그 신들의 수가 셋이건 서
른셋이건 혹은 어느 시인의 말대로 '삼천삼백서른아홉의 신'

---

37. 시편 139편. 9, '내가 새벽 날개를 치며 바다 끝에 가서 거주할지라도 거기서
도 주의 손이 나를 인도하시며 주의 오른손이 나를 붙드시리이다.'
38. Rig-veda III. 9, 9; X. 52, 6.

이건, 그 수가 얼마이든 간에 베다와 베다 종교의 모든 신들에게 적용된다.[38] 그 신들은 주피터나 아폴로, 미네르바 등과 똑같이 그저 이름에 불과하다. 실상 그런 지시적 명칭들로 불리는 모든 종교의 모든 신들과 똑같다.

베다 시대의 인도에서 혹은 소포클레스 시대의 인도에서 누군가가 이런 말을 했다면, 그는 소크라테스가 그리 당한 것처럼 아마도 신성모독자 혹은 무신론자로 낙인찍혔을 것이다. 하지만 베다의 시인들과 후기의 베단타 철학자들이 그런 인식을 아주 뚜렷이 가지고 있었음을 우리는 쉽게 찾아볼 수 있다.

단지 하나 주의할 것은, 우리가 사용하는 '단지 이름에 불과하다.'는 말이다. 어떤 이름도 단지 이름에 불과한 것은 없다. 모든 이름은 원래 무언가에 대한 의미를 지니고 있다. 단지 원래 의미하고 있던 것을 표현하는 데 종종 실패하게 되어 그 이름의 힘이 약해지고 공허해지면서 이른바 '단지 이름뿐인 이름'이 되는 것이다. 베다의 신들 이름 역시 이와 같다. 그것들 모두는 저 너머의 것을 표현하고, 보이는 것 너머의 보이지 않는 것을 표현하고, 유한한 것 가운데 있는 무한한 것을 표현하고, 자연적인 것 위의 초자연적인 것을 표현하고, 신적인 것, 어디에나 편만한 것, 전능한 것을 표현하고자 하는 의미를 지니고 있다. 그것들은, 본질상 표현될 수 없는 것으로 머물 수밖에 없는 것을 표현해보려 하지만 그런 목적을 이루는 데 실패했다. 하지만 그 표현될 수 없는 것은 그것 자체로 보존되었고,

그 모든 실패에도 불구하고 결코 굴복하거나 고대 사상가나 시인들의 마음속에서 사라지지 않았을뿐더러, 늘 보다 새롭고 보다 더 나은 이름을 요청하고 부르고 있다. 그렇다. 그 표현될 수 없는 것들은 지금도 새롭고 보다 나은 이름들을 부르고 있으며, 이 땅에서 인류가 존재하는 마지막까지 그 이름들을 부를 것이다.

제7강

---

# 베다와 베단타

『리그베다』의 노래가 기원전 1,500년의 것이라고 얘기되는 한
편으로 인도에서 글쓰기가 시작된 것이 기원전 500년이라면,
베다의 문학은 과연 어떻게 만들어지고 보존되었을까 하는 물
음이 마땅히 있어야 하고, 이에 대한 답을 얻으려고 나의 지난
강의에 열중했던 학생들로부터의 질문은 당연한 것으로 생각
된다. 고전 학자들은 자연스럽게 우리의 가장 오래된 『리그베
다』 필사본의 연대가 언제인지를 묻는다. 또한 그토록 높은 연
대가 그 자료들에 부여되는 근거가 무엇인지를 묻는다. 나는
이 질문에 내가 할 수 있는 대답을 최대한 잘할 수 있도록 노력
할 작정이다. 나는 또한 현재 우리에게 남겨진 『리그베다』의
최고最古 필사본이 기원전 1,500년 것이 아니라 기원후 1,500년
의 것임을 겸손하게 고백하면서 시작하지 않을 수 없다.

따라서 우리에겐 둘 사이를 이어줄 강한 논쟁의 다리를
요구하는 3천 년의 간극이 있다.

하지만 이것만이 전부가 아니다.

搜

우리는, 호머의 시가 얼마나 오래되었는가를 논의하던 이 세기(19세기)의 초입에, 독일 학자 프레데릭 아우구스트 볼프가 두 개의 기념비적인 질문을 던졌던 것을 알고 있다.

   1. 그리스인들이 알파벳을 처음으로 알게 된 것은 언제이며, 그것을 이용하여 공적 기념물이나 동전, 방패 등의 문자로 쓴 것과 공적 사적 계약서의 문자로 쓴 것은 언제인가?[1]

   2. 그리스인들이 문학적 목적으로 처음 글쓰기를 시작한 것은 언제였나? 또한 그런 목적으로 채용한 소재는 무엇이었나?

이 두 질문과 이 질문에 의해 촉발된 대답은 그리스문학 가운데 희미한 채로 남아 있던 시기에 대해 아주 새로운 빛을 던져주는 계기가 되었다. 그리스 고대사 중, 다른 어떤 것보다 확실한 사실은 이오니아인들이 페니키아인들로부터 알파벳을 배웠다는 사실이다. 이오니아인들은 자신들의 문자를 언제나 페니키아 문자라고 불렀고,[2] 알파벳이란 이름 자체도 페니키아 단어이다. 우리는 페니키아인들이 소아시아에 있던 이오니아인들에게, 상업적 목적 — 계약서 작성 등 — 을 위해 혹은 중세

---

1. 아주 오랜 옛날에 편지를 공적 문서로 이용한 것에 대해서는 Hayman, Journal of Philology, 1879, pp. 141, 142, 150; Hicks, Manual of Greek Historical Inscriptions, pp. 1 이하. 참조.
2. 헤로도투스(『역사』 5권 v. 59); '베오티아의 테베에 있는 이스메니안 아폴로신전에 있는 삼각대에 페니키아 문자가 새겨져 있는 것을 보았다. 거의가 이오니아 문자 같아 보였다.'

의 모험적 뱃사람들의 지도만큼이나 당시 사람들에게 소중했던 작은 크기의 얇은 주항기周航記 문서를 사용할 수 있게 하기 위해, 알파벳 지식을 가르쳤을 것이라는 사실을 잘 이해할 수 있다. 하지만 우리의 문자 감각으로 볼 때, 그런 단계와 문학의 단계와는 현격한 차이가 존재한다. 독일인들, 특히 북독일인들이 묘비명이나 잔, 혹은 공적 기념물 등에 룬문자를 썼지만 문학적 목적으로 쓰지는 않았다는 사실 또한 잘 알려져 있다.[3] 밀레토스 혹은 다른 정치 상업적 중심지에 살던 소수의 이오니아인들이 글쓰기 기술을 알고 있었다 하더라도, 대체 어디에다 글을 썼던 것이며, 또한 더욱 중요한 것은 어디서 독자를 발견할 수 있었던가 하는 점이다. 처음 그들이 글을 쓰기 시작했을 때는 당시 디프테라diphthera라고 불리던 가죽 쪼가리 등에 만족했어야 했을 것인데, 나중에 양피지 등으로 완성도가 높아졌을 때까지는 글을 쓴다는 작업이 그리 유쾌한 것이 될 수가 없었다.[4]

현재 우리가 알고 있는 바로는 이오니아인들이 처음으로 글을 쓴 것은 기원전 6세기 중엽이며, 이에 대해 어떤 식의 반론이 있다 하더라도, 이오니아인들의 저술 문학의 시작은 산문

---

3. Munch, Die Nordisch Germanischen Völker (북유럽계 독일 사람들), p. 240.
4. 헤로도투스(『역사』 5권 v. 58): '과거 오랫동안 이오니아인들은 byblos diphtherai(종이가죽)이라고 말했다. 왜냐하면 과거에는 종이의 원형으로 가죽이 쓰였기 때문이다. 오늘날에 이르기까지(헤로도투스의 시기) 많은 야만인들이 그런 가죽에다 글을 쓴다.'

/

문학 전체의 시작과 동일하다는 사실에서 볼프의 질문은 여전히 유효하다.

당시에 있어 글쓰기 작업은 큰 노동을 필요로 했고, 어떤 중요한 목적이 있을 때에만 이 작업은 수행되었다. 따라서 페리에게시스 혹은 페리오도스라 불리던 머레이 편람, 어떤 나라나 도시를 여행하는 여행자들을 위한 안내서인 주항기, 그리고 페리플루스 등이 글로 기록된 최초의 가죽문서들이었다. 이런 여정 안내기와 연관된 것으로 도시들의 창건에 대해 설명한 크티시스[^ktisis]가 있다. 이런 책들이 기원전 6세기와 5세기에 소아시아에 있었고, 이 책들의 저자를 시인과 구별하여 일반 용어로 로고그라피[^Logographi]라 불렀다.[5] 이들이 그리스 역사가의 선구자들이었고, 역사의 아버지라 불리는 헤로도투스(BC 443)도 이들의 작업 성과를 빈번히 이용했다.

이런 모든 초기 문학 활동은 소아시아에 속해 있었다. 문학은 '나라와 도시를 여행하는 안내서'로부터 삶 전체를 위한 안내서로, 다시 말해 이오니아의 아낙시만드로스(BC 610-547)와 시리아의 페레키데스(BC 540) 등이 저술한 것[6]과 같은 철학적 언명 등으로 초기에 퍼져나갔다. 이 이름들은 우리를

---

5. Hekatæos and Kadmos of Miletos (520 B.C.), Charon of Lampsakos (504 B.C.), Xanthos the Lydian (463 B.C.), Pherekydes of Leros (480 B.C.), Hellanikos of Mitylene (450 B.C.), etc.
6. Lesix, Astronomy, p. 92.

역사의 밝고 넓은 빛 속으로 안내하는데, 아낙시만드로스는 아낙시멘세스, 아낙사고라스의 아낙시메네스, 페리클레스의 아낙사고라스 같은 이들의 스승이기 때문이다. 당시에 글쓰기는 하나의 공인된 기술이었고, 이집트와의 무역을 통한 파피루스의 수입에 의해 발전할 수 있었다. 에스킬로스(BC 500) 시대에 이르러, 글을 쓴다는 생각은 당연한 것이 되어 글쓰기를 시적 은유에 거듭거듭 사용할 수 있을 정도였다.[7] 또한 페이시스트라토스(BC 528)나 사모스의 폴리크라테스(BC 523)가 그리스 문헌수집가들에 속해 있었다는 사실을 의심할 이유도 거의 없는 것으로 보인다.

이러한 방식으로, 볼프에 의해 제기된 단순한 물음들은 고대 그리스문학의 역사에, 특히 그 첫 시작과 관련해서 어떤 질서를 부여해준다.

따라서 산스크리트문학을 공부하는 사람이 물어야 할 첫 두 질문은 다음과 같아야 할 것으로 보인다.

1. 인도 사람들이 처음으로 알파벳을 알게 된 것은 언제였던가?

2. 그들이 그 알파벳을 문학적 목적으로 쓴 것은 언제인가?

하지만 이런 질문은 오랫동안 묻힌 채로 있었고, 그 결과

---

7. Hayman, Journal of Philology, 1879, p. 139

고대 산스크리트문학의 혼돈을 파헤치는 초입조차도 알 수가 없었다.[8]

이 방면에서 나는 몇 가지 사실만을 말할 수 있을 뿐이다. 인도 전역에서 가장 오래된 비석의 비문碑文은 기원전 3세기 중엽 것이다. 이 비석은 불교의 것으로 아소카왕 시절에 세워진 것이다. 아소카왕은 찬드라굽타의 손자인데, 세레큐스와 동시대를 살았고, 그의 파탈리푸트라 궁정에서 메가스테네스가 세레큐스의 사신으로 살았던 적도 있었다. 여기에서 보듯이 우리는 역사적 근거를 가지고 있다. 사실 광대한 왕국의 영토 여기저기에 이 비석들을 세웠던 아소카왕이 기원전 259-222년에 통치했었다는 사실은 의심의 여지가 없다.

이 비문들은 두 종류의 알파벳으로 씌어져 있다. 하나는 셈족의 알파벳인 아람어에서 파생된 것이 분명한 것으로 오른쪽에서 왼쪽으로 씌어 있고, 다른 하나는 셈족의 알파벳을 인도어의 필요에 맞게 인위적이고 체계적으로 개작한 것으로 보이는 것으로 왼쪽에서 오른쪽으로 씌어져 있다. 이 두 번째 알파벳이야말로 인도 알파벳의 모체가 되는 것으로 불교의 승려들이 인도 권역을 넘어 멀리까지 전파했던 여러 알파벳들의 모체이기도 한데, 이에 비해 초기의 타밀 알파벳은, 인도 알파벳에 오른쪽 향하기와 왼쪽 향하기를 동시에 부여해준 동일한 셈

---

8. 막스 뮐러, History of Ancient Sanskrit Literature, pp. 497 seqq., 'On the Introduction of Writing in India.'

족 알파벳으로부터 직접 유래했을 수도 있다.

여기서 우리는 첫 번째 사실을 확인할 수 있다. 비문에 쓸 목적의 글쓰기조차도 인도에서는 기원전 3세기가 되어야 비로소 시작되었다는 사실이 그것이다.

그러나 상업적 목적에서의 글쓰기는 그 시기 이전에 이미 알려져 있었다. '인도인들은 문자를 알지 못해서[9] 법률을 글로 적지 못하고 기억에 의존해서 재판을 수행했다.' 메가스테네스의 이 말은 옳다. 하지만 인더스강 아래까지 항해해서(BC 325) 인도의 해상무역 항구에 자주 모습을 드러내던 상인들과 접촉했던, 알렉산더대왕의 제독 중 한 사람인 네아르쿠스가 했던 '인도인들은 잘 두들긴 목화솜 위에 글자를 썼다.'는 말 역시 앞의 말과 동일하게 옳다고 할 수 있다. 네아르쿠스 자신도 '인도의 소피스트들이 사용하는 법률들은 글로 씌어져 있지 않다.'고 하면서, 나중에 메가스테네스가 하게 되는 말을 확인해주고도 있다. 동시에, 인도를 여행한 그리스 여행자들이 이 정표에 대해 얘기하고 또 다양한 부호와 숫자로 표시된 가축들을 얘기하는 것을 보면, 이런 사실은 우리가 다른 자료를 통해 알고 있는 사실과 정확히 일치하는 것을 알 수 있다. 비록 알렉산더대왕의 정복 이전에 인도에 글쓰기 기술이 들어왔다 하더라도 문학적 목적을 위해 그것이 사용된 것은 그 시대 이후라

9. 막스 뮐러, History of Ancient Sanskrit Literature, p. 515.

는 사실이 그것이다.

여기서 우리는 아주 놀라운 사실 하나와 마주치게 된다. 글쓰기 자체가 기원전 4세기 이전에는 인도에서 알려져 있지도 않았는데, 그럼에도 우리는 만트라기[期], 브라흐마나기, 수트라기 등 잘 정의된 문학 시기들과 함께 베다문학이 적어도 기원전 10세기 이전까지 거슬러올라간다고 믿도록 요청받고 있다는 사실이다.

『리그베다』하나만 보더라도, 여러 신들에 바쳐진 노래를 모은 열 권의 모음집으로서 1,017(1018)수의 시, 10,580편의 운문, 총 153,826단어로 이루어져 있다.[10] 이 시들이 어떻게 지어졌으며 ─완벽한 운율로 만들어져 있기 때문에─, 지어지고 난 뒤 기원전 1,500년으로부터, 최고의 산스크리트 필사본 대부분이 만들어진 것으로 생각되는 기원후 1,500년까지 어떻게 전승되었을까?

전적으로 기억에 의해서였다. 놀라운 말처럼 들린다. 현재의 관점에서는 의심스럽다. 그러나, 아주 쉽게 확인할 수 있는 것으로 더욱 놀라운 것은, 모든 『리그베다』의 필사본 원고들이 다 유실된다 하더라도 인도의 염송가[Srotriyas]들의 기억을 통해 그 전체를 모두 복원할 수 있다는 사실이다. 인도인 베다 학생들은 베다를 글로 된 원고를 통하지 않고 외워서 배우고, 스승의

---

10. 막스 뮐러, Hibbert Lectures, p. 153.

입을 통해 배운다. 나의 인쇄된 판본으로는 더더욱 배우지 않
는다. 그런 다음, 자신들의 제자들에게 마찬가지 방식으로 가
르친다.

이런 학생들은 옥스퍼드대학의 내 연구실에도 있다. 베다
의 노래들을 욀 수 있을 뿐 아니라, 정확한 악센트로 왼다. (베
다의 산스크리트어는 그리스어와 마찬가지로 악센트가 있다.)
또한 나의 인쇄된 베다본을 보고 아무런 망설임 없이 잘못 인
쇄된 부분을 지적하기도 한다.

말할 것이 더 있다. 우리가 지니고 있는 『리그베다』 필사
본 원고를 읽는 해석법은 그리 다양하지 않지만, 어떤 구절을
그 자신들의 방식대로 읽는 학파가 인도에는 다양하게 존재하
며, 그들은 아주 주의깊게 그런 방식을 전승하고 있다. 따라서
나는 내 친구 몇 사람더러, 그리스나 라틴어에서처럼 원고를
검토하는 대신, 그들의 기억 속에 그들 자신의 『리그베다』를
지니고 다니는 저 베다의 연구자들을 통해 파악해보도록 부탁
했고, 그리하여 그 살아 있는 권위자들로부터 그들이 지닌 다
양한 읽기 방식에 대해 알아내달라고 요청해왔다.

우리는 지금 이론이 아니라 누구나 확인 가능한 사실에
대해 말하고 있다. 『리그베다』 전부와 그보다 훨씬 많은 것도,
지금 이 순간 많은 학자들의 구전 전승 안에 존재하고 있다. 그
학자들은 그들이 원하기만 하면 한자 한자 글자로 또 모든 악
센트로 우리가 옛 필사본에서 보는 바 그대로를 적어낼 수 있

다.

물론 외워서 하는 이런 공부는 엄격한 규율 아래 이루어
지고 성스런 의무로 여겨진다. 아주 뛰어난 베다 학자인 내 인
도인 친구 하나는, 『리그베다』를 배우는 학생으로 키워지게 되
는 소년은 스승의 집에서 8년 동안을 지내지 않으면 안 된다는
말을 들려주었다. 열 권의 책을 배워야 하는데, 그 첫째는 『리
그베다』 노래집이고, 그 다음으로 『브라흐마나』라 불리는 제사
에 관한 산문 논문집, 또 그 다음에는 『아라냐카』라 불리는 이
른바 숲의 책, 다음으로 집에서 이루어지는 의식에서의 규칙에
관한 책, 그리고 마지막으로 발음과 문법, 어원과 운율, 천문과
의식에 관한 여섯 권의 논문집이 그것들이다.

이 열 권의 책은 거의 3만 행으로 이루어져 있고 각각의
행은 32음절로 이루어져 있다.

학생은 8년에 걸친 신학수업 기간 동안, '책 읽지 않는 날'
로 불리는 경축일만 빼고 매일 공부를 한다. 태음력으로 한 해
는 360일이니 8년이면 2,880일이 되는 셈이다. 여기서 축일
384일을 빼면 8년 동안 2,496일이 수업일수가 된다. 이미 배
운 것의 복습에 많은 시간이 더 소요되겠지만, 3만 행을 이 수
업일수로 나누면 하루에 12행씩 공부해야 한다는 계산이 나온
다.

이런 공부 행태가 앞으로 얼마나 오랫동안 더 지속될지는
알 수 없지만, 지금 현재의 상황은 그렇다. 나는 인도에 있는

친구들과 곧 인도의 공무원이 될 사람들에게, 저 살아 있는 도서관들로부터 배울 수 있는 것들은 무엇이든지 배워야 한다는 중요성을 늘 주지시키고 있다. 염송가 계급들의 대가 끊기면 많은 고대 산스크리트어의 민간 전승들이 유실될 것이다.

하지만 지금은 잠시 과거를 되돌아보자. 천 년쯤 전, 의정義淨이라는 이름의 중국 불교 승려 한 사람이 산스크리트어로 쓰인 불교 경전을 중국어로 번역하기 위해 산스크리트어를 배우러 인도로 갔다. 그는 현장玄奘이 중국으로 돌아온 25년 후인 671년 떠나서 673년 인도의 탐라립티에 도착한다. 날란다대학과 사원으로 들어가 산스크리트어를 공부했다. 695년에 중국으로 돌아갔고 713년에 죽었다.[11]

그는 오늘날까지 전해지는 중국어로 된 글에서 그가 인도에서 보았던 것들을 설명하고 있는데, 그와 같은 종교인 불교도뿐 아니라 브라만교의 사람들에 대한 관찰도 나온다.[12]

불교 승려에 대해 말하기를, 그들은 다섯 혹은 열 개의 계명을 염송하는 것을 배운 뒤, 마트리케다의 노래 400송을 배우고 그 다음으로 같은 시인의 노래 150송을 배웠다. 이런 것들

11. 저자의 글, the Indian Antiquary, 1880, p. 305. 참조.
12. 의정의 글 중 중요한 부분은, 나를 위해 내 일본인 제자 K. Kasawara가 번역해 주었다.
13. Nanjio Bunyiu南条文雄의 한역 삼장 목록 p. 372. 기원후 434년 이전에 생존한 인물이 틀림없는 아리아수라Aryasura가 가타카말라(本生經)의 저자로 언급되어 있다.

을 염송할 수 있게 된 다음, 그들 종교의 경전을 공부하기 시작한다. 그들은 붓다의 전생을 설명한 가타카말라[13] 역시 외워서 배운다. 인도를 떠난 뒤에 갔던, 남쪽 바다의 섬들이라고 그가 일렀던 곳에 대해 말하면서 의정은 '남쪽 바다에는 열 개 이상의 섬이 있다. 거기서는 승려와 일반인 모두가 앞서 말한 그런 노래와 함께 가타카말라를 염송한다. 하지만 이 모두 중국어로 아직 번역되어 있지 않다.'

의정은, 이 여러 얘기들 가운데 하나를 바탕으로 어떤 왕 (Kie-zhih)이 시를 짓고 거기에 곡을 붙여 악단과 무용수들의 연주와 함께 대중 앞에서 공연했다고 말하고 있다. 영락없는 불교 신비극이다.

의정은 당시의 교육제도에 관해 짤막하게 설명하고 있다. 아이들은 여섯 살이 되면 마흔아홉 개의 문자와 만 개의 복합 문자를 배우는 데 대체로 반년 만에 이 과정을 끝낸다. 이것은 한 행이 32음절로 되어 있는 시 3백 편에 맞먹는 양이다. 원래 마헤스바라에 의해 가르쳐졌다. 여덟 살이 되면 파니니 문법을 배우기 시작하여 여덟 달 만에 끝낸다. 천 행으로 되어 있는데 수트라라 불린다.

그 다음으로 다시 기초목록과 세 권의 부록khila을 배우는 데, 모두 합해 천 개의 행으로 되어 있다. 소년들은 열 살이 되면 이 세 권의 부록을 배우기 시작하여 3년 안에 끝낸다.

열다섯 살이 되면 문법Sutra 해설서를 배우기 시작하는데

다 배우는 데 5년이 걸린다. 이 지점에서 의정은, 많이들 인도로 와 산스크리트어를 배우곤 하지만 제대로 배우지 못하는 모국 사람들에게 충고를 잊지 않고 있다. '중국 사람이 공부하기위해 인도로 갈 경우, 반드시 가장 먼저 이 문법책들을 배우고 난 다음에 다른 주제들을 배워야 할 것이다. 그렇지 않다면 다만 헛되이 노력만 하게 될 뿐일 것이다. 이 문법책들은 반드시외워서 배워야 한다. 하지만 능력이 있는 사람들만이 할 수 있는 일이다. … 한순간도 안일하게 쉬지 않고 밤낮으로 열심히공부해야 한다. 역경易經 공부를 하면서 책 묶은 끈을 세 번이나끊어먹은 공자처럼, 한 권의 책을 백 번씩 반복해서 읽었다고하는 세시Sui-shih처럼 공부해야 한다.' 그런 다음 영어로 보다는한자로 쓰는 것이 더 알아듣기 쉬울 다음과 같은 언급이 뒤따른다. '황소의 털은 천 사람이 세지만, 일각수의 뿔은 하나뿐이다.'

의정은 불교도와 이교도를 막론하고 이 학생들이 보여주던 기억력의 완벽성에 대해 말한다. '그 학생들은 단 한 번 배운 두 권의 책의 내용을 모두 외울 수 있다.'

그런 다음 의정은 이교도 즉 우리가 말하는 정통 브라만에 대해서 말하고 있다. '브라만 계급은 다섯으로 나뉜 인도의전 지역에서 가장 존경받는다. 그들은 다른 세 카스트들과는함께 걷지도 않으며 여타의 다른 혼합 계급과는 더더욱 분리되어 있다. 그들은 그들의 경전인 십만 편의 시가 포함되어 있는 베다를 경외한다. 베다는 종이에 씌어지지 않은 채 입에서 입으로 전해진다. 세대에서 세대에 걸쳐 이런 십만 편의 시를 외우는 학식 있는 브라만들이 존재한다. 나는 내 눈으로 직접 그런 사람들을 보았다.'

여기, 기원 7세기에 인도로 가 산스크리트어를 배우면서, 여러 사원들을 주유하며 이십여 년을 보낸 증인이 있다. 중국 사람이었기 때문에 구전의 전통에 낯설었고, 글로 쓰이고 인쇄된 문학 전통에 익숙한 사람이었다. 그런 그가 이렇게 말했던 것이다. '베다는 종이에 쓰이지 않았고 입에서 입으로 전승되었다.'

하지만 나는 의정의 견해에 완전히 동의하지는 않는다. 그의 말만 듣고서 당시에 글로 된 산스크리트 원고본이 없었다고 결론지으면 안 된다는 말이다. 사실 당시에 그런 원고가 있었다는 것을 우리는 알고 있다. 기원 1세기에 산스크리트 원고본이 인도로부터 중국으로 건너가 번역되었다는 사실도 알고 있다. 그렇다면 베다의 원고본 역시 분명히 존재했을 것이라고 생각된다. 하지만 그런 원고본들은 학생들이 열람할 수 없었고 그들은 자격 있는 스승의 지도 아래 외워서만 배웠을 것이란 가정을 해보면, 의정의 말이 틀리지는 않았다는 것을 알 수 있다. 후기의 법률서에는, 베다를 원고본에서 베끼거나 원고본으로부터 배우면 중한 형벌에 처해진다고 되어 있다. 이것은 원고본들이 존재했다는 것과, 그런 원고본의 존재가 성스런 기록에 대한 합법적 교사로서의 고대 브라만들의 특권에 심각한 장애 요소로 작용했다는 사실을 알게 한다.

의정의 이런 설명을 들은 후, 다시 천 년만큼 더 거슬러올라가 본다면, 현재 우리가 알 수 있는 한, 기원전 5세기까지 올라가게 되는데, 현재의 인도에서 우리가 볼 수 있는 것들과 거의 동일한 사실, 다시 말해 브라만, 크샤트리아, 바이샤 계급 자식들의 교육이 구루 스승의 집에서 적어도 8년을 보내면서 고대 베다 노래를 외워 배우는 것으로 이뤄져왔다는 사실을 받아들이는데 의구심이 들지 않을 것이다. 이른바 프라티사키아란 규범집에 이런 내용들이 증거되어 있다.

그 이른 고대에서마저도 가르침의 기술은 완벽한 모습으로 간소화되어 있었고, 책이나 가죽, 양피지나 종잇장, 펜이나 잉크 같은 이름을 당시의 인도인이 알고 있었다는 흔적은 어디에서도 찾아볼 수가 없다. 반면, 우리가 문학이라고 부를 수밖에 없는 모든 표현물들은 기억 속에서만 존재하면서 최대한의 주의를 기울여 구전으로 전승되는 문학(이 단어를 쓰지 않을 수 없는데)을 가리키는 것이었다.

이 점에 관해 좀더 자세히 들어갈 수밖에 없는 것은, 문학에서는 많은 시와 더 많은 산문들이 글로 쓰인 형태로 존재할 것이라는 생각이 상식이라는 사실을 알고 있기 때문이다. 하지만 그런 상식에 반하여, 문명의 위대한 발견이 이루어지기 전의 사람들의 경우, 쉬운 발명품에 익숙해진 우리가 보기에는 거의 불가능해 보이는 것을 개인적인 노력에 의해 얻을 수 있었다는 것을 또 다시 확인하게 된다. 이른바 야생인들은 우리 문명화된 일꾼들을 당황하게 할 만큼 익숙하게 부싯돌을 깎고 나뭇가지를 문질러 불을 얻을 수 있었다. 어떤 노래가 신의 호의를 담보해주었고, 그 노래로 하여 하늘로부터 비가 내려왔으며, 그들로 하여금 승리하게 했다면 그들은 그 노래를 간직하고 싶었을 것이다. 과연 그들은 그것을 간직할 방법을 찾을 수 없었을까? 우리는 그렇게 생각하는 것일까? 비록 야생인이라 하더라도 그들의 고대 영웅과 왕들, 신들의 기록 ─ 특히 가문의 위엄과 고결함이 담긴 노래일 경우이거나 커다란 영지에 대한 증서의 역할을 하는 기록일 경우 ─ 을 보존하는 것에 얼마나 열성을 다했는지를 알고자 한다면, 윌리엄 와이어트 길이 그의 『폴리네시아에서의 야생적 삶의 역사적 스케치』[14]에서 언급한 내용을 읽기만 하면 된다. 또한 베다 시대의 인도인이 방대한 문학을 구전 전승에 의해 보존한 유일한 야생인이 아니라는 사실을 우리는 카이사르[15]로부터도 배울 수 있다. 신뢰할 수 있는 증인인 이 사람은 우리에게 '드루이드교 사제들은 많은 시를 외운다고 한다. 어떤 사제들은 그것들을 공부하는 데 20년을 보낸다고 한다. 그리고 그들은 그 시들을 글로 적는 것을 죄악으로 여긴다고 한다.'고 말하고 있다. 우리가 인도에서 들

---

14. Wellington, 1880.

15. De Bello Gall. vi. 14; History of Ancient Sanskrit Literature, p. 506.

는 것과 똑같은 말이다.

　이제 다시 한 번 연대 문제로 돌아가지 않으면 안 된다. 우리는 이제까지 구전 전승에 의한 베다의 존재를 지금 이 시대로부터 기원 7세기의 의정의 시대까지, 또 기원전 5세기의 프라티샤키아들의 시대까지 거슬러올라가면서 추적해왔다.

　그 기원전 5세기에 불교가 생겨났는데, 불교는 베다 종교의 폐허 위에 또 모든 정통 브라만들에 의해 베다에 바쳐진 신적 권위에 대한 부정 위에 기초하고 있었다.

　따라서 베다문학은 그 종류를 불문하고 불교가 일어나기 전에 형성된 것일 수밖에 없다. 또한 베다문학에 세 시기가 있었고, 세 번째 시기는 두 번째 시기를 전제로 하고, 두 번째는 첫 번째를 전제로 하며, 그 첫 번째 시기에서마저도 베다 노래의 모음집이, 그것도 체계적인 모음집[구전]이 있었다. 그렇다면 베다의 학생들이 도달한 결론, 다시 말해 원고본으로 말할 때 그 제작 시기가 기원 15세기 이후라고 밝혀진 이 노래들이 실상 기원전 15세기에 그 근원을 두고 있다는 결론은, 극단적 옛것에 대한 향수에서 비롯한 욕망에서가 아니라 사실에 대한 존중에서 비롯한다는 나의 의견에 동의할 수 있을 것이다.

　꼭 언급하고 싶은 사실이 있다. 왜냐하면 이 사실이 가장 짙은 회의마저도 깨부술 확신을 가져다줄 것으로 생각하기 때문이다.

나는 찬드라굽타의 손자이자 기원전 259년에서 222년까지 통치한 아소카왕 통치 시절에 만들어진 것으로 인도에서 발견된 최초의 비문碑文에 대해 언급했다. 그 비문의 언어는 어떤 것이었나? 베다 노래 시절의 산스크리트어였던가? 결코 아니다. 브라흐마나나 수트라 시절의 산스크리트어였던가? 그것도 역시 아니다. 이 비문들은 당시 인도의 지방 방언들로 쓰였고, 이 방언들은 이탈리아어가 라틴어와 다르듯이 정통 산스크리트어와 다르다.

이런 사실에서 무엇을 알 수 있을까? 우선 베다의 고대 산스크리트어는 기원전 3세기 이전에 이미 사용되지 않게 되었음을 알 수 있다. 또한, 그 시기보다 더 후기의 문학적 문법적 산스크리트어 역시 일반 대중에 의해 더 이상 말해지거나 이해되지 않았다. 따라서 불교가 일어날 즈음에는 산스크리트어는 실제 생활에서는 소멸되어 있었고, 이미 오래전에 나라의 통용어이기를 그만두었다고 말할 수 있다. 이로 미루어 고대 베다 언어의 청년기와 장년기는 붓다의 가르침이 시작된 시기보다 훨씬 전의 시기에 속한다는 것을 알 수 있다. 산스크리트어, 그중에서도 가장 오래된 베다 시절의 산스크리트어를 알고 있었을 붓다의 경우, 그의 제자들로 하여금 대중들의 언어로 그의 가르침을 전하는 것을 의무처럼 여기도록 거듭거듭 강조하고 있다.

내게 주어진 시간이 거의 끝나가려 하는 지금, 늘 그런 것처럼, 우리가 인도에서 배워야 할 교훈에 대해, 더구나 인간 지식의 한 줄기에 불과한 종교의 기원에 대한 연구에 관해서 말하고 싶은 것의 반도 말할 수 없었음을 느낀다. 하지만 나는 여러분에게, 데바들이나 신들의 기원과 성장을 다루는 신기원학神起源學, theogony의 문제를 베다의 빛으로 조명해보는 완전히 새로운 측면을 보여주는 데 성공하였기를 희망한다. 어떤 명확한 이론 대신, 우리는 이제 다른 어느 곳에서도 찾을 수 없는 명확한 사실을 가지고 있다. 그리고 비록 베다의 데바와 제우스, 아폴론, 아테네 등의 개념 사이에 상당한 간극이 여전히 남아 있지만 가장 중요한 수수께끼는 풀렸고, 마침내 우리는 고대 세계의 신들이 어떤 자료와 성분으로 만들어졌는지를 알게 되었다.

그러나 이런 신기원학적 과정은 고대 베다 종교의 한 측면에 불과하고, 이 측면과 적어도 똑같이 중요하고 오히려 우리에겐 더 깊이 흥미로운 또 다른 두 측면이 존재한다.

실상 베다에는 세 개의 종교가 있다. 달리 말해, 베다라는 커다란 사원 안에는 세 개의 회중석會中席이 있고, 우리 앞에 펼쳐진 그 세 회중석들은 시인, 예언자, 철학자 들에 의해 각각 만들어졌다. 우리는 여기서도 일과 일꾼들을 지켜볼 수 있다. 우리는 이해할 수 없는 의식儀式이나 화석화된 맹목적 숭배물 등이 등장하는 딱딱한 방식들만을 다룰 필요는 없다. 베다를 통해 우리는 인간의 마음이 어떻게 이성적인 과정을 통해 전혀 비이성적인 것에 도달하는가를 볼 수 있다. 베다가 다른 모든 경전들과 다른 점이 바로 이 점이다. 물론 베다와 베다의 의식 중 많은 것이 이미 낡았고 이해하기 힘들고 딱딱하고 화석화 되었다. 그러나 많은 경우, 명칭과 개념의 발전, 그리고 그것들 의 자연으로부터 초자연으로의 전환과 개별적인 것으로부터 일반적인 것으로의 전환은 여전히 계속되고 있다. 베다의 계속 자라나고 있는 사상을, 우리 시대의 완전히 다 자란 언어로, 혹 은 그 다 자란 언어 이상으로 번역하는 것이 어렵고 또 거의 불 가능하다고 여기는 이유가 바로 여기에 있다.

라틴어의 데우스$^{deus}$에 해당하면서, 베다에 있는 신을 가 리키는 가장 오래된 말들 중의 하나인 데바$^{deva}$를 들어보자. 사 전을 보면 데바는 신이나 신들을 의미한다고 되어 있고 의심할 여지없이 그런 의미다. 하지만 베다의 노래에 나오는 데바를 항상 신으로 옮긴다면, 그것은 베다 시인들의 생각을 그대로 옮길 수 없을뿐더러 완전히 왜곡하는 것이 될 것이다. 나는 우 리의 신에 대한 생각이 데바라는 말에서 나타내려는 생각과 완 전히 다르다는 것만을 말하려는 것이 아니다. 그리스나 로마의 신 개념마저도 베다의 데바에 녹아 있는 생각을 전하기에는 전 혀 역부족이다. 데바의 원래 의미는 밝음이며 그것 외의 다른 의미는 없다. 밝음을 의미하면서 데바는 하늘, 별, 해, 새벽, 낮, 봄, 강, 땅 등으로 일관되게 쓰였다. 그래서 어느 시인이 이 모든 것들을 하나의 단어—이것을 우리는 통용어라고 부를 수밖에 없는데—로 말하고 싶을 때, 시인은 그것들을 모든 데바라고 부르는 것이다. 이런 경우, 데바는 더 이상 '밝은 것들'을 의미하기를 그치고, 하늘과 해와 새벽이 공통적으로 가지고 있는 모든 특성들을 포함하면서 개개의 것에 국한되는 성질들은 제외시키는 이름을 의미하게 된다.

여기서 우리는 밝은 어떤 것인 데바가 가장 단순한 과정을 통해 천상의, 친절한, 강력한, 눈에 보이지 않는, 불멸의 어떤 것으로, 그리고 결국에는 그리스어의 테오이[theoi]나 로마어의 디[dii]와 같은 어떤 것인 데바가 되는 것을 본다.

이런 식으로 하나의 초월적인 것, 초자연적인 것이 베다의 고대 종교에서 만들어지게 되고, 거기에 데바와 아수라, 바수와 아디티아 등 자연의 밝은 해와 천체, 낮과 봄이 지닌 힘을 이르는 모든 이름이, 어둡고 낯선 힘—불운의 기미를 지니고 있으면서도 결국에는 그들의 밝은 적수들의 용기와 힘에 굴복되고야 마는 밤과 검은 구름과 겨울 등—도 다 포용되면서, 포함되는 것이다.

이제 우리는 베다 사원의 두 번째 회중석으로 간다. 희미하게 느껴지고 분명치 않게 파악되면서 옛 현자들에 의해 이름붙여진 그 두 번째 초월, 그것은 다시 말해 죽어간 영혼들의 회중석이다.

다른 곳들에서와 마찬가지로 인도에서도 또 다른 원시신

앙이 있었다. 그것은 사람들의 마음속에 자연스럽게 떠오르던 것으로 그들의 부모가 이 삶을 떠나 저 너머 어디로 간다고 하는 믿음이었는데, 그곳은 모든 밝은 데바들이 오는 곳인 동쪽이거나 아니면 그들이 가는 어떤 땅인, 베다에서의 야마 즉 지는 해의 영역인 서쪽 어디였다. 한 번 있었던 존재는 결코 소멸될 수 없다는 생각은 아직 그들의 마음에 자리하지 못했는데, 더 이상 눈으로 볼 수는 없지만 그들의 조상이 어딘가 다른 곳에 있다는 믿음으로부터 또 다른 저편에 대한 믿음과 또 다른 종교의 발아發芽에 대한 믿음이 떠올랐던 것이다.

조상들의 실제적 힘은 그들이 죽은 뒤에라도 아주 느낄 수 없을 정도로 소멸한 것은 아니었다. 그들의 존재는 고대의 법이나 가족들의 관습 속에서 계속 느껴졌고, 그 존재의 대부분은 그들의 뜻이나 권위에 의지하고 있었다. 조상이 살아 있고 힘이 있었을 때는 그 조상의 뜻이 법이었고, 그들이 죽고난 뒤 법이나 관습에 대한 의심과 논쟁이 생겼을 때는 조상들에 대한 기억과 조상들의 권위가 그들의 생전의 뜻과 동일한 지위를 가진다는 사실에 호소했다. 그것은 자연스러웠다.

따라서 『마누법전』에는 이렇게 적혀 있다.(IV. 178) '아버지와 할아버지가 걸어갔던 길, 착한 이들이 걷도록 한 그 길로 가면, 나쁜 길로 빠지지 않을 것이다.'

자연의 밝은 힘으로부터 데바들과 신들이 비롯된 것과 같은 양식으로, 망자亡者들이 공통적으로 가진 속성인 피트리pitris,

279

다시 말해 아버지, 프레타[초월적 존재, 아귀], 떠나감 등으로
부터, 인도에서 그 어느 곳보다 이들에 대한 숭배가 가장 잘 발
달된 마네스<sup>Manes, 망령</sup>, 즉 친절한 존재, 조상, 그늘, 영혼과 정령
등의 일반 개념이 생겨났다. 피트리 혹은 아버지라는 저 흔한
이름은 아버지들에게 공통되는 모든 것들을 점차적으로 그 이
름 안으로 끌어모으게 된다. 그리하여 단순히 아버지만을 가리
키지 않고 보이지 않고 친절하며 강력하고 불멸이며 하늘에 속
한 존재를 의미하게 되었고, 우리는 다른 어디서보다 베다에서
고대 사상의 피할 수 없고 감동적인 완전한 형태 변경 ─ 영혼
의 불멸성에 대한 본능적 믿음으로 변형해가는 아버지와 어머
니에 대한 자식의 사랑 같은 것 ─ 을 볼 수 있다.

　　인도의 고대 종교가 지닌 이런 중요하고 빼어난 측면이
무시되어왔을 뿐 아니라 근년에 와서는 그 존재조차 의심받기
에 이른 것은 참으로 이상한 일이다. 그러므로 나는 방금도 말
했지만, 아주 오랜 옛날부터 바로 오늘에 이르기까지 인도에
존재하는 조상 영혼에 대한 숭배와 믿음을 뒷받침하는 몇 마디
말을 덧붙여야만 한다는 의무감을 느낀다. 모든 야생 국가들
가운데 이루어지던 자연적 종교 성분의 하나로서의 조상 숭배
에 대해 주의를 환기시키는 일에 지대하게 이바지했던 허버트
스펜서는 가장 단호한 어투로 다음과 같이 말한다.<sup>16</sup> '우리가

---

16. Principles of Sociology, p. 313.

알고 있는 한, 인도유럽 국가나 셈족 국가들 중에는 죽은 이를 숭배하는 종교를 만든 곳이 한 곳도 없는 것 같다. 어떤 암시도 찾을 수 없고 어떤 대화에서도 들을 수 없고 어떤 기록도 가지고 있지 않다.' 나는 그의 이 말을 의심하고 싶지는 않지만, 아주 중요한 내용이기 때문에 허버트는 자신이 주장하는 근거를 말하지 않으면 안 된다고 생각한다. 나는 인도에 관한 책을 한 번 열어보기라도 한 사람이면 이런 말은 할 수 없을 것이라는 생각이 든다. 『리그베다』에는 조상에게 바치는 노래들이 있다. 브라흐마나와 수트라들에는 조상에게 바치는 경배에 대한 상세한 묘사가 있다. 서사시와 법전, 푸라나들은 조상에게 바치는 경배물에 대한 암시들로 가득 차 있다. 인도의 전 사회적 구조는 상속과 결혼에 관한 법률[17]을 포함하여 마네스에 대한 믿음에 바탕하고 있다. 그럼에도 불구하고 지금 우리는 인도유럽 국가 중 죽은 자를 경배하는 종교를 가진 나라가 하나도 없다는 말을 듣고 있다.

페르시아인들은 그들의 프라바쉬를 가지고 있고 그리스인들은 그들의 테오이[theoi patrôoi]와 그들의 에이돌라[cidôla, 유령]를 가지고 있다, 한편으로, 로마인들에게는 라레스 파밀리아레스와 디

---

17. '인도의 상속법은 인도의 종교에 기초하고 있다. 인도의 법을 다룰 때, 영국법에서 나온 개념을 적용하여, 우리의 결정에 영향을 받을 수 있는 그들의 종교적 감정을 생각 없이 상하게 하지 않도록 주의하지 않으면 안 된다.' 뱅골 법률 보고서, 103.

비 마네스가 다른 어느 신들보다 열렬히 숭상되고 있다.[18] 『마누법전』에는 다음과 같은 얘기까지 있다(III. 203): '조상들에 대한 브라만의 헌신은 그들의 신에 대한 헌신을 초월한다.' 이럼에도 불구하고 우리는 어떤 인도유럽어 국가도 죽은 자를 경배하는 종교를 가지고 있지 않다는 말을 듣고 있다.

역사 연구를 조금이라도 진전시키려 한다면 이런 일들은 진정 있을 수 없다. 또한 나는 허버트 스펜서의 입장이, 인도유럽어 국가들의 종교가 망자에 대한 경배에 기초하고 있음을 받아들이지 않는 어떤 학자들의 경우와 대동소이한 것이라고 생각하지 않을 수 없다. 의심의 여지없이 그 학자들의 생각은 옳다. 하지만 내가 알기로, 그런 사실은 인도유럽어 국가뿐 아니라 다른 모든 나라의 종교에도 적용된다. 그리고 다시 한 번 이런 관점에서 인류학 연구자들은 다른 어떤 책에서보다 베다에서 더 많은 것을 배울 것이라고 믿는다.

베다에서 피트리 즉 조상들은 데바 혹은 신들과 함께 봉헌된다. 하지만 혼동되지는 않는다. 데바는 결코 피트리가 되지는 않는다. 비록 데바라는 형용사가 때로 피트리에 붙기도 하고 피트리가 데바의 장로 계급의 지위로 상승하기도 하지만 (『마누법전』III. 192, 284 야그나발키아 I.268), 피트리와 데바

---

18. 키케로, De Leg. II. 9, 22, 'Deorum manium jura sancta sunto; nos leto datos divos habento. 신을 믿을 권리를 신성한 것으로 하자. 우리에게는 죽어서 된 신들도 있다.'

는 각자 그들의 독립된 근원을 가지고 있고, 숭배 대상을 만들
어내는 인간 마음의 전적으로 다른 두 차원을 표현하는 것이라
생각하는 것이 편하다. 결코 잊어서는 안 되는 내용이다.

『리그베다』 VI. 52,4에는 다음과 같이 적혀 있다. '신들에
대한 이 기도에서, 밝아오는 새벽신이 나를 보호하기를, 흐르
는 강물신이 나를 보호하기를, 굳건한 산신(山神)이 나를 보호
하기를, 조상신들이 나를 보호하기를,' 비록 하나의 공통된 기
도 즉 신들에 대한 기도에 함께 포함되어 있기는 하지만 조상
신이 새벽신과 강물신, 산신과 구별된 존재라는 것이 다른 어
느 것보다 뚜렷이 나타나 있다.

그러나 무엇보다 먼저, 조상신의 두 계급 — 혹은 오히려
두 개념이라고 하는 것이 낫겠지만 — 사이의 차이를 구별해내
지 않으면 안 된다. 그중 하나는, 멀리 떨어져 있으면서 반은
잊히고 거의 신비적인 어떤 가족들, 베다 시인들의 가족들, 혹
은 전 인류의 조상으로 구성되는 반면, 다른 하나는 최근에 세
상을 떠나 개인적으로 기억되고 숭배되는 조상으로 구성된다.

오래된 조상들이 일반적으로 신에 더 가깝게 다가간다.
통상 이들은 죽은 이들의 지배자인 야마의 거처에까지 이르러
거기서 다른 데바들과 함께하는 것으로 표현된다.(『리그베다』
VII. 76,4, 데바남 사다마다; 『리그베다』 V.16,2, 데바남 바사니)

우리는 하늘에는 증조부들이 아디티아들과 함께, 대기 중
에는 조부들이 루드라들과 함께, 땅에는 아버지들이 바수들과

함께 있다고 기록된 노래를 때때로 발견한다. 이런 모든 것들은 개별적인 시적 개념들이다.[19]

야마저도 때로는 죽어서 조상신들의 길 — 서쪽에 자리하는 공통의 해넘이로 향하는 — 을 따라가는 죽은 이들의 첫 존재로, 조상신의 하나인 것처럼 경배되기도 한다.(피트리야나, X.2.7)[20] 그의 데바다운 성격은 결코 완전히 없어지지 않아서, 지는 해의 신처럼 진정으로 조상신들을 이끌긴 하지만 그 조상신 자체에는 속하지 않는다.[21]

인간이 지상에서 누린 많은 혜택들은 그것을 처음으로 마련했던 조상신들의 은혜로 돌려진다. 그 조상신들은 첫 희생제를 행했고 그것에서 기인한 혜택을 확보했다. 해의 떠오름이라든가, 낮의 빛과 밤의 어둠 같은 자연의 위대한 현상마저도 때로 그들의 덕택으로 돌려졌고, 조상신은 아침의 외양간의 어두움을 부수고 열어, 소들을, 다시 말해 낮을 바깥으로 내모는 이로서 찬양되었다.(X.68,11)[22] 나아가 그들은 밤하늘을 별로 장식하는 이들로 찬양되기도 했는데, 후대의 글에서 별들은 하늘

---

19. Atharva-veda XVIII. 2, 49. 참조.
20. Rig-veda X. 14, 1-2. 야마를 해와 같은 바이바스바타로 부르고 있다. 비바스바트의 아들로도 부르고 있다. 종교 사상의 후기에 이르면, 야마를 첫 번째 사람으로 생각하게 된다.(Atharva-veda XVIII. 3, 13, as compared with Rig-veda X. 14, 1)
21. Rig-veda X. 14.
22. 아베스타에서는 이런 여러가지 일들이 프라바쉬스의 도움을 받아 아후라 마즈다에 의해 이루어진다.

로 올라간 착한 사람들의 빛이라고 말해지고도 있다.[23] 유사한
생각들이 고대 페르시아와 그리스, 로마에 널리 퍼져 있었음을
우리는 알고 있다. 베다에는 조상신들을 믿을 만한[사티아],
현명한[수비다트라], 의로운[리타바트], 시인들[카비], 지도자
들[파티크리트] 등으로 부르고 있고, 그들에게 가장 많이 쓰이
고 있는 형용구는 소미아[Somiyá]로 '소마 가운데 기뻐한다.'는 뜻
이다. 소마는 베다 현자들이 마시던 중독성 음료로서 영원히
죽지 않게 하는 묘약으로 믿어졌는데,[24] 아리아족이 펀자브로
이동해간 이후 사라져버려 얻기 힘들게 되었다고 한다.[25]

브리구스가*, 앙기라스가, 아타르반스가[26] 등은 모두 그들
의 피티리 즉 조상신을 모시고 있었고 조상신들은 잔디밭에 앉
아 봉헌물을 받았다. 조상신들에게 바치는 희생물이라는 뜻의
피트리야그나라는 이름도 『리그베다』에는 이미 나와 있다.[27]

다음은 조상신들을 그들에게 바치는 희생물들에로 불러
내는 『리그베다』의 노래들이다.(『리그베다』 X.15)[28]

1. '소마를 즐기는 조상신들이여, 가장 높은 분들과 가장

23. Satapatha Brâhmana I. 9, 3, 10; VI. 5, 4, 8.
24. Rig-veda VIII. 48, 3: '소마[Soma]를 마시고 우리는 불멸이 된다. 빛으로 가서 신들을 만난다.' VIII. 48, 12.
25. Rig-veda IX. 97, 39.
26. L. c. X. 14, 6.
27. L. c. X. 16, 10.
28. 저자의 번역과 상당히 다른 번역본으로 Sarvdhikâri의 것이 있다. Tagore Lectures for 1880, p. 34. 참조.

낮은 분들, 그리고 중간에 계신 분들이여, 일어나십시오. 온유하고 의로운 조상신들이여 다시 살아나셔서 이 예배에서 우리를 보호하소서!'

2. '이 인사가 오늘의 조상신, 어제와 내일의 조상신들에게 — 그들이 땅 위의 대지 중에 있든 축복받은 이들 사이에 있든 — 바쳐지기를.'

3. '현명한 조상신들을 초대합니다. 이 자리로 속히 오시기를, 그리하여 풀밭에 앉아 채워진 잔을 단숨에 비우시기를!'

4. '풀밭에 앉은 당신, 조상신이여, 우리에게 오셔서 도움을 주소서. 당신들을 위해 이 술을 준비했습니다. 이 술을 받아주소서. 당신들의 가장 축복된 보호를 우리에게 주소서. 우리에게 실패함 없는 건강과 부유함을 주소서!'

5. '소마를 즐기는 조상신들을 풀밭 위에 차려진 이 진수성찬으로 모십니다. 다가오셔서 귀 기울여 들으시고 우리를 축복하시고 우리를 보호하소서!'

6. '무릎을 굽혀 제 오른쪽에 앉으시고 이 모든 희생물을 받으소서. 오 조상신들이여, 우리가 당신께 행한 모든 악행들로 우리를 해하지 마소서. 우리는 단지 인간에 지나지 않습니다.'

7. '붉은 새벽의 무릎 위에 앉으시고, 인색치 않은 이 인간에게 부富를 내려주소서! 오 조상신들이여, 여기 이 인간의 자손들에게 당신의 보물을 내려주소서, 또한 여기 우리에게 생기

를 주소서!'

8. '야마시여! 여러 친구들과 더불어 소마를 즐기는 저 옛 우리 조상신들과 소마 잔을 차려놓는 바시쉬타들과 연대하여, 당신의 뜻에 따라 차려진 봉헌물들을 받아주소서.'

9. '오, 아그니여, 이리 오소서. 벽난로 곁에 앉기를 좋아하고, 목마르게 신들을 사모하며, 희생을 알고, 노래와 함께 크게 찬양하는, 저 현명하고 진실한 조상신들과 함께.'

10. '오소서, 오, 아그니여. 인드라와 여러 신들과 함께 벽난로 곁에 앉기를 즐기며, 신들과 진실된 이들을 영원히 찬양하며, 우리의 봉헌물을 먹고 마시는 저 옛 조상들과 함께.'

11. '오 아그니에게 매료된 조상신들이여! 친절한 안내자들이여. 이리 와서 당신들의 자리에 앉으십시오. 풀밭 위에 차려놓은 봉헌물들을 드십시오. 그리고 우리에게 재물과 강한 자손을 내려주십시오.'

12. '오 아그니여, 오 가타베다여,[29] 우리의 요청에 당신들은 우선 제물을 달콤하게 만든 후 그것을 받아들입니다. 그리고 그것들을 조상신에게 줍니다. 조상신은 자신들의 몫을 먹습니다. 오 신이여, 우리가 바친 제물을 드십시오!'

13. '이 자리에 있는 조상신들, 이 자리에 없는 조상신들, 우리에게 알려진 조상신들, 우리가 모르는 조상신들, 가타베다

---

29. Max Müller, Rig-veda, transl. vol. i. p. 24. 참조.

당신은 그들이 얼마나 많은지를 아시니 이 잘 준비된 희생물들을 각각의 몫에 따라 받아주소서!'

14. '오 왕이시여. 불로 태웠든 불로 태우지 않았든 하늘에서 자신들의 몫을 즐기는 그이들에게, 그들의 몸이 자신들이 바라는 생명을 얻어 가질 수 있도록 하소서!'[30]

이런 원시적 조상들에게 바치는 예배와 구별되는 것으로, 아주 오랜 옛날부터 자식들이 의무로 느끼던 죽은 아버지와 할아버지, 또 증조할아버지에 대한 자식들의 숭상이 있다. 이러한 보다 개인적 느낌이 표현되는 의식들은 보다 가족적인 특성을 지니게 되고 따라서 지방에 따라 큰 다양성을 지닌다.

이런 개인적인 의식의 경우, 브라흐마나나 스라우타, 그리야, 사마야카리카 수트라들, 법전, 그리고 후기의 수많은 의례 — 모두가 죽은 이들을 높이기 위한 의도를 지니고 있는 — 수행 매뉴얼에서 찾아볼 수 있는 자질구레한 규제로 나타나는데, 어떠한 추상화마저도 부여할 수가 없다. 그것들은 시간과 계절에 관한, 제단과 봉헌물에 관한, 봉헌물을 담는 제기들의 수와 모양에 관한, 봉헌물을 바치는 사람의 자세에 관한, 제기들의 각기 다른 배치에 관한 자질구레하고 사소한 규칙들이어서, 정말 중요한 것 — 이를테면 이런 세밀한 것들을 처음 고안한 사람들의 생각과 의도 — 을 파악하기가 아주 어렵다. 유럽 학자들

---

30. Note I.

도 이런 종류의 봉헌물에 대해 많은 글을 썼다. 1798년 캘커타의 아시아틱 리서치사에서 처음 발간된 『인도의 종교적 의례 The Religious Ceremonies of the Hindus 』에 관한 콜브룩의 빼어난 에세이가 그 효시였다. 하지만 그 생각들이 무엇에서 비롯되었고, 이런 모든 외적인 의식들이 어디로부터 생겨났으며, 인간의 마음이 자연적으로 갈망하는 것이 무엇인가라는 단순하고 근본적인 질문에 이르게 되면, 납득할 만한 대답은 어디에서도 찾기 힘들다. 사실 스라다는 인도 전역에서 오늘날에도 계속 행해지고 있지만, 현대의 의식이 옛 샤스트라Shastra(학술적인 경전; 역자)에 내재해 있던 법칙으로부터 얼마나 광범위하게 변형되었는지 우리는 알고 있다. 또한 최근의 여행자들이 전하는 바에 의해, 오늘날 이런 옛 의식들이 살아남은 그 취지조차도 산스크리트어를 이해하지 못하거나 옛 수트라를 읽을 수 없는 경우, 잘 이해할 수 없다는 것이 명백한 사실이다. 실제 우리는 영혼이 먹을 떡을 만드는 법에 대해 아주 자세하게 듣는다. 그 떡을 올려놓을 풀을 몇 단이나 쌓아야 하는 것도 기록되어 있다. 풀단의 길이와 진설陳設 방향까지도 지적되어 있다. 중요한 것에 대해서는 아무것도 가르쳐주지 못하는 그 모든 것들이 장황하게 수 없이 설명된다. 하지만 진정한 학자가 진실로 중요하게 여기는 것은, 우리에게는 전혀 관심이 없다는 듯이, 또 쓰레기 더미 아래에서 발견되어야만 한다는 듯이, 아주 약간만이 전해져왔다.

그러므로 조그만 빛이라도 얻어 가지려면 우리는 다음과

같은 것들을 각각 구별해야 한다는 생각이 든다.

　1. 5대 희생제[마하야그나] 가운데 하나로서의 매일의 조상 희생제인 피트리야그나.

　2. 초승달과 보름달 희생제의 한 부분으로서의 매달 열리는 조상 희생제인 핀다-피트리야그나.

　3. 가장家長 사망 시의 장례 의식.

　4. 죽은 조상들을 기념하여 음식과 자비의 선물들을 사람들에게 헌정하는, 통상 스라다라 불리는 사랑과 자비의 축제인 아가페. 스라다라는 이름은 이 마지막 경우에만 쓰이는 것이 맞지만, 두 번째와 세 번째 경우의 희생제에도 스라다가 중요한 부분을 차지했기 때문에 사용되어왔다.

　조상 경배 혹은 매일의 피트리야그나는 5대 희생제[31]의 하나로서 모든 결혼한 남자들이 매일매일 수행해야 했다. 5대 희생제들은 데바를 위한 데바야그나, 동물을 위한 부타야그나, 조상신들을 위한 피트리야그나, 브라만 — 예를 들어 베다 연구 — 을 위한 브라마야그나, 사람 — 예를 들면 환대 — 을 위한 마누쉬야야그나, 등등으로 그리히야수트라(Asv.III.1)에서 언급되어 있다.

　『마누법전』(III.70)에서도 마찬가지 언급이 있다. 즉, 결혼

---

31. Satapatha Brâhmana XI. 5, 6, 1; Taitt. Ar. II. 11, 10; Âsvalâyana Grihya-sûtras III. 1, 1; Pâraskara Grihya-sûtras II. 9, 1; Apastamba, Dharma-sûtras, translated by Bühler, pp. 47 seq.

한 남자는 다섯 가지의 큰 종교적 의무를 가진다.

1. 브라마 희생제. 베다 연구와 교육(때로 아후타라 불림.)

2. 피트리 희생제. 떡과 마네스의 물의 봉헌(때로 프라시타라 불림.)

3. 데바 희생제. 신들에게의 제물 봉헌(때로 후타라 불림.)

4. 부타 희생제. 살아 있는 생물들에게 음식을 줌(때로 프라후타라 불림.)

5. 마누쉬야 희생제. 객을 환대함(때로 브라미아 후타라 불림.[32])

이런 매일의 피트리야그나는 아주 단순한 것으로 보인다. 가장은 성스런 천을 오른쪽 어깨에 걸치고 '조상신들에게 스바하'라고 말한 후 희생 음식의 일부를 남쪽을 향해 던지기만 하면 된다.[33]

이것을 희생제라 부를 수 있다면 이 희생제가 인간에 대해 갖는 효과는 아주 분명하다. 옛날, 이 '5대 희생제'는 인간의 매일매일의 의무 전체를 의미했다. 그 희생제들은 매일의 먹는 음식과 연관되어 있었다.[34] 음식이 준비되면 자신이 먹기 전에 신들에게 먼저 바쳤는데 이것이 바이스바데바 봉헌[35]이

---

32. In the Sânkhâyana Grihya (I. 5) four Pâkayagñas are mentioned, called Huta, ahuta, prahuta, prâsita.

33. Âsv. Grihya-sûtras I. 3, 10.

34. Manu III. 117-118.

35. L. c. III. 85.

고 이때의 주신들은 아그니, 소마, 비스베 데바들, 일종의 에스
쿨라피우스인 단바타리, 쿠후와 아누마티(각각 시간 진행에
따른 달의 다른 이름들), 만물의 주인 프라가파티, 하늘과 땅인
디아바-프리티비, 벽난로의 불인 스비쉬타크리트 등이다.

네 방위에 자리한 신들을 만족시킨 다음, 가장은 봉헌물
중의 일부를 허공을 향해 던지는데 이는 동물과 보이지 않는
영들을 위한 것이다. 그런 후 가장은 떠난 조상들, 피트리들을
기억하면서 봉헌물을 바치게 된다. 하지만 이 모든 것을 다 마
친 후에도 객客들[아티티스]에게 무언가를 주지 않으면 자신의
식사를 시작할 수 없었다.

이 모든 것들이 다 행해진 후, 가장이 매일의 기도를 다 올
린 후, 베다에서 배운 것들을 다 반복한 후에라야, 그때에라야
그는 자신을 둘러싼 세상과 그에 의해 수행된 5대 희생제와 조
화를 이루게 되고, 이 무신경하고 자신만 챙기는 삶에서 지은
모든 죄로부터 사함을 얻게 되는 것이다.

하루 다섯 차례 희생제 중 하나인 이 피트리야그나는 브
라흐마나, 그리히야, 사마야크리타 수트라에 기록되어 있고,
법률 삼히타에도 물론 기록되어 있다. 라젠드랄랄 미트라[36]에
는 '정통 브라만들은 오늘날까지 이 다섯 가지의 의식을 준수
한다고 고백한다. 하지만 실제는 신들과 마네스에게 바치는 봉

---

36. Taittiriyâranyaka, Preface, p. 23.

헌물만이 엄격히 준수될 뿐, 제문은 가야트리를 반복하기만 한
다. 또한 동물에 대한 자비와 먹이 주기는 마음 내키는 때만 하
는 정도이다.'

이런 단순한 매일의 조상 봉헌과 아주 다른 것이 피트리
야그나 혹은 핀다-피트리야그나로, 이것들은 여러 성문화된
희생제들 중에서 우선 초승과 보름의 희생제에 속한다. 여기서
도 인간 쪽에서의 동기는 아주 쉽게 파악된다. 자연의 규칙적
진행에 대한 숙고이며, 천체의 운행에 있어서의 질서의 발견이
고, 사람의 생각을 일상의 일로부터 보다 높은 곳으로 고양시
키고 사람의 마음을 찬양과 감사와 봉헌을 통해 이런 보다 높
은 힘으로 가까이 가게 하는, 세상을 다스리는 힘에 대한 커가
는 믿음이다. 삶이 사그라진 사람들, 그 밝은 얼굴들을 더 이상
지상에서 볼 수 없게 된 사람들, 돌아간 아버지와 조상들에게
로 자연스럽게 생각을 돌리는 때란 다름 아닌 달이 이지러지기
시작하는 때이다. 그러므로 브라흐마나[37], 스라우타-수트라 등
에는 초승달 희생제[신월제]가 시작되자마자 조상신에의 희
생제인 피트리야그나를 올려야 한다고 되어 있다. 카루라는 이
름의 떡을 남쪽 불이라는 뜻의 다크쉬나그니에서 준비해야 하
고, 물과 둥근 떡으로 이루어진 제물을 특별히 아버지와 할아

---

37. Mâsi mâsi vo'sanam iti srutch; Gobhilîya Grihya sûtras, p. 1055.
38. Dr. O. Donner, 'Pindapitriyagña,' 1870. 부, 조부, 증조부의 세 조상에게 한정
하는 것은 the Vâgasaneyi-samhitâ, XIX. 36–37.에 나온다.

버지 증조할아버지에게 바쳐야 한다. 이때 제주의 아내가 아들을 원할 경우, 그 떡 중의 하나를 먹도록 허락된다.[38]

비슷한 조상 봉헌이 다른 희생제들에서도 시행되며 이때에도 신월제와 만월제가 일반적인 형태를 이룬다.

이상과 같은 두 종류의 조상 제사가 같은 목적과 같은 이름을 가지고 있긴 하지만 그 성격은 다르다. 그리고 종종 그런 것처럼 그 둘이 함께 섞이게 되면, 우리는 고대의 의식에 대한 연구를 통해 배울 수 있는 가장 중요한 교훈을 놓치게 된다. 이 두 피트리야그나 사이의 차이를 말할 때 가장 결정적인 것은, 전자가 한 가족의 아버지에 의해 다시 말해 일반인에 의해 수행되는 반면, 후자는 제주에 의해 선택되어 제주를 대신하게 되는 정식 사제 혹은 일단의 사제들에 의해 수행된다는 점이다. 인도인들 자신이 말하는 것처럼, 전자는 가족적 의식, 즉 그리히야[grihya]이고 후자는 사제적 의식, 즉 스라우타[srauta]이다.[39]

이제 우리는 세 번째 의식과 만나게 되는데, 가족적이고 개인적인 면이 있긴 하지만 드물게 행해진다는 면에서 앞의 두 의식과는 다르다. 조상에게 바치는 다른 제의들과는 구별되는 장례가 그것이다. 어느 면에서 보면, 이런 장례 의식들은 매

---

39. 이 사안에 관련하여 사카에 따라 아주 의견이 분분하다. 고빌라 사카에 의하면, 핀다 피트리야그나는 스라우타가 아니라 스마르타인데, 다른 사카들은 아그니마트는 스마르타를 해야 하고 스라우타그니마트는 스라우타 피트리야그나를 해야 한다고 주장한다. see Gobhilîya Grihya-sûtras, p. 671. On page 667 we read: anagner amâvasyâsraddhâ, nânvâhâryam ity âdaraniyam.

일 혹은 다달이 지내게 되는 조상 제의보다 역사적으로 더 앞
선 것이라 할 수 있다. 장례 의식은 후대로 내려오면서 차츰 조
상 제의에 이르렀고, 망자들로 하여금 피트리나 조상신으로서
의 미래의 위엄을 갖추도록 준비시켰다. 하지만 이와는 달리,
죽은 사람이 그런 지위에 오르기 전이라도 조상신이라는 일반
적 개념은 있었을 것이 틀림없기 때문에, 나는 앞에서처럼 조
상 제의에 대해 먼저 기술하고 싶었던 것이다.

　　또한 이 자리에서는 인도에서의 특수한 장례 의식의 특성
을 완벽하게 파고들 필요도 없다고 생각한다. 나는 거의 30년
전에 「베다에서의 매장과 희생제 관습에 관하여」라는 특수 논
문에서 그것에 관해 이미 썼다.[40] 그 정신은 그리스나 로마, 슬
라브나 튜턴 국가들의 장례 의식의 그것과 동일해서 그것들 사
이의 일치에 가끔 큰 경이를 느낀다.

　　베다 시대에는 화장과 매장이 함께 행해졌고, 당시에는
아주 장중하게 장례를 치렀는데 시간이 지나면서 장례에서의
일반적 규범이 정착되었다. 몸이 불타고 재가 뿌려지고난 뒤의
망자의 상태에 대한 생각들은 아주 큰 변화를 겪게 되지만, 그
중심에 있어서 이 지상의 삶과 그리 다르지 않은 다음 생이 있
다는 믿음과 자손들에 대해 베푸는 망자들의 축복의 능력에 대
한 믿음은 굳건했던 것 같다. 따라서 살아남은 사람들은 초기

---

40. '베다에서의 매장과 희생제 관습에 관하여,' in Zeitschrift der Deutschen
Morgenländischen Gesellschaft(독일동양학회지), vol. ix. 1856.

에는 떠나간 망자 친구들의 호의를 제사와 봉헌물로 확보하는
것에 관심을 가졌는데, 이런 관심들은 얼마 지나지 않아 전통
화되면서 기술적인 것으로, 다시 말해 제의적인 것으로 바뀌어
갔다.

시체가 불타는 날, 친지[사마노다카]들은 목욕를 하고 망
자의 이름과 가족의 이름을 부르면서 망자에게 한 웅큼의 물을
뿌린다.[41] 해가 지면 집으로 돌아오는데, 자연스럽게 첫날밤은
아무것도 먹지 않아야 하고 다음 열흘간도 망자의 특성에 따른
일정한 규범을 준수해야 했다. 말하자면 애도 기간이었는데,
나중에 이 기간은 애도하는 사람들이 세상과의 접촉을 끊고 본
능적으로 일상적 직업 활동과 쾌락에서 멀리 하게 되는 '부정不
淨한 날들'이라고 불리게 된다.[42]

달이 반쯤 이운 11, 13, 15일째에 재를 거둔다. 거기서 돌
아오면 몸을 씻고 망자에게 스라다Sráddha라 불리는 것을 바친다.

이 스라다라는 단어는 처음 만나게 되는 것인데, 제대로
만 이해한다면 아주 흥미로운 배울 것들이 가득한 단어이다.
우선 이 단어는 송가에서도 찾아볼 수가 없고, 우리가 아는 한

41. Asvalâyana Grihya-sûtras IV. 4, 10.
42. Manu V. 64–65.
43. Bühler, Apastamba, Sacred Books of the East, vol. ii., p. 138; also
Srâddhâkalpa, p. 890. Though the Srâddha is prescribed in the Gobhilîya
Grihya-sûtras, IV. 4, 2–3, it is not described there, but in a separate treatise, the
Srâddhakalpa.

에는 고대의 브라흐마나에도 없다는 것을 반드시 알아야 한다. 따라서 이 단어는 보다 현대적 기원을 갖고 있는 것으로 보인다. 내 편에서 보면 약간 믿고 싶지 않는 것이지만, 아타스탐바의 다르마-수트라에는 스라다가 보다 현대적 기원을 가질 것이라는 생각에 반하는 구절이 하나 나온다.[43]

'원래 사람과 신들은 이 세상에서 함께 살았다. 그런 뒤, 신들은 자신들이 행한 희생에 대한 보답으로 하늘로 가게 되었고 사람들은 세상에 그대로 남았다. 신들처럼 희생을 행한 사람들은 (죽어서) 하늘에서 신들과 브라만과 함께 살았다. 이제 (남은 사람들을 보면서 그들을 위해) 『마누법전』은 스라다라는 이름의 이 의식을 계시해준다.'

스라다에는 여러 가지[44] 뜻이 있다. 예를 들어 『마누법전』[45]에서는 피트리야그나와 거의 동일한 뜻으로 쓰인다. 하지만 그 원래의 뜻은 '스라다 즉 믿음과 함께 주어진 것'으로 이해되어왔던 것 같다. 다시 말해, 합당한 사람에게, 보다 구체적으로 말해 브라흐마나에게 베풀어지는 자비를 뜻했던 것 같다. 그 선물이 스라다라 불렸다. 하지만 그런 선물 행위 또한 같은

---

44. As meaning the food, srâddha occurs in srâddhabhug and similar words. As meaning the sacrificial act, it is explained, yatraitak khraddhayâ dîyate tad eva karma srâddhasabdâbhidheyam. Pretam pitrîms ka nirdisya bhogyam yat priyam âtmanah sraddhayâ dîyate yatra tak khrâddham parikîrtitam. Gobhilîya Grihya-sûtras, p. 892. We also read sraddhânvitah srâddham kurvîta, "let a man perform the srâddha with faith;" Gobhilîya Grihya-sûtras, p. 1053.
45. Manu III. 82.

이름으로 불렸다. 나라야나는 아스발라야나의 그리히야-수트라(Ⅳ.7)에 대한 주석에서 이 단어에 대한 최고의 설명을 해주고 있다. '스라다는 조상신들을 위해 브라만에게 신앙으로 바친 선물이다.'[46]

그런 자비의 선물은 어떤 사람의 죽음의 시간이나, 좋은 일 혹은 궂은일을 당해 가족들에 의해 기억될 때, 가장 자연스럽게 또 풍부하게 베풀어진다. 따라서 스라다는 죽은 이를 기념하는 아주 많은 성스런 행위에 붙이는 일반적인 이름이 되었다. 장례식에서뿐 아니라 즐거운 행사에서 가족이나 조상의 이름으로 합당한 사람에게 선물이 주어질 때도 스라다라는 단어를 들을 수 있다.

그러므로 스라다를 단순히 조상신에게 물이나 떡을 바치는 것으로 생각하는 것은 오산이다. 조상신에 대한 봉헌물은 개개의 스라다를 상징하는 의미를 가지지만, 그것이 지닌 보다 중요한 성격은 조상신들을 기념하여 베풀어지는 자비라 할 수 있다.

이것은 한동안 중세 교회에 내는 기부금처럼 남용되었다. 하지만 처음의 동기는 아주 훌륭한 것이었다. 죽음에 직면하여, 인간이란 이 세상으로부터 그 어떤 것도 가지고 갈 수 없으니 세상에서 얻을 수 있는 것으로 할 수 있는 한 많은 선을 행

---

46. Pitrîn uddisya yad dîyate brâhmanebhyah sraddhayâ tak khrâdd ham.

해야만 한다는 확고한 생각, 또한 거기서 우러나온 타인을 이롭게 하고자 하는 바람, 이것 외의 다른 동기는 없었다. 스라다에서 브라흐마나는 그 선물들을 던져넣는 희생제의 불을 대표한다고 말해져왔다.[47] 브라흐마나를 사제로 번역할 수 있다면, 후대에 이르러 스라다에 대해 어째서 그렇게도 강한 반감이 있을 수밖에 없었던지를 쉽게 이해할 수 있다. 하지만 사제는 스라다에 대한 아주 맞지 않는 번역이다. 브라흐마나는 사회적으로나 지성적으로 높은 태생의 계급이다. 그들은 고대 인도 사회에서 존경받은 계급이었고, 의심할 바 없이 가장 중요한 요체였다. 남을 위해서 살고 인생에서 돈을 버는 일에 무관하게 살았기 때문에, 사회가 그들을 부양하는 것을 처음에는 사회적 의무로, 곧이어 종교적 의무로 받아들이게 되었다. 스라다에서 베풀어지는 것과 같은 기부금의 수혜자는 전혀 모르는 사람이 되어야 한다는 규칙이 엄격히 지켜졌다. 친구 혹은 적, 가족도 수혜자가 될 수 없었다. 아파스탐바는 이렇게 말한다.[48] '(스라다에서) 주는 사람과 관계 있는 사람이 먹은 음식은 악귀에게 베풀어진 선물과 같다. 그 선물은 마네스에게도 신에게도 닿지 못한다.' 스라디카 선물을 바쳐서 다른 사람의 협조를 구하려는 사람은 스라다-미트라$^{mitra}$(친구 떨거지; 역자)라는 야비한 이름으로 불렸다.[49]

---

47. Apastamba II. 16, 3, Brâhmanâs tv âhavanîyârthe.
48. L. c p. 142.

그러므로 후대에 이르러 스라다 체계가 퇴화되고 타락했다는 사실을 인정하더라도, 그 제도가 원래는 순수한 동기에서 출발했음을 알아차릴 수 있다고 나는 생각한다. 또한 이해 가능한 자료로부터 도달하고자 하는 우리의 현재 목표가 무엇인지, 그것을 잊지 않는 것이 더욱 중요하다고 생각한다.

스라다라는 이름이 처음 나오는 아스발라야나의 그리히야수트라의 구절로 돌아가보자.[50] 그것은 망자의 재를 단지에 넣어 묻고난 뒤, 망자를 위해 바치는 스라다였다. 이 스라다는 에코디쉬타ecoddishta라고 불렸다.[51] 지금의 우리 말로 바꾸면 개인적이라는 뜻으로, 세 사람의 조상이나 모든 조상들을 위한 것이 아닌 오직 한 사람만을 위한다는 의미였다. 실상 이 스라다의 목적은 죽은 이를 피트리의 지위에 올리는 것이었는데, 이런 목적은 한 해 동안 계속 스라다 제물을 바침으로써 이루어야만 하는 것이었다. 이것이 적어도 일반적으로 행해지던 규칙이었고, 아마도 이게 원래의 규칙이었던 것 같다. 아파스탐바에는 죽은 가족을 위한 스라다는 일 년 동안 매일 행해져야 한다고 되어 있고, 그런 후에는 한 달에 한 번의 스라다만을 행해야만 하거나 아예 하지 않게 되는데, 이제 망자는 정규적인

---

49. Manu III. 138, 140.

50. Âsv. Grihya-sûtras IV. 5, 8.

51. It is described as a vikriti of the Pârvana- srâddha in Gobhilîya Grihya- sûtras, p. 1011.

파르바나-스라다의 지위를 지니게 되어[52] 더 이상 개인적인 스
라다가 아니다[53]. 상카야나 역시 개인적인 스라다는 일 년 간
계속된다는 같은 말을 하고 있다.[54] 그런 후 최근에 죽은 사람
이 중요 세 피트리 가운데 아버지의 자리를 차지하게 되면서
'네 번째 사람' 즉 증조부는 떨어져나가고 조부가 증조부, 아버
지가 조부의 자리를 차례대로 차지하게 된다.[55] 이것을 사핀디
카라나, 다시 말해 망자를 조상의 지위로 올려드리는 것이라고
불렀다.

어디서나 그렇듯 여기에도 많은 예외가 있다. 고빌라는
일 년 대신 반년 간으로 기간을 단축시켰고 심지어 트리팍사,
다시 말해 반달씩 세 번의 기간으로 줄이는 것도 허락해주었
다.[56] 그리고 종내에는 상서로운 행사는 어떤 것이든지 사핀디
카라나로 쳐주기도 했다.[57]

사핀다나에 필요한 스라다의 횟수는 때로 16회로 나오는

52. Gobhilîya Grihya-sûtras, p. 1023.

53. One of the differences between the acts before and after the Sapindîkarana is
noted by Sâlankâyana:-Sapindîkaranam yâvad rigudarbhaih pitrikriyâ Sapindîkaranâd
ûrdhvam dvigunair vidhivad bhavet. Gobhilîya Grihya- sûtras, p. 930.

54. Grihya-sûtras, ed. Oldenberg, p. 83.

55. A praty bdikam ekoddishtam on the anniversary of the deceased is mentioned
by Gobhilya, l. c. p. 1011.

56. Gobhilîya Grihya-sûtras, p. 1039.

57. Sânkh. Grihya, p. 83; Gobh. Grihya, p. 1024. According to some authorities the
ekoddishta is called nava, new, during ten days; navamisra, mixed, for six months;
and purâna, old, afterward. Gobhilîya Grihya-sûtras, p. 1020.

데, 첫 1회와 열두 달 동안 한 번씩과 반년에 한 번씩 두 번, 그리고 마지막 사핀다나 한 번이다. 하지만 이 경우에도 여러 가지로 다양하게 운용되는데, 사핀다나가 일 년 기간의 중간에 행해지더라도 열여섯 번의 횟수는 채워야 했다.[58]

스라다가 탄생이나 결혼 등 상서로운 행사를 기념하는 것으로 치러질 때는 그 대상이 되는 조상들은 아버지나 조부 혹은 증조부가 아니다. 이들은 아스루무카로 불리면서 눈물 흘리는 얼굴로 드러나기 때문이다. 대신 그들보다 더 윗대의 조상들이 그 대상이 되는데, 난디무카로 불리면서 즐거운 얼굴로 표현된다.[59]

현대의 스라다가 어떤 모습인지를 잘 그려낸 콜브룩[60]도 이상에서 말한 것과 똑같은 견해를 가지고 있다. 그는 다음과 같이 쓰고 있다. '장례 의식의 첫 부분은 몸이 타버린 망자의 영혼을 봉헌물을 통해 재구성하는 데 주안점을 두고 있다. 그 다음 부분은, 힌두의 개념에서 볼 때 악마와 나쁜 영들 가운데 계속 방황하는 죽은 자의 망령을, 이 세상에서 하늘로 끌어올려, 죽은 조상들의 마네스들과 함께하는 신으로 만들어주는 것이 그 목적이다. 이 목적을 위해, 애도 후 첫날 망자에게 스라다를 바쳐야 하고, 그 다음 열두 달 동안 한 달에 한 번씩 스라

---

58. Gobhilīya, l. c. p. 1032.
59. Gobhilīya, l. c. p. 1047.
60. Life and Essays, ii. p. 195.

다를 바쳐야 하며, 한 달 반 되는 날과 여섯 달째와 열두 달째
되는 날에도 바쳐야 하며, 사핀다나라고 불리는 봉헌은 망자의
일주기에 바쳐진다.[61] 에코디쉬타 스라다의 마지막인 이 사핀
다나 스라다에는, 네 개의 장례 떡이 망자와 그의 세 조상들에
게 바쳐지는데 망자에게 드리는 떡은 세 조각으로 나누어 다른
세 떡과 섞는다. 그런 후에도 남는 부분이 있으면 대개 망자에
게 바친다. 이리하여 결합과 친교의 행위는 완성된다.'[62]

　　이 스라다제도는 처음 시작되자마자 아주 빨리 퍼져나갔
던 것으로 보인다. 곧이어 달마다 치러지는 스라다도 생기게
되었다. 최근에 망자가 된 사람을 추념하는 목적뿐 아니라 피
트리야그나의 한 부분으로서도 행해졌다. 가장[아그니마트]에
게뿐 아니라 다른 사람들에게도 의무사항이었다. 상위 세 카스
트뿐 아니라 수드라 계급에서도 찬양 노래 없이 행해졌다.[63] 신
월 때뿐 아니라 기회가 될 때는 언제든 다른 날들에도[64] 행해졌
다. 고빌라는 핀다피트리야그나 그 자체도 하나의 스라다로 보

---

61. 콜브룩의 부연에 의하면, 대부분의 지방에서 이 열여섯 번의 의례와 마지막 장
례인 사핀다나는 이틀 혹은 사흘째에 끝나는 것으로 되어 있다. 그후로는 적절한
시기에 다시 지낸다. 망자 혼자가 아니라 모든 조상들을 다 포함한 의례이다. 이
것이 '핀다피트리야그나'에 대한 돈녀 박사의 해박한 논문(p. 11)에 나오는 일반
적 규범이다.

62. See this subject most exhaustively treated, particularly in its bearings on the
law of inheritance, 특별히 상속 법칙의 의미에 주목하여 이 주제를 소상히 밝힌
Rajkumar Sarvâdhikâri의 Tagore Law Lectures for 1880, p. 93. 참조.

63. Gobhilîya Grihya-sûtras, p. 892.

64. L. c. p. 897.

는 듯하다.[65] 이 주석가는 핀다 즉 떡이 없는 경우라 하더라도
브라만에게는 음식이 베풀어져야 한다고 말한다. 하지만 이 스
라다의 경우, 안바하리야라고 불리면서 이 스라다를 잇게 되는
[66] 진정한 스라다와는 차이가 있다. 그 진정한 스라다는 파르바
나 스라다라는 이름으로 더 잘 알려져 있다.

여러 다양한 조상 의식의 성격에 대한 명확한 개념을 규
정하려고 할 때 부딪치게 되는 위와 같은 어려움들을 브라만
그 자신들도 느꼈다. 이것은 스라다-칼파에 대한 긴 주석에서
볼 수 있고,[67] 라그후난다난에 반대하여 칸드라칸타 타르칼란
카라에 의해 사용된, 남용된 언어에서도 찾아볼 수 있다. 그런
난제는 이러한 희생제들에 있어서 무엇이 일차적인 일[프라
다]이고 무엇이 부차적인 일[앙가]인가 하는 형태로 귀결되었
는데, 때로는 핀다피트리야그나에서처럼 떡의 봉헌을, 또 때에
따라서는 니티아-스라다에서처럼 브라만을 대접하는 것을, 또
경우에 따라서는 사핀디카라나에서처럼 둘 모두를 일차적인
것으로 행하는 것으로 결론지었다.

따라서 우리는 인도의 옛 사람들이 어느 하루도 조상을

---

65. p. 666, and p. 1008. Grihyakârah pindapitriyagñasya srâddhatvam âha.
66. Gobhila IV. 4, 3, itarad anvâhâryam. But the commentators add anagner
amâvasyâsrâddham, nânvâhâryam. According to Gobhila there ought to be the
Vaisvadeva offering and the Bali offering at the end of each Pârvana-srâddha;
see Gobhilîya Grihya-sûtras, p. 1005, but no Vaisvadeva at an ekoddishta
srâddha, l. c. p. 1020.
67. L. c. pp. 1005-1010; Nirnayasindhu, p. 270.

생각지 않고 살았던 날은 없었다고 말하는 것이 안전할 것이다. 그 조상들은 가깝고 먼 조상을 모두 아우르고 있었고, 마네스에게 바치는 상징적인 봉헌을 통해서나, 대접받을 만한 사람들—주로 브라만들—에게 베푸는 자비의 선물을 통해 그 조상들에게 존경을 표시했다. 그런 봉헌물은 우유나 과일 같은 간단한 것에서부터 금이나 보석 같은 아주 값비싼 것까지 다양했다. 스라다를 집전하거나 도와주기 위해 초대된 사람들에게 베풀어지는 잔치는 때에 따라 아주 호화스러웠다.[68] 여기서 아주 중요한 사항으로, 후대에 이르러 많은 종파에서 엄격하게 금지된 육식이 지적될 수 있는데, 수트라가 쓰이던 그 시절에는, 이런 잔치에서 소를 죽이고 먹는 일까지 온전히 허락되어 있었다.[69]

이것은 스라다가 피트리야그나보다는 후에 행해졌던 관습일지 몰라도, 인도인의 삶에서 아주 초기의 관습에 해당한다는 것을 보여준다. 그리고 이런 조상 의식의 외형은 많이 변했을지라도 원래의 진지한 성격은 변하지 않은 채 보존되어왔다. 오늘날에 있어서도, 고대 데바들에 대한 예배는 거기에 참여하는 사람들에 의해 희화화되는 일이 있지만, 조상들에 대한

---

68. See Burnell, The Law of Partition, p. 31.
69. Kalau tâvad gavâlambho mâmsadânam ka srâddhe nishiddham, Gobhilena tu madhyamâshtakâyâm vâstukarmani ka gavâlambhovihitah , mâmsakarus kânvashtakyasrâddhe; Gobhilîya Grihya-sûtra, ed. Kandrakânta Tarkâlankâra, Vigñapti, p. 8.

예배와 스라다에의 봉헌은 그 성스런 옛 성격을 아주 많이 유지하고 있다. 그것들은 종종 그리스도 교회의 '영성체'에 비교되기도 하며 실제로 많은 인도인들은 장례나 조상 의식을 말할 때면 목소리를 낮추고 아주 경건한 태도를 취한다. 오직 그 의식들만이 그들의 지상에서의 삶에 깊은 의미와 높은 차원을 여전히 부여하고 있는 것처럼 보인다. 나는 여기서 조금 더 앞으로 나아가 다음과 같이 나의 신념을 표현할 수 있다. 죽은 자들을 위하고 조상들을 기억하는 그런 예배가 부재하다는 사실은 우리 종교 즉 기독교의 진정한 부족함이라고. 거의 모든 종교에서 이런 의식들을 아버지나 어머니 혹은 자식에게 바치는 사랑스런 기억의 상징으로 여긴다. 비록 여러 나라에서 그 의식들이 미신의 원천으로 치부되어 오긴 했지만, 그것들에는 결코 사라져 없어지지 않을, 살아 있는 인간의 믿음이라는 깊은 샘이 연면히 솟아 흐르고 있다. 초기 기독교 교회는 죽은 영혼을 위해 올리던 옛 기도를 공인할 수밖에 없었고, 보다 남쪽 나라들에서는 모든 성인과 모든 영혼을 위한 날에 올리는 예배를 통해, 모든 종교에서 반드시 만족되어야 하는 인간 마음속에 내재한 욕구를 계속 충족시켜왔다. 북쪽에 위치한 우리들의 경우, 슬픔을 공개적으로 드러내는 이런 의식들을 겁낸다. 하지만 우리의 가슴은 때로 아주 깊은 괴로움을 알고 있다. 우리가 사랑했던 사람들의 영혼은, 매일의 기도로 달래고 그들을 추념하여 이루어지는 매일의 선행에 의해 달래기 전에는, 우리를 편하게 하지 않는다고 옛 사람들은 믿었다. 우리는 애초에 이런 믿음 안에서 상상했다. 하지만, 이런 것보다 더 높은 진리가 있을 것처럼 보인다.[70]

고대 인도의 종교에는 스스로를 표현하는 이름을 찾아낸 또 다른 초월자가 있다. 데바, 즉 신, 피트리, 즉 조상신말고도, 그것이 없이는 우리가 지금 베다에서 보는 바와 같은 고대 인도 종교가 될 수 없었던 제3의 세계가 있다. 그 제3의 초월자는 베다의 시인들이 리타[Rita]라고 부르는 것으로서, 내가 믿기로 이 말의 원래의 뜻은 다름 아닌 '곧은 선[線]'이었다. 이 말은 태양이 운행하면서 그리는 곧은 선, 낮과 밤이 그리는 곧은 선, 계절을 관장하는 곧은 선, 여러 일시적인 일탈에도 불구하고 자연 현상의 흐름에서 발견할 수 있는 곧은 선 등에 적용된다. 우리는 흔히 리타라고, 곧고 직접적이고 옳은 선[線]이라고 말한다. 보다 일반적인 의미로 적용시키면 그것은 자연의 법칙이다. 보다 도덕적인 세계에 그것을 적용할 경우, 우리는 도덕률이란 말로 앞서와 같은 생각을 표현하려고 한다. 그 도덕률은 우리의 삶이 기초하고 있는 법률이고 정의와 이성의 영원한 법률이며 우리 안 혹은 밖에서 '의[義]를 있게 하는 그 무엇'이다.[71]

따라서, 자연에 대한 면밀한 관찰이 밝은 신들을 인식하도록 이끌어 마침내는 빛의 신을 인식하게 되었고, 부모에 대

---

70. Note K.
71. Hibbert Lectures, new ed. pp. 243-255. 참조.

한 사랑에서 비롯하여 경건한 신앙심과 불멸에 대한 믿음으로 변모해간 것처럼, 내부 세계와 외부 세계에서의 곧은 선에 대한 인식은 가장 고결한 믿음으로 승화되어갔다. 그 믿음은 만물에 내재하는 법칙을 믿는 것이었는데, 그 법칙이란 어떤 일이 일어나더라도 신뢰할 수 있는 법칙이고, 우리 내면의 양심이 발언하는 신적 음성이기도 해서, 설혹 조상을 기념해서 만든 어떤 조각상이 그 반대의 말을 하더라도, 심지어는 우리의 밝은 신들이 반대의 말을 하더라도, '이것이 리타다.', '이것이 옳다.', '이것이 진실이다.'라고 말해주는 그 법칙을 말한다.

　이 세 초월자들은 고대 세계가 우리 앞에 펼쳐 보여주는 세 가지 계시다. 19세기를 사는 우리들이, 다른 여러 문학들이 시작되기 훨씬 전에 사라져버린 사상과 종교의 초기 단계를 다시 볼 수 있게 된 것은 베다의 발견에 거의 전적으로 힘입고 있다.[72] 베다에는 고대 도시 하나가 발가벗겨진 채 우리 눈앞에 놓여 있다. 다른 모든 종교의 경우, 이 도시는 온갖 쓰레기로 가득 차 있고 새 건축가들에 의해 다시 건설되기도 해왔다. 인류가 오래전 유년기에 겪었던 가장 오래되고 가장 교육적인 내용이 풍부한 광경들이, 삼사십 년 전까지만 해도 영원히 사라

---

72. 중국에서도 종교의 세 측면과 그것들의 밀접한 관련성에 대한 이해가 있었음을 발견할 수 있다. 공자의 말이다. '하늘을 공경하라(데바 예배), 부모를 존경하라(피트리스 예배), 그리하면 해와 달이 정해진 시(時)를 지킬 것이다(진리에의 공경).' Happel, Altchinesische Reichsreligion, p. 11.

져 없어져버린 듯하던 우리의 기억 속 지평선 위로 다시 한 번 솟아올라왔다.

인도에서 종교가 성장함과 동시에 어떻게 철학이 새싹을 틔울 수 있었던가를 밝히는 데는 그리 많은 말이 필요치 않다. 인도에서 철학은 종교의 부정이 아니라 종교의 완전한 성취가 되어야 했다. 철학은 최고의 종교다. 가장 오래된 인도 철학 체계를 이르는 가장 오래된 이름은 베단타$^{Vedānta}$인데, 이는 다름 아닌 베다의 궁극이자 목적지이며 가장 높은 목표이다.

다시 한 번 기원전 5세기에 살았던 고대 신학자에게로 돌아가보자. 그는 우리에게 자기 시대 이전에 이미 땅의 신들, 대기의 신들, 하늘의 신들을 제외한 모든 신들이 여러 이름 아래 예배되기 위해 발견되어 있었다고 말했다. 그는 또 말하기를 실제로 세상에는 하나의 신, 창조주, 지배자, 만물의 보호자만이 있다고 했다. 그러면서 그는 이 신을 아트만, 즉 그 자기 자신이라고 불렀다. 이 하나의 아트만, 자신은 그 신성의 위대함에 힘입어 모든 방식으로 찬양되고 있다고 그는 말한다. 그러면서 이어진다. '다른 신들은 하나의 아트만, 하나의 자신에 속해 있는 많은 일원들일 뿐이다. 그래서 시인들은 그들이 찬양하는 존재들의 성격이 지닌 다중성에 맞추어 그들의 찬양을 지어냈다고 말해진다.'

물론 이것은 고대의 시인이 한 말이 아니라 고대의 철학적 신학자가 한 말이다. 하지만 이 철학적 사색은 그 시대를 늦게 잡아도 기원전 5세기에 속한다. 또한 그런 생각의 첫 씨앗은 베다 노래에서도 역시 발견된다. 나는 이미 베다에서 이런 구절들을 인용했다.[73] '그들은 미트라, 바루나, 아그니를 말한다. 또한 그는 거룩한 새 가루트마트이다. 시인은 존재하는 그 하나의 존재를 여러 다른 방식으로 부른다. 야마, 아그니, 마타리스반이라고 부른다.'

태양을 새와 유사하다고 말하는 다른 노래에서는 이렇게 쓴다. '현명한 시인들은 그들의 단어들을 써서 하나일 뿐인 새를 여러 다른 이름으로 표현한다.'[74]

이 모든 것에는 여전히 신화의 기미가 있다. 하지만 보다 순수한 빛줄기를 우리에게 비추는 또 다른 구절들도 있다. 어느 시인은 이렇게 묻고 있다.[75]

'그가 처음 태어났을 때 그를 본 사람은 누구인가? 뼈가 없는 사람이 뼈가 있는 사람을 낳은 때 그를 본 사람은 누구인가? 숨과 피와 세계의 자아는 어디 있었는가? 누가 이것을 알았고, 그 안 것을 물으러 누가 갔는가?'

여기서도 역시 표현이란 것은 무력하고 육체는 연약한 반면 정신은 아주 강건하다. '뼈가 있는 사람'이란 표현은, 뼈가

---

73. Rig-veda I. 164, 46; Hibbert Lectures, p. 311.

74. Rig-veda X. 114, 5; Hibbert Lectures, p. 313.

75. Rig-veda I. 164, 4.

없는 사람, 몸이 없는 사람, 형태가 없는 것, 눈에 보이지 않는 것에 대비시켜 항상성과 형태를 가진 것, 눈으로 볼 수 있는 것을 의미하는 반면, '숨과 피와 세계의 자아'는, 파악할 수 없고 이름 붙일 수 없는 것에 대한 이름과 개념을 발견해내려는 수많은 시도를 상징한다.

베다문학의 두 번째 시기인 이른바 브라흐마나, 보다 특정하여 말하면 우파니샤드 혹은 베단타로 불리던 시기에, 이런 사고는 아주 명료해지고 명확해졌다. 이때에 이르러 송가에서 시작된 종교적 사고의 발전은 그 완전한 성취에 이르게 된다. 하나의 원이 완성된 것이다. 하나인 절대자를 여러 이름으로 이해하는 대신, 이제는 여러 이름들이 하나인 절대자의 것으로 이해되는 것이다. 옛 이름들은 공개적으로 폐기되었다. 프라가파티, 창조의 주, 비스바카르만, 만물의 제작자, 다트리, 창조자 등의 이름마저도 부적절한 것으로 옆으로 밀려났다. 이제 등장한 이름은 아무 대상도 지칭하지 않지만 가장 순수하고 가장 고귀한 주관성을 이르는 이름인데, — 그것이 아트만^Ātman이다. 이것은 우리가 쓰는 자아^Ego라는 말보다 훨씬 추상화된 개념에서의 자기 자신^the Self이다—만물의 자기이며, 모든 옛 신화적 신들의 자기 — 여기서의 자기는 이름만으로서의 이름이 아니라 무언가 다른 대상을 지칭하는 것으로서의 이름이다. — 이런 자기 자신^the Self이란 모든 개별적 자기가 그 안에서 휴식을 얻고, 자신에게로 돌아가며, 자신의 진정한 자아^his own true Self를 발견할 수밖에 없는 그런 자기이다.

　지난 두 번째 강의에서, 아버지에게 희생당하기를 고집한 소년에 대해 이야기한 것을 여러분은 기억할 것이다. 소년은 망자의 지배자인 야마에게 불려갔고, 야마는 소년에게 세 가지 소원을 들어주겠다고 했다. 세 번째 소원으로 소년은 야마에게 사람이 죽은 후에는 어떻게 되는가를 말해달라고 한다. 이 대화는 우파니샤드의 한 편에 나오는데, 우파니샤드는 베다의 마지막이요 베다의 최고의 정점이라 할 수 있는 베단타에 속해 있다. 그 약간의 요지를 읽어보려 한다.

　죽은 자의 왕인 야마가 말한다.

　'무지 속에 살면서도 제딴에는 현명한 척하면서, 쓸데없는 쓰레기 지식으로 가득 찬 채, 마치 소경에게 이끌리는 소경처럼, 이리저리 정신없이 왔다갔다하는 바보, 그것이 인간이다.'

　'재물에 정신을 빼앗긴 철없는 아이의 눈에는 미래가 결코 보이지 않는다. 재물이 세계이며 그 밖의 다른 것은 없다고 그는 생각한다. 그리하여 나의 세력(죽음의 세력) 아래에서 넘어지고 또 넘어진다.'

　'자신의 자아를 명상함으로써 현명하게 된 사람은 눈으로 잘 보이지 않는 옛 사람(자신의 내부에 있는)을, 어둠 속으로 들어간 옛 사람을, 동굴 속에 숨어 있는 옛 사람을, 심연 속에 거주하는 옛 사람을, 다시 말해 신을 알아차린다. 그런 사람

은 진실로 기쁨이니 슬픔이니 하는 것은 멀리 내버린다.'

'그 자기 자신, 그 알고 있는 이는 태어나지도 죽지도 않
는다. 어떤 것도 바라지 않는다. 어떤 것으로 되지도 않는다. 그
옛 사람은 태어난 것이 아니다. 영원으로부터 영원까지 있는
존재이다. 몸은 죽임을 당하더라도 그 옛 사람은 죽지 않는다.'

'피조물의 가슴속에 숨어 있는 그 자기 자신은 그 어느 것
보다도 작고 그 어느 것보다도 크다. 더 이상 어떤 바람도 어떤
슬픔도 없는 사람은 창조주의 은총에 의해 그 자기 자신의 존
엄을 본다.'

'가만히 앉아 있어도 그는 멀리 가고, 누워 있어도 어디든
지 간다. 나 외의 어느 누가, 기뻐하기도 하고 기뻐하지 않기도
하는 그 신을 알 수 있단 말인가?'

'그 자기 자신은 베다에 의해 얻어지지 않는다. 이해해서,
공부를 많이 해서 얻어지지도 않는다. 자기 자신이 선택한 그
사람, 오직 그 사람에 의해 그 자기 자신은 얻어진다. 그 자기
자신은 스스로를 선택한다.'

'하지만 자신의 사악함으로부터 멀어지지 않은 사람, 고
요하고 차분하지 않은 사람, 마음이 쉬고 있지 않은 사람은 결
코 그 자기 자신을 얻을 수 없다. 지식으로도 안 된다.'

'사람은 날숨과 들숨에 의해 사는 것이 아니다. 우리는 다
른 이에 의해 산다. 그이 안에서는 두 숨이 모두 쉰다.'

'그렇다면 이제 네게 이 신비와 영원한 단어[브라흐만]를

말해주겠다. 또한 죽음에 닿았을 때 자아에게 일어나는 일을 말해주겠다.'

'어떤 이들은 살아 있는 존재로 다시 태어난다. 다른 이들은 그들의 행업에 따라 또한 그들의 지식에 따라 그루터기나 바위로 들어가버린다.'

'하지만 우리가 잠들어 있을 때 우리 안에서 깨어 있으면서 아름다운 광경을 하나하나 만들어가는 그 가장 높은 인격, 그이야말로 빛이라 불리며 그이야말로 브라만이라고 불린다. 그 홀로 불멸로 불린다. 모든 세상이 그 위에 기초하고 있고, 어느 누구도 그를 넘지 못한다. 이것이 그것이다.'

'하나의 불이 세상에 들어온 후 무엇을 태우느냐에 따라 그 가치가 달라지듯, 만물 안에 있는 그 자기 자신도 어떤 것에 들어갔느냐에 따라 그 가치가 달라진다. 하지만 그 자기 자신은 역시 분리되어 존재한다.'

'세상의 눈인 태양이, 그 자신이 보는 것들의 겉으로 드러난 불순함에 의해 오염되지 않듯이, 만물 안에 내재하는 그 자기 자신은 홀로 스스로를 분리시켜 존재하므로, 세상의 고통과 질곡에 의해 결코 오염되지 않는다.'

'영원치 않은 것을 생각할 수 있는 영원한 사상가가 한 사람 있다. 그는 혼자이지만 여러 사람들의 바람을 충족시킨다.

---

76. Tu de phronêma tou pneumatos zôê kai eirênê of the two wisdoms of the spirit zio and eyrid. See also Ruskin, Sesame, p. 63.

자신의 자기 자신 안에서 그를 자각하는 현자, 영원한 생명과 영원한 평화는 그에게 속한다.'[76]

'그 어떤 것이든 간에 온 세상은 밖으로 나올 때(브라만으로부터) 브라만의 숨 속에서 떨며 전율한다. 저 브라만은 빼든 칼처럼 끔찍하게 무섭다. 이 사실을 아는 사람은 불멸하게 된다.'

'그[브라만]는 말로, 마음으로, 눈으로 가까이 닿을 수 없다. "나는 나다."라고 말하는 그이 외에는 브라만을 이해할 수 없다.'

'가슴속에 있는 모든 욕망이 사그라진 때, 그때에야 비로소 사람은 불멸이 되며, 브라만을 얻는다.'

'지상에서의 가슴을 채워 묶은 모든 차끄가 깨진 때, 이 삶을 꽁꽁 묶은 모든 것이 풀어진 때, 그때에라야 사람은 불멸이 된다. 나의 가르침은 여기서 끝을 맺는다.'

이것이 베다의 끝인 이른바 베단타다. 또한 이것이 기원전 5백 년으로부터 지금에 이르기까지 연면히 생명을 이어 온 종교 혹은 철학이다. 당신이 어떤 것으로 부르고 싶든 상관은 없다. 지금 인도에 살고 있는 사람들이, 그들 조상들의 희생제나 스라다와 다른 종교, 또 심지어 카스트제도 준수와도 다른 종교 등, 그 어떤 종교제도를 가지고 있든 간에, 인도의 모

---

77. Major Jacob, Manual of Hindu Pantheism, Preface.

든 마을에 알려져 있는 으뜸가는 교의인 베단타에서 이것을 발견할 수 있을 것이다.[77] 약 50년 전에 람모훈 로이에 의해 발족된 위대한 종교부흥운동은 이제 나의 고결한 친구인 케슙 천더 셴의 지도 아래 브라마-사마지로 알려져 있는데, 우파니샤드에 기초를 두고 베단타의 정신을 이어받고 있다. 실상 힌두의 정신은 가장 오래된 고대와 가장 최근의 현대 사이의 3천 년을 넘는 긴 시간 동안 줄곧 이어져온 연속성을 유지하고 있다.

오늘에 이르기까지 인도는 종교, 의식, 관습, 법의 문제에 있어서 베다보다 더 높은 권위를 달리 인정하지 않는다. 인도가 인도인 한, 아주 어릴 적부터 모든 인도인에 의해 호흡되어 왔고, 아주 다양한 형태로 심지어는 맹신자의 기도까지도 물들이고, 철학자의 사색을 채우며 거지의 경구警句에마저 등장해 온, 고대 베단타의 정신은 무엇으로도 단절시킬 수 없을 것이다.

그러므로 순수하게 실용적인 이유로, ―인도에 사는 가장 높은 사람과 가장 낮은 사람의 성격과 사고, 행동을 결정하는 비밀의 샘에 대해 알게 하는 아주 실용적인 목적을 의미한다.

---

78. Life and Letters of Gokulaji Sampattirâma Zâlâ and his views of the Vedânta, by Manassukharâma Sûryarâma Tripâthî. Bombay, 1881.
좋은 가문 출신의 고쿨라지는 어릴 적부터 페르시아어와 산스크리트어를 공부했다. 그에게, 인생의 주관심사, 성공적 정치적 경력의 주관심사는 베단타였다. 베단타에 대한 공부를 통해 인생의 보다 높은 목표를 발견했고, 그 가장 높은 목표인 고통으로부터의 해방과 지복을 약속받았다. 그것은 내면의 삶을 바꾸는 전기가 되

―베다에 기초하고 있는 그들의 종교와 베단타에 기초하고 있는 그들의 철학을 알아두는 것은 아주 바람직하다.

이것을 대수롭지 않게 여기기는 것은 쉽다. 그리고 유럽의 여느 정치인들처럼 종교가 정치와 무슨 상관이 있는가 하고 또 철학이 정치와 무슨 상관이 있는가 하고 묻는 것 또한 어렵지 않다. 인도에서는 겉으로 드러나는 모습과는 반대로, 또 인도 사람들 자신이 그리도 자주 세계를 향해 종교적 사안에 대한 무관심을 공개적으로 드러냄에도 불구하고, 종교와 철학은 여전히 위대한 힘을 지니고 있다. 최근에 발간된, 두 일급 주써인 주나가드 사우라쉬트라와 바브나가르의 행정관들인 두 인도인 정치가, 고쿨라지 씨와 가우리상카라 씨들에 대한 보고서를 읽어보면,[78] 베단타가 여전히 인도에서 도덕적 정치적 힘을 발휘하는지 않는지를 쉽게 알 수 있을 것이다.

하지만 나는 여기서 베단타를 더욱 장려하고 싶다. 그 공부를 권유한다. 인도행정관 지원자뿐 아니라. 진정한 철학 연구자에게 그렇다. 그것은 철학사에 있어 여타의 모든 다른 관점들과는 다른 인생관을 보여준다. 우파니샤드의 저자들은 모

---

였다. 저명한 베단타의 은자隱者인 라마 바바가 주나가드를 방문했을 때, 고쿨라지는 그의 제자가 되었다. 또 다른 은자인 파라마한사 사키다난다가 기르나르로 순례 도중 주나가드를 지나갈 때, 고쿨라지는 정기적으로 베단타의 비의를 전수받았다. 오래지 않아 베단타에 아주 정통하게 되었고, 그의 인생 전반에 걸쳐 권력이 있을 때나 잃었을 때나 베단타의 교의는 그의 삶을 받쳐주었다. 영국 정치인들로부터는 귀감이 되는 인도 태생 정치인으로 칭송을 받았다.

든 신들 근저에 자리하고 있는 진정한 자기, 즉 아트만을 어떻게 발견하는가를 보여준다. 그 자기에 대해, 단 세 개의 속성을 가짐을 단정적으로 말한다. 그것은 존재[sat]하고, 그것은 인식[cit]하며, 그것은 영원한 지복[ananda]을 누린다는 것이 그 속성들이다. 다른 모든 것들은 부정의 대상이 될 뿐이다. 이것은 아니다. 저것은 아니다 등등. 그것은 우리가 생각할 수 있거나 이름붙일 수 있는 것을 초월해 있다. 하지만 이 자기, 지고의 자기, 파람아트만[Paramatman]은 아주 격심한 도덕적 지적 훈련을 거쳐야만 발견될 수 있다. 이것을 발견하지 못한 이는 하등한 신들을 예배하거나, 인간적 욕구를 만족시키는 보다 시적인 이름들을 사용할 수 있다. 다른 신들이라 해도 — 단어 그 자체의 뜻으로서의 인격 혹은 가면, 산스크리트어에서의 프라티카로 — 단지 이름으로 알고 있는 이들은, 실상은 최고위의 자기를 예배하고 있는 것이다. 단지 무지 때문에 그런 것이다. 인도 종교사의 가

---

79. Kuenen 교수(1828-1891)는 여호와의 말씀에서도 비슷한 사상이 있음을 말라기 1장 14절에서 발견했다. '나는 큰 임금이요 내 이름은 이방 민족 중에서 두려워하는 것이 됨이니라.' '진실한 존재와 정직한 열심을 가지고 그들 자신의 신들을 예배한 자들은 이미 야훼께 경배를 드린 것이 틀림없다고 한 것이 그 전거'라고 그는 말하고 있다. '나아가 신명기에서는 여러 민족들이 이런 다른 신들을 받드는 것이 야훼의 섭리라고까지 표현되고 있다. 말라기는 한 걸음 더 나아가, 그들의 경배를 실제로는 유일한 진리인 그분, 야훼께 드리는 존경의 표시라고 말하고 있다. 따라서 야훼와 다른 신들 간의 대립, 나아가 진정한 하나의 신과 여러 상상의 신들 간의 대립은, 보다 차원 높은 개념-야훼를 경배하는 것이 모든 종교의 핵심적 진실이라는-을 위한 공간을 만들어낸다. Hibbert Lectures, p. 181.

장 독특한 특징이다. 베단타 교의의 가장 대중적이고 인기 있
는 문건인 『바가바드기타』에서도 최고신인 바가바드 자신이
다음처럼 소개되고 있다. "비록 우상을 섬기는 자라 해도 나를
섬기고 있는 것이다."[79]

하지만 이게 다가 아니었다. 아그니, 인드라, 프라가파티
라는 이름의 뒤와 마찬가지로, 자연의 모든 신화의 뒤에서, 고
대의 현자들은 아트만 ― 객관적(대상적) 자아라 일단 부르자
― 을 발견해낸다. 이와 함께, 몸의 베일 뒤에서, 감각의 뒤에
서 마음의 뒤에서 우리 이성(우리가 심리라 부르는 영혼의 신
화)의 뒤에서, 또 다른 아트만 다시 말해 주관적(주체적) 자아
를 찾아내었다. 이 자아 역시 혹독한 도덕적 지적 훈련을 거쳐
야만 발견될 수 있었다. 이것을 발견하려 했던 자는, 그들 자신
themselves이 아니라 그들의 자아their Self를 발견하기를 원했던 자는,
감각과 마음, 이성과 통상적 에고ego[80]보다 훨씬 더 깊이 파내려
갔어야 했다. 이들 모두 밝은 영이었다고 할 수 있는데 역시 이
름일 뿐이다. 하지만 무언가를 의미하는 이름이었다. 가장 친
근한 것, 한동안 바로 자신으로 여겨졌던 것이 무릎을 꿇어야
만 했다. 그런 후에야, 자아들 중의 자아, 오래된 사람, 목격자,
모든 인격으로부터 독립된 하나의 주체, 모든 생명으로부터 독
립된 하나의 존재를 발견할 수 있었다.

이 지점에 이른 후, 지고의 지식이 동터오기 시작했다. 내
면의 자아[프라티아그아트만Pratyagatman]는 지고의 자아[파람아

트만[Paramatman] 쪽으로 끌려갔다. 내면의 자아는 지고의 자아 안에서 진정한 자신을 발견하고, 주체적 자아와 대상적 자아의 합일은, 종교의 희미한 꿈으로, 철학의 순수한 빛으로, 모든 실재의 바탕으로, 인식되었다.(신앙이 아니라, 사실에 대한 지식임에 주목할 것. 역자)

이런 기초적인 생각은 베단타 철학의 체계적 완전성과 함께 만들어진다. 버클리[Berkeley]의 비물질적 철학이 담고 있는 가르침을 인정하는 사람이라면, 우파니샤드와 브라흐마수트라 및 그들의 주석서들을 읽으면서 아주 풍성하고 현명한 어떤 인간을 떠올리지 않을 수 없게 된다.

동양철학의 어두운 광산에서 몇 조각의 금 알갱이를 얻기 위해서는 인내와 분별력, 얼마간의 자기 부정이 필요하다는 사실을 나는 받아들인다. 이상한 겉모습 아래에 숨겨진 진실과 지혜를 찾는 진지한 학생의 경우보다, 고대의 철학과 종교에서 어리석고 우스꽝스런 것들을 찾아내는 피상적인 비평가의 경우가 훨씬 쉽고 훨씬 재미있을 것이다. 우리가 기억해낼 수 있는 짧은 인생 동안에도, 몇몇 진보가 이루어진 경우도 있다. 『동방의 성스러운 책들』은 이제 더 이상 선교사의 악담거리가 아니며 철학자들의 빈정거림의 대상도 아니다. 마침내 역사적 기록으로, 그렇다, 인간 심성의 역사에서 가장 오래된 기록물

---

80. Sacred Books of the East, vol. i, The Upanishads, translated by 막스 뮐러; Introduction, p. lxi.

로 인정되기에 이르렀다. 또한 진화에 관한 고생물학적 기록으로, 우리가 한동안 살고 있는 행성의 성운설이나 우리가 인간이라고 부르는 번데기의 유기적 발육설 같은 것들보다는, 넓고 깊은 공감을 불러일으키고 있다.

내가 과장하고 있다는 생각을 한다면, 결론삼아 가장 위대한 철학자 한 사람의 말을 들려주려 한다. 원래부터 타인의 생각을 존중하지 않도록 만들어진 사람이다. 베단타에 대해, 콕 집어서 우파니샤드에 대해, 쇼펜하우어는 이렇게 쓰고 있다.

'세계를 통틀어, 우파니샤드에 대한 공부만큼 정신을 고양시키고 유익한 공부는 없다. 이제껏 내 삶의 위안이 되어왔다. 앞으로는 내 죽음의 위안이 될 것이다.'[80]

이번 한 코스의 강의에서 이제껏 가능했던 것처럼, 나는 제군들에게 고대 인도에 대한 어떤 생각을 심어주려고 시도했다. 인도의 문학과 특히 인도의 고대 종교에 대한 어떤 개념 말이다. 그저 이름과 사실만 나열하고 싶지 않았다. 그것들은 다른 책들에 다 나와 있다. 하지만 가능하다면, 인간 종족의 고대 역사의 장章에 포함되어 있는, 인간의 보편적 관심사를 보고 또 느끼게 하고자 했다. 베다와 그 종교 및 철학이 낯설고 호기심을 유발하는 것일 뿐만 아니라 그 안에는 무언가 우리와 관계 있는 것이 있음을 느끼기를 바랐다. 우리 자신의 지적 성장과 관계 있는 무언가의 것들, 어떤 회상들, 우리 자신의 유년 시절을 떠올리게 하는 어떤 것들, 혹은 최소한 우리 종족의 유년기를 떠올리게 하는 어떤 것들을 느끼기를 바랐다. 나는, 이번 생에 여기에 위치한 우리가, 학교에서 호머와 버질로부터 배운 교훈만큼이나 중요한 교훈을 베다로부터 배울 것이라는 확신을 가지고 있다. 플라톤이나 스피노자의 체계가 주는 유익한 교훈만큼을 우리는 베단타를 통해서도 얻을 수 있을 것이다.

인류가 어떻게 지금의 인류가 되었는지, 언어는 어떻게 지금처럼 되었는지, 종교는 어떻게 해서 지금의 것으로 되었는지, 예의범절과 관습, 법률, 정부 형태 등은 어떻게 지금처럼 되었는지, 우리들 자신은 어떻게 해서 지금의 우리가 되었는지를 알고자 하는 모든 사람들이 반드시 산스크리트어를 배우고 반드시 베다의 산스크리트학을 연구해야 한다고 말하고 싶은 것이 아니다. 하지만 산스크리트어 연구, 특히 베다 연구가 이미 이루어낸 성과, 인간의 마음 — 우리 자신 그 마음으로 먹고 또 살아온 — 이 지나온 역사 가운데 가장 캄캄하게 놓여 있던 통로를 비추어낸 성과에 대한 무지는 하나의 불행이라 할 수 있다. 혹은 어쨌든 그건 손해다. 지구와 그 지질학적 형성이나 해와 달, 별들의 운행 — 그리고 이 운행들을 다스리는 생각, 의지, 법칙 등등, 그것이 아무리 사소하더라도 그것들을 모른 채 인생을 살아버리는 것을 손실로 치듯이 말이다.

322

# 노트 Notes

노트 A 1강 주 3

옥수스와 미케네에서 발견된 유물에 대해

중앙아시아의 옥수스와 그리스 미케네에서 발견된 고대 유물에 대한 뮐러의 설명. 1877년 중앙아시아 옥수스강 북쪽 제방에서 발견된 유물들과 슐리먼 박사가 발굴한 그리스 미케네 유물들의 유사성에 주목하고 있다.

노트 B 1강 주 12

고양이 이름과 묘안석(猫眼石)에 대해

집고양이의 유래가 이집트에서인 것을 말하고 그 명칭이 어떤 경과를 거치는가를 그리스 로마 유럽의 시기별로 설명하고 있다. 또한 도마뱀과 뱀 등과 함께 사람에게 해로운 동물인 쥐의 명칭이 나타나는 과정에 대해서도 설명한다.

노트 C 3강 주 19

마을의 땅, 경작지, 구성원에 대해

고대로부터의 인도의 지주와 소작농, 그리고 그들 사이의 관계 및 상속 방식 등에 대해 설명하고 있다. 마을의 구성원으로 지주와 경작자, 마을의 당담 공직자, 사제, 대장장이, 목수, 경리, 세탁부, 산파, 도공, 경비원, 이발부, 신발공, 소규모 금고지기, 농업경작 자본가, 가게주인, 유기그릇장, 빵굽이, 철물상, 베짜는 사람, 염색공, 점성가 등이 있었다.

노트 D 2강 주 59

용서받을 수 있는 거짓, 사소한 거짓에 대해

323

# 노트

부부관계나 연애관계 등에서 하는 거짓말, 목숨이 위험에 처했을 때 하는 거짓말, 전 재산을 잃게 되거나 혹은 그렇게 될 위협을 받았을 때 하는 거짓말, 브라만 사제를 위해 하는 거짓말 등의 다섯 가지 경우는, 지옥에 떨어질 대죄(大罪)가 되지 않는다.

노트 E 3강 주 12
월지에 대하여
고대 인도유럽어족인 토하리인으로 추정되는 유목민족. 기원전 3세기에서 1세기경에 중앙아시아와 북아시아에 있었다. 동서교역을 독점하고 실크로드를 통해 동아시아로의 불교 전파에도 역할을 했다. 기원 1세기경에는 인도로도 진출하여 쿠샨왕국을 건설하기도 했다.

노트 F 3강 주 14
1882년 런던 Sion College에서 열린 '불교와 기독교에서 공히 나타나는 일치점들에 대한 토론회'에 보낸 뮐러의 편지 형식의 문건.

노트 G 4강 주 16
대홍수에 관한 텍스트들
본문과 중복됨.

노트 H 6강 주 33
독일어에 남아 있는, 폭풍과 비의 신 파르가니아에 대해
본문과 중복됨.

노트 I 7강 주 30
조상 숭배에 관해
본문과 중복됨.

노트 K 7강 주 70
장례와 제사에 관해
본문과 중복됨.

# 이 책을 옮기고
## - 운에게 -

언젠가 아주 힘들었을 때, 다른 한 생각을 지극히 하니, 거기서 초록의 길들이 보였는데 아주 아름다웠다. 그리고 바위나 돌이 내가 가고난 뒤에도 늘 있을 것이란 생각이 문득 들었다. 의욕은 일종의 질투의 모습을 하고 나타났다. 과연 이 바깥의 물건들은 나 이후에도 그 자리에 계속 있을까? 처음에 러시아 사람 코지레프의 '시간'을 열심히 읽었다. 나는 위그너$^{Wigner}$를 만났던 것 같다. 그리고 닐스 보어와 아인슈타인과 데이비드 봄을 다시 보았는데, 아인슈타인이 죽을 때까지 시원하게 풀지 못한 가슴속의 응어리가 내 속에도 살짝 들어와 앉았다. 그것에 대해 위그너는 이렇게 말했다 한다. '우주의 존재 증명을 위해서는 의식이 있는 생명의 존재가 필요하다.' '양자역학을 증명하기 위해서는 의식의 개입이 필수적이다.'가 원래의 문장이었다. 하지만 나도 시원하지 않았다. 지난 10여 년은 거의 이것으로 지나간 것 같다.

불교 스님들의 법문을 듣는데 수년을 보냈다. 그러다 노

장(老壯)을 보았고 또 김형효 선생을 만났다. 김형효 선생이
학부 학생들을 놓고 강의를 하는데 이러셨다. '여러분, 학문적
이란 말하기를 좋아하는데 무슨 전공 전공 하면서 논문 쓴다고
그러는데 그것 모두 말짱 헛거야. 그것 별로 내용 없어.' 이러
셨다. 시원했다. 괴로움을 잊지 않는 것이, 괴로움이라고 외면
하지 않는 것이, 공부의 근본이다. 죽을 때 가서 '나는 만족한
다.' 하는 사람은 게으른 사람이다. 이런 생각들이 들었는데, 지
금 와서 보니 맞다. 막스 뮐러가 죽음을 앞에 두고 '나는 피곤
하다.'라는 말을 했다는 대목을 읽으면서 피아니스트 스비아토
슬라브 리히터가 왜 떠올랐을까? '콘서트는 훌륭했다. 하지만
그 결과를 이제 들어보니 온통 엉망이다. 음악을 말하는 것이
아니다. 나는 전체 인생을 말하는 게다. 산만하고 과장 투성이
다. 나는 내가 싫다.' 그러면서 팔로 머리를 받치고 얼굴을 감
춘다. 나도 눈물이 나려 했다. 이즈음의 정신과 의사들은 바로
진단을 내리고 처방을 한다. 어린아이들에게도 족집게 처방을
한다. 기가 막힌 세상에서 살고 있다. 차라리 책을 한 권 읽힐
것이지.

그리고 수년이 또 흘렀다. 『바가바드기타』를 다시 빼들었
다. 이번에는 인도 승려들의 강의를 들었다. 뉴저지의 타다트
마난다 스와미였다. 마음이 안정되는 것 같았다. 그리고 뉴욕
협회 스와미의 강의로 옮아갔다. 거기서 존재를 들었다. 존재
는 존재하는 것들로가 아니라 존재 자체로 보아야 한다고 했

다. 가만히 생각하니 존 버거나 김형효 선생이 말하던 그 하이데거의 존재와 같은 것이었다. 플라톤이 어렵다고 치워놓은 그 존재였다. 그리고 다시 의식$^{consciousness}$이 다가왔다. 책꽂이를 훑어보았다. 같은 이름의 책이 다른 판본으로 두 권 꽂혀 있었다. 막스 뮐러의 이 책이었다. 아마 검고 더운 어느 인도 소도시 두 군데에서 각기 다른 밤에 구입되어 와 있던 것들이었으리라.

그 책을 번역해놓은 것이 10년이 지나 있었다. 그때 나는 기쁨으로 번역했다. 거기 나오는 산스크리트 단어들을 우리말로 옮기려고 다시 인도로 갔던 일도 기억난다.

아! 막스 뮐러, 그도 피곤한 사람이었다. 당시 내로라하는 유럽의 그 이른바 학자들에게 치였던 사람이었다. 요즈음은 오리엔탈리즘에 또 치이고 있다. 하지만 그의 젊은 날, '나는 근원적 진리를 외면할 수 없다. 가난을 벗어나기 위해 내 시간을 그 진리 외의 것에 소모하지 않으련다.'라고 다짐하는 장면이 나온다. 그는 뇌의 지성이 아니라 심장의 지성이었다. 그런 그가 택한 것이 산스크리트어였고 고대 인도의 문화와 종교였다.

가족들의 죽음을 유난히 많이 겪은 그가 만년에 아내에게 보낸 편지에는 이렇게 씌어져 있다. '나이가 들어갈수록 우리가 탄 인생 열차의 속도는 더 빨라집니다. 함께 여행하던 사람들은 이 역 저 역에서 내립니다. 우리 자신이 내릴 역도 머잖은 미래에 다가올 것입니다.' 그리고 빅토르 위고는 이렇게 말한다. '모든 사람은 무기한 집행유예의 사형선고 아래 있다.' 사진을 공부했던 나는 인터넷에 나와 있는 뮐러의 사진을 보고 곧바로 허영의 사람이라는 것을 알았다. 19세기 유럽의 스튜디오에서 그런 초상사진을 찍으려면 엄청난 돈이 들었을 것이다. 복잡한 사람이었다. 그래서 더 읽어야 했다. 그런 그가 '쉼이 있을 듯도 한데 쉴 곳이 없다.'라고 탄식하는 장면도 만났다.

그런 뮐러가, 빅토리아 여왕과 편지를 나누고 글래드스턴 수상과 개인적인 의견을 교환하던 사람이, 테니슨과 러스킨과 다윈을 친구로 두었던 사람이 인도를 평생의 공부 소재로 택한 이유가 무엇이었을까? 나는 그것이 궁금했다. 이 책에서 그것을 풀어보려 했다.

막내와 큰누님께 감사한다. 복제본의 노년이 안 되게 도와준 K에게도 감사한다. 이규상 형은 고맙고 고맙다.

어스름 낮은 가마귀 재촉하며 운다.

2022년 6월
김우룡